本书为开发运营者梳理市场逻辑

政策总在调整
市场逻辑永存

特色小镇
开发运营指南

The Guide to
the Featured Town's
Development and Operation

林峰 ◎ 著

中国旅游出版社

项目统筹：段向民

责任编辑：李志忠　孙妍峰

特约策划：罗晓楠　张　静

责任印制：冯冬青

图书在版编目（CIP）数据

　　特色小镇开发运营指南/林峰著；— 北京：中国旅游出版社，
2018.1

　　（绿维文旅控股集团绿维旅游开发运营系列丛书）

　　ISBN 978-7-5032-5966-1

　　Ⅰ．①特… Ⅱ．①林… Ⅲ．①小城镇－旅游资源开发－中国－
指南 ②小城镇－旅游业－运营管理－中国－指南 Ⅳ．①F592.3-62

　　中国版本图书馆CIP数据核字(2018)第002968号

书　　　名：特色小镇开发运营指南

作　　　者：林　峰　著

出版发行：中国旅游出版社

　　　　　　（北京建国门内大街甲9号　邮编：100005）

　　　　　　http://www.cttp.net.cn E-mail: cttp@cnta.gov.cn

　　　　　　营销中心电话：010-85166503

排　　　版：北京天韵科技有限公司

经　　　销：全国各地新华书店

印　　　刷：北京金吉士印刷有限责任公司

版　　　次：2018年1月第1版 2018年1月第1次印刷

开　　　本：720毫米×970毫米　1/16

印　　　张：24.25

印　　　数：1~15000册

字　　　数：366千

定　　　价：89.80元

I S B N 978-7-5032-5966-1

Writer
撰 稿 人

林　峰　罗晓楠

柴晓戈　王志联

张　静　陈炎江

王　岩　黄鲲鹏

于宁宁　孙庆尧

高松涛　孙建欣

车卫毅　郭海芳

李璐芸　夏颖颖

金　歌　马敏行

特别感谢特色小镇规划设计研究院、景区综合规划设计研究院、旅游目的地分院、温泉分院、乡野度假分院、特色旅游分院、旅游综合体分院、创意建筑设计研究院、北京神兵侠装饰工程有限公司（绿维文旅控股）、牧青文创分院提供的研究内容及案例，另外参与相关案例的项目组人员均对本书有所贡献。

All Draft Editorial Staff
通稿编辑人员

罗晓楠　张　静

金　歌　郭海芳

夏颖颖　李璐芸

序

"乡镇农村发展"欠账与特色小镇重新审视

2016年12月底,我们出版了《特色小镇孵化器》一书。当时探索的核心思路, 是寻找新常态下中国经济发展的新引擎。时隔一年,十九大报告把我们的理念和思维带到了一个全新的历史视角和人文的发展境界。对于特色小(城)镇,我们需要重新审视!

十九大报告指出,我国社会主要矛盾已经转化为人民日益增长的美好生活需要和不平衡不充分的发展之间的矛盾,并首次提出乡村振兴战略。如何推进不平衡不充分区域的发展,来满足这些区域人民的美好生活需求,并利用这一发展,满足全体人民的美好生活需要,就成为今天最重大的主题!

寻着这一思路,我们必须站在乡镇与农村这一更宏大的区域结构上,追溯中国40年来改革开放的发展历程,把握"特色小(城)镇"创建在解决我国社会主要矛盾中的地位与作用!

一、新常态下新引擎的思路

我们在《特色小镇孵化器》一书的"序言"中,探讨了中国新常态下乡镇发展的创新道路与模式,把特色小(城)镇作为小城镇发展的龙头和引擎,提出了"特色小(城)镇开发建设,是就地城镇化的主战场,是产城乡一体化发展的突破，是中国城镇化的革命！"。今天来看，这个观点基本上站在城镇化引擎的立场上，具有其正确的一面。重新审视，我们将加入农村发展的非城镇化视角。

我们先回顾一下《特色小镇孵化器》的这段论述：

"为什么这一次以浙江为引领的特色小（城）镇能在全国全面铺展开来？

首先，是基于拉动中国经济增长的引擎在转变。中国当前经济发展中的三大引擎，与传统的投资、消费、出口的三驾马车有点差别。

第一引擎，还是工业产业增长的推动。

第二引擎，是开发投资。改革开放30余年来，开发性经济的推动一直是我国城镇化中的重要力量。从土地开发、基础设施与服务设施开发，到工业园区开发、房产开发、新城开发，由此形成的土地财富，构成了中国经济持续发展最大的一个拉动力。

第三引擎，是居民消费。居民富裕起来后形成的强大消费能力，是推动中国经济发展的内在动力。特别是通过8亿农民城镇化所形成的收入增长，是带动消费支出最大的跃升，是未来5年中国持续增长的最大动力源泉。

其次，我国城镇化发展中出现了诸多瓶颈，亟须寻找一个突破口。

第一，大城市及城市群本身的摊大饼扩张，已经走到了尽头。但大城市与城市群周边，以卫星城、特色小（城）镇方式发展，却空间很大，符合田园城市理想，符合休闲度假化生活方式。基于城际交通大幅提升的连接能力，卫星小（城）镇是中国最有成长潜力的模式。

第二，中小城市、小城镇、乡村是我国城镇化及经济发展的低洼地，基于建设小康中国目标，基于社会主义共同富裕的追求，运用新模式带动这些相对落后区域的发展，形成了十八大以来全国政策、金融、资源向这一区域倾斜的大战略趋势。8亿农民的城镇化，将形成巨大的市场拉动结构，带动落后区域、西部区域、远离城市区域的均衡发展，这恰恰是新常态下，中国经济可选择的最佳途径。

因此，特色小（城）镇开发，是新常态下中国开发经济走向深入发展的大战略。面对6亿~8亿正在走进城镇的人群，面对3亿希望拥有度假生活的城市中产阶层，非中心城市化聚集，就是市场必然的选择。以特色小（城）镇开发来带动卫星小（城）镇，带动分散的广大乡镇人群的城镇化聚集，是中国未来社会经济发展中最重要的开发带动模式和引擎结构，是县域经济发展的核心引擎！

我们初步估算，处于城镇化过程中的6亿~8亿人口，预计将有15%~30%，即1亿~2亿农村人口，可以通过特色小（城）镇实现就地城镇化的就业与居住，并带动2亿~3亿特色小（城）镇居民收入实现大幅提升，这是一块消费率最高的消费增量蛋糕，因此，不仅保证中国广大的乡镇区域经济社会稳定与可持续发展，还能对全国总体经济，在开发投资、实体产业、消费经济三大方面，形成较高的贡献。这就是新常态下我们要的经济引擎！

因此，我们认为，特色小（城）镇开发建设，是就地城镇化的主战场，是产城乡一体化发展的突破，是中国城镇化的革命！"

二、乡村振兴的新理念

在"乡村振兴战略"已成为全国各地热议话题的当下，乡村振兴的战略意义、建设途径、具体措施等成为各方探讨的焦点。我们在仔细研究学习十九大报告的基础上认为，在即将到来的乡村振兴大潮中，无论是乡村的规划设计，还是建设实践，都应首先厘清本次乡村振兴战略的内涵，与以往政策的本质区别，才能真正改变乡村产业薄弱、人口抽离的现实，实现乡村可持续发展与振兴。我们可以从乡村在国家发展中的地位、乡村的发展本质、乡村的产业结构及人口结构等方面来重新认识新时代的乡村。

1. 乡村 VS 城市

相对于城市来说，乡村是与之并行的独立发展结构。

在急剧变迁的百年近代史中，中国的乡村建设几起几落，乡村在国家发展中的角色也逐渐从经济、文化的源头沦为落后于城市的累赘。在很长一段时间里，乡村都是城市反哺和被拯救的对象。

在经过多年的财政转移支付救助、乡村城镇化的实践后，我国广大乡村仍远远落后于城市的发展，发展模式亟需创新。十九大建设性地提出了乡村振兴战略，这一战略预示着乡村发展新时代的到来，也需要每一位参与者重新思考"乡"与"城"的关系。十九大报告中强调"城乡融合发展"，而不再是"城乡统筹发展"，这意味着一个重大的转变，即"乡"不再是城市的附属，而是与"城"相互独立、并行发展的结构。作为一个独立的发展体系，新时代的乡村应有新型的乡村经济、乡村居民、乡村社会，应进行包括政策、管理、财税制度、发展模式等在内的一系列核心要素的完善与创新，从而促进乡村成为中国经济发展的有效支撑，形成与城市互相补充、共同推动的城乡融合发展体制机制，并承担起在中国新阶段发展中的重要责任与使命。

2. 乡村振兴 VS 城镇化

乡村振兴不是要城镇化，而是要现代化。

在城市急剧扩张，大城市病引起各方关注的当下，我们不得不思考，以城镇化率作为判断发展程度的单一标准是否合理？是不是所有乡村都适合拆村并点，集中安置？是不是越多农民变为市民越好？拉美国家的城镇化陷阱是我们的前车之鉴，乡村振兴要的绝不是高城镇化率的贫民窟，而是要乡村实现符合自身规律的现代化。

那么，乡村城镇化与乡村现代化的区别在哪里？什么又是乡村的现代化呢？

在社会学中，这样给"现代化"进行定义：现代化是由工业化发端，涉及社会各个领域、各个方面的变革，包括经济、政治、文化、教育、科技、心理、观念、社会生活，乃至人自身，是社会整体的、全面的、系统的、深刻的社会变迁过程。

城镇化是中国学者创造的一个新词汇，建设部给出的定义为：城镇化是人类生产和生活方式由乡村型向城市型转化的历史过程，表现为乡村人口向城市人口转化，以及城市不断发展和完善的过程。这基本代表了近年来我国城镇化的内涵。

很明显，乡村振兴并不是乡村人口向城市的高度集中，也不是乡村生产、生活方式的完全城市化。乡村振兴是产（产业）生（生活）融合、产（产业）社（社会）融合的一种乡村自发发展模式，它意味着乡村要达到城市生活水平的基础设施、公共服务设施和生态宜居条件，同时，还需要乡村拥有一套有别于城镇化的乡村现代化体系，这一体系是无法以城镇化集约式的发展模式进行套用的。因此，乡村振兴需要以新的乡村规划体系为指导的现代乡村规划，可以借鉴城市规划的经验、理论，但不能套用城镇规划规范进行规划。

3. 农业 VS 产业

乡村的产业不再仅仅是农业，而是一产、二产、三产融合的产业体系。

我国乡村的发展一直强调农业的核心地位。但从近几年的乡村发展来看，由于村庄的要素聚集模式、区域特色化基础等条件的差异，在某些村庄，农业早已经不是乡村发展的唯一、甚至主导产业。乡村振兴战略中提出的"产业兴旺"不再仅仅是农业兴旺，而是一产、二产、三产融合发展的乡村经济产业体系的兴旺。

乡村振兴，需要基于中国乡村发展的规律，找到一产、二产、三产融合发展的路径和模式。这一融合带动模式，既可以是以农业为主导，也可以是以加工业为主导，亦可以以外来消费为主导。比如旅游就是典型的消费带动型的"三二一"产业发展模式；乡村电商是典型的互联网销售带动的服务；传统文化附加值形成的以加工业特别是手工业为主的一二产业融合模式；基于农业发展农产品深加工，形成加工产品的品牌化、原料的品牌化、原产地的品牌化，最终带动三产服务业共同发展的模式等。

4. 农民 VS 乡村居民

乡村居民不再是农民的概念，而只是一个地理意义上的居住概念。

乡村日渐衰落的两个核心因素，一是产业的薄弱，二是人口的流失。两者相互强化，形成负反馈。乡村振兴战略在构筑一产、二产、三产融合发展的产业体系基础上，将带来人口的回流，形成产业与人口的正反馈。而在户籍制度、土地制度渐次放开，逆城市化潮流日趋明显的时代背景下，乡村振兴必将带来乡村人口结构的重塑。

乡村居民不再是农民的概念，不再以乡村传统的户籍、土地进行划分，而只是一个地理学意义上的居住概念。因此，乡村居民除包括在当地拥有户籍、拥有土地的农民外，还包括众多没有土地的外来人口。他们可以是以当地产业为核心吸引的职业农民、产业居民、乡居创客；也可以是以修养度假为主要目的的养老居民、疗养居民、度假居民；也可以是寻找创作灵感、追求田园梦想的艺术居民、生活居民等。

乡村居民是独立于原来城市人与农村人概念的独立结构。一般来说，由于乡村的诗意与文化传统根源，更易聚集理想主义者，而这些人往往是知识层次较高，社会责任感较重的社会发展核心力量。他们在乡村的聚集，将形成乡村新的文化土壤与自治结构，乡村将成为可支撑新时期社会发展的一股新生力量。

总之，乡村振兴战略下的现代乡村有着超越以往任何时代的作用及意义，有着其自身独特的内涵。这一战略的实施是一个系统工程，需要土地政策、教育政策、医疗政策等国家宏观政策层面的支持，需要政府在管理、要素释放、财税金融体制上的支持，还需要乡村在现代化体系、规划架构、管理体系等方面的创新，同时也需要每个乡村振兴参与者在理论上的争鸣，行动上的奋进。

三、历史的欠账与不平衡不充分发展

中国的工业化带动城市化，实现了堪称世界奇迹的高速发展。农业承包制释放了农民积极性，丰富了粮食与食品的基础，同时也解放了农民的工作生活选择权利，为农民进城提供了条件；工业化，使中国成为世界工厂，加工工业、重化工业、精密制造工业、高科技工业不断进步，构建了完善的要素聚集与产业链配套能力；农业释放的农民，工业化引导的城镇化，实现了城市的大规模扩展，同时带动房地产持续升值；劳动价格持续增长，不动产财富效应，持续推升全民消费能力，形成多层级消费能力的分化与量能积累，又把中国带入了黄金消费时代！

所有这些变化，都发生在都市区和发达地区的少部分乡镇区域，而绝大多数乡镇与农村，虽然国家每年都投入一定的资金扶持农业与农村发展，但毕竟基础设施与公共服务设施投入与城市差距太大，远远达不到现代产业聚集条件和现代生活支持标准，并因为高速市场化的工业化，成为被抽干资金、抽走人才与劳动力、转移低水平小规模大污染工业、长期严重被污染的区域！

由此，我们形成了清晰的对照：自 20 世纪 90 年代我国推进城镇化以来，大中型城市和县级城市的中心镇得到了快速发展，聚集了人力、资本、技术等产业发展要素，公共产品和公共服务等政府的财政投入也都在这些区域。作为一般建制镇和乡村，既没有被有效纳入政府投资结构与扶持政策，相较于城市区域，也缺乏市场化产业要素聚集的条件。小城镇及乡村，既不是政策投资重点目标，也不是市场主体基于产业要素聚集而自主发展的温床。除了珠三角、长三角少数核心区域自发聚集的市场和产业小镇与村庄外，广大的一般建制镇和农村区域，为高速城市化、工业化发展而付出了代价。

因此，乡镇与农村，就是不平衡不充分发展的重点区域，我们的欠账太多！

我们相信，我国未来乡镇与农村的发展，政策倾斜必将加大！

特色小镇、特色小城镇、田园综合体、乡村振兴战略等将会得到越来越多的政策倾斜，更是十九大之后的战略重点。

四、特色小镇与特色小城镇

自 2016 年 7 月，国家层面开展特色小（城）镇培育工作以来，一年半的时间内国家发展改革委和住建部先后发布了关于特色小（城）镇加快发展和规范发展的若干意见和若干要求，并由住建部发布了两批 403 个中国特色小镇名单。各地区和相关部门积极推进特色小镇和特色小城镇创建，取得了一些进展，积累了一些经验，涌现出一批产业特色鲜明、要素集聚、宜居宜业、富有活力的特色小城镇和千企千镇的特色小镇。

但在整体推进过程中，管理部门认为，出现了概念不清、定位不准、急于求成、盲目发展以及市场化不足等问题，有些地区甚至存在政府债务风险加剧和房地产化的苗头。针对各地的盲目发展，住建部官员多次在公开场合进行批评，发布了《关于保持和彰显特色小镇特色若干问题的通知》，并在第二批特色小镇申报中，严加管制。但是对于特色小（城）镇应该是类似于浙江提出的创新创业平台，还是住建部推动的基于新型城镇化发展的小城镇，这一直是引起各方争议的话题，国家层面上没有统一，当然也就无法实现顶层设计方面的引导。

2017 年 12 月 4 日，国家发展改革委、国土资源部、环境保护部、住房城乡建设部四部委联合发布的《关于规范推进特色小镇和特色小城镇建设的若干意见》，在原来发改委发布的《关于加快美丽特色小（城）镇建设的指导意见》基础上，明确了特色小镇与特色小城镇两个发展架构，从不同角度，共同推动我国经济的快速发展。这应该算是国家各大部委第一次关于特色小镇的内涵达成共识，也将为以后工作的推进指明方向。

梳理清楚这两大结构的本质与要求，梳理清楚各方之间的关系，对于今后特色小镇的发展来说至关重要。在我们看来，两者有着完全不同的发展价值和意义。

1. 特色小城镇的政府区域经济社会发展模式

特色小城镇是以建制镇为基础的区域经济社会发展模式，是整合建制镇镇区与农村一体化发展的政府抓手，是有效解决区域发展的一个创新结构！特色小城镇的创建，是乡镇经济突破发展的示范模式。

中国的乡镇经济，涉及镇区和乡村两大板块。但是，镇区（建设用地的城镇化聚集区）与乡村（农林用地为主的散居区），却是两个完全不同的架构。依靠小城镇的镇区聚集产业与城镇化，并不能解决三农问题！就如同城市区的大幅度扩张，并未解决建制镇与乡村问题一样，城市化抽空了建制镇与乡村，而不是带动了小城镇的镇区与乡村！

十九大提出乡村振兴战略，具有划时代的意义！因为乡村必须独立面对，形成现代农业与现代农村的创新发展路径！

乡村振兴战略下的现代乡村，必须建立起政府主导与大力扶持下与市场结合的相对独立和独特的发展模式！镇区的聚集，镇区的产业化、城镇化又有着其自身的发展结构和逻辑！特色现代镇区＋特色现代乡村，共同构成的特色小城镇的整体区域发展结构，应该是在这两个方面互相支撑下形成的创新发展体系！

特色小城镇要面对四大架构的解决方案——产业发展、基础设施、公共服务设施、现代居住社区，这需要以政府为主导，并由政府提供巨大资金支持。若没有政府强有力的支撑，特色小城镇的发展是难以突破的。但这些问题的解决，又必须结合市场主体的力量！没有市场主体的市场化可持续发展，政府投入再大，也不会实现可持续的发展；但是也不可能全部由市场化企业主体来完成，政府支持不到位，企业主体与市场化运行根本无法改变现有的落后状况！

目前，对于小城镇发展，甚至特色小镇的发展，根本没有形成与落实强有力的政府扶持政策！政府与企业的关系（大概念上的 PPP 模式），还没有形成。特色小城镇恰恰没有解决好这个问题！绝大多数特色小城镇依靠少量的国家省、市、县资金支持，杠杆力度不足，对土地与不动产价值认识不客观，创建的效应还远未显现出来。

产业发展必须由企业主体来主导，并给予企业在基础设施、公共服务设施、社区环境提升与管理、产业发展四个方面最大力度的扶持，才可能实现产业的真实、可持续发展，从而为区域发展提供切实的依托。否则，产业要素、城镇化要素、现代乡村经济发展要素根本没有优势基础，无法聚集起来。

镇区与乡村的基础设施、公共服务设施、居住社区环境、产业发展基础条件等的开发建设，没有足够的扶持条件，仅仅依靠市场化企业作为主体，不合理也不可能实现（这也是不平衡不充分发展的原因）。谁来承担长期被掏空被遗弃的小镇镇区和乡村的基础与公共设施？最终必须回到政府主导与承担上来。因此，除非政府做 PPP，或政府投融资平台直接承担基础设施与公共服务设施的投资与成本，否则，特色小城镇，基本上是纸上画画，困难很大。

很多市场化企业，都是虚与委蛇，等待政策或拿土地做不动产的储备而已。但是，在缩减地方政府债务的大背景下，为特色小城镇买单的地方政府并不积极，申报比较积极只是为了得到中央的政策和资金支持。于是，大家积极申报，社会企业在等待地方政府给基础设施和土地支持，政府在等待中央给予政策和金融支持，在目前的政策条件下，真正的产业投资、基础设施投资、公共服务投资，都远不到位！

薄弱的镇区，搞产业聚集发展，已经很难了，特色小城镇还包含了农村。依靠镇区的产业发展与居住聚集效应，根本不能解决农村的问题！乡村振兴，必须要有创新的模式与政策！

2.特色小镇的市场化主体创新模式

特色小镇与田园综合体，应该以市场为主体，推进综合开发，是创新推进乡镇经济发展的引擎。目前以政府为主体的模式不符合创新发展的路径。

发源于浙江的特色小镇，是以市场为主体的产城融合的综合开发模式，基于 3 平方公里以内的建设用地开发，进行产业与社区融合的开发，在适当的政府扶持下，可以让市场创新，由企业承担部分的基础设施与公共服务设施成本，靠市场自身力量的产业发展、产城融合和土地价值升值相呼应，引领区域发展。

这是一种创新的独立综合体模式，绕开了现在的镇区发展、农村发展本身的体制与政府承担的问题，从而另辟蹊径创新解决问题。这一模式没有过多地承担社区和整个小镇的社会发展问题，相对来说更容易实现和突破，可以成为有效带动区域经济发展的引擎和抓手。

田园综合体是以乡村为基础，借力于一产、二产、三产融合发展，在少量建设用地基础上，实现产业创新发展、在大多数农林用地基础上解决三农问题，实现乡村现代化的发展模式。田园综合体同样应该是以市场化企业为主体来发展的模式。现在以政府为申报单位的机制，需要更有效结合市场化主体。我们认为，应该以企业为申报主体，政府为参与结构，实现更好的创新发展！

3.特色小（城）镇的发展，需要更加全面一体化的国家政策支持

四部委《关于规范推进特色小镇和特色小城镇建设的若干意见》，并没有解决乡镇经济社会的顶层设计。

无论特色小（城）镇如何发展，中国必须要面对城镇化进程中建制镇已经被掏空、发展乏力的现实，必须要面对三农问题解决和乡村基础设施与公共服务设施提升的紧迫性。这些问题不解决，就永远没有办法做好小城镇和乡村这两篇大文章，也解决不了我国不平衡、不充分的乡镇经济社会发展问题。

特色小镇、田园综合体作为这一过程中突破型方法与带动型引擎，具有重要价值，但不能代替全域、全面性乡镇经济社会发展的支持逻辑和架构。

我们认为，特色小城镇，作为行政建制镇发展，必须要由政府主导，实现镇村结合。现有的相关政策与乡镇发展的实际需要相差较远，特色小城镇的系统建设，尚无法形成高效率的开发建设！国家应该就乡镇发展形成全面一体化的扶持政策。

对于特色小镇、田园综合体作为市场化突破的模式，政府应给予更多的政策扶持，借力于市场力量，让其成为带动乡镇发展的创新利器。

五、绿维文旅的不断探索与实践

在国家推出特色小（城）镇半年后，绿维文旅结合十余年来文旅小镇规划设计与研究经验，在2016年12月由中国旅游出版社出版发行了《特色小镇孵化器——特色小镇全产业链全程服务解决方案》一书，该书基于浙江模式探索，以"平台化运作，产业链经营"商业模式为基础，为特色小镇的开发提供了一揽子全产业链全程解决方案。图书一经面世，受到各地政府及开发企业的欢迎，成为特色小镇规划设计与开发运营的指南。

纵观该书出版一年来，特色小（城）镇创建进入了一个新的发展时期，但仍然有很多新问题没有解决，包括国家的政策指导、政府的开发运营、企业的开发运营等。

绿维文旅对特色小（城）镇的研究，始终有两个核心逻辑贯穿，即基于政府的区域发展逻辑和基于企业的开发运营逻辑。

第一是政府的区域发展逻辑。当我国经济进入新常态发展阶段，尤其是十九大以后，不平衡不充分发展与人们美好生活之间的矛盾，已经成为我国社会发展的主要矛盾。而特色小（城）镇面临的恰恰是这些不平衡不充分发展区域的发展问题。如何实现这些区域的有效发展，如何形成引擎带动，如何产城融合，如何实现乡村现代化，如何跟上整个经济社会和城市现代生活水平，这是我们站在区域经济发展的角度，站在国家整个村镇发展的高度而形成的基于政府的逻辑。

第二是市场运营逻辑。实际上市场运营理念是特色小（城）镇与田园综合体发展推进的核心，不能发挥市场在资源配置中的作用，就不能激活市场的活力，不能调动全社会的力量，也就无法获得成功。

从2016年7月份基于浙江经验，国家发布政策，正式推进特色小（城）镇发展，到这一年半来以住建部为主导形成的现有发展结构，到十九大引发的新思考与反思，到四部委新文件关于原有政策的整合与调整，再结合我们自己的实践，以及广大运营商、投资商的一系列实践，绿维文旅用一年的时间，成立了特色小镇规划设计研究院，编制了几十个特色小（城）镇开发项目的规划设计，写作了几十篇关于特色小（城）镇的研究文章，还出版了《旅游小镇开发运营指南》一书。在此基础上，我们形成了关于特色小（城）镇研究的深度探索著作——《特色小镇开发运营指南》。

本书梳理清楚了三大层面的逻辑关系：即宏观层面上以建制镇镇区、乡村为代表的不平衡不充分发展区域问题；中观层面上的特色小（城）镇、乡村振兴两大战略；微观层面上的特色小镇、特色小城镇、田园综合体等抓手引擎发展结构与核心产品的落地规划设计。

本书的研究内容，从顶层发展思路、理念，总结实践经验，落到政府与企业的整体开发运营结构，落到核心产品的规划设计、开发与招商运营，虽然未将其命名为《特色小镇孵化器2》，但实际上是以特色小镇的全产业链全程孵化服务为宗旨，是在第一本书基础上的探索与深化。

《特色小镇开发运营指南》为 2016 年和 2017 年的特色小（城）镇创建做了一个总结，也对新形势下特色小（城）镇的发展提出了我们的探索路径。我们期望，能够与国家、与各级地方政府、与各开发运营商，共同努力，推动特色小（城）镇的大发展，为不平衡不充分发展区域的深化发展尽一份绵薄之力！

林峰

2017 年 12 月

目录

第一篇

特色小（城）镇2017年回顾篇

第一章　国家层面的政策及推进

基于四部委"新政"谈特色小（城）镇的两种形态

　　2017 年 12 月之前，我国特色小（城）镇的发展是由住建部主导的。虽然住建部没有明确特色小（城）镇的内涵，但国家一、二批特色小（城）镇的申报对象，均指向了建制镇（县政府驻地镇／县城关镇除外）。而国家发改委虽然一直在强调特色小镇、特色小城镇两种形态，但非镇非区的特色小镇一直没有被纳入国家的发展体系中。2017 年 12 月 4 日，国家发展改革委、国土资源部、环境保护部、住房城乡建设部四部委联合发布的《关于规范推进特色小镇和特色小城镇建设的若干意见》中，对两者的概念再次明确：特色小镇是在几平方公里土地上聚焦特色产业，生产、生活、生态空间相融合，不同于行政建制镇和产业园区的创新创业平台；特色小城镇是拥有几十平方公里以上土地和一定人口经济规模、特色产业鲜明的行政建制镇。

　　在《特色小镇孵化器》一书中，我们就明确了特色小镇与特色小城镇是两种体系与模式。我们认为，特色小镇在推动人才、技术、资本等高端要素聚集、促进经济转型升级及城乡统筹发展等方面的带动效应更明显；而特色小城镇更多是基于平权架构下的城镇发展及公共服务结构。未来，两者将相互支撑、共同作用，推动我国经济社会发展。由此，未来在发改委主导下，特色小镇、特色小城镇均被纳入国家特色小（城）镇发展体系中去的可能性很大。

一、特色小镇——企业主导下的综合发展架构

　　特色小镇的发展聚焦 3 平方公里的非镇非区，强调打造创新创业发展平台。这种模式从发展路径看，兴起于浙江，壮大于长三角，逐渐成

为我国经济转型升级的重要抓手。从产业发展角度看，特色小镇聚焦高端产业和产业高端方向，强调单位空间经济效益，对要素的融合要求会更高，产业空间聚集也相对集中。

从开发角度看，特色小镇要实现生产要素、生活要素、生态要素的高度融合，是基于土地利用和产业聚集的发展平台，追求市场化效应，有着市场化的开发运营机制，可以作为一个综合项目来进行开发和运营。

大中型企业可通过资源整合和市场化运作，独立或牵头打造特色小镇，从而避免项目碎片化开发，保证资金的长期持续注入或高效聚集社会资本，从而吸引高端产业要素聚集，最终完成产业及经济转型升级。

二、特色小城镇——政府主导下的区域经济发展架构

特色小城镇相比于特色小镇，是借助几十平方公里建制镇的经济、人口、文化基础，建立在区域范围内原有产业梳理基础上，整合／淘汰传统产业或导入／融合新产业的一个过程，涉及内容更广泛、更综合。因此，特色小城镇不是一个单一的综合体项目，而是一个区域的整体发展结构，是"镇区＋乡村"相互支撑共同构成的创新发展体系，需基于区域综合发展基础，来进行规划和发展引导。

从开发角度看，不再只是聚焦 1~3 平方公里做项目式开发，而是基于区域经济原有基础进行更广泛的调整提升和转化，将涉及行政范围内原有产业、原有居民、原有文化、原有生态的整治、提升、调整，要推动产城融合、产城互利、城乡互动。因此，涉及问题的复杂性、广泛性、多样性，往往不是一个企业能够带动的，企业只能承担一部分或一定范围内的开发和运营工作，其整体发展还需要强化政府的主导功能，要面向镇区与乡村，形成政府主导下的区域经济发展架构。

因此，特色小城镇和特色小镇的建设管理主体、工作目标、工作节奏、架构规划等方面是有明显差异的。本书紧跟政策导向，对特色小镇（非建制镇）和特色小城镇（建制镇）两个体系进行了梳理，以便为特色小（城）镇建设提供更多操作层面的指导！在特色小城镇（建制镇）体系下，着重从多规合一规划、产业培育及升级等方面进行研究；在特色小镇（非建制镇）体系下，则从概念内涵、空间规划、特色创意设计、开发运营等全程角度进行了研究。

特色小（城）镇四部委"新政"解读

自 2016 年 7 月国家层面开展特色小（城）镇培育工作以来，一年半的时间内发改委和住建部先后发布了关于加快和规范特色小（城）镇发展的若干意见和若干要求，并由住建部发布了两批 403 个国家级特色小镇名单。各地区和相关部门积极推进特色小镇和小城镇建设，取得了一些进展，积累了一些经验，涌现出一批产业特色鲜明、要素集聚、宜居宜业、富有活力的特色小（城）镇。

但在整体推进过程中，也出现了概念不清、定位不准、急于求成、盲目发展以及市场化不足等问题，有些地区甚至存在政府债务风险加剧和房地产化的苗头。为了进一步规范各地区特色小镇和小城镇建设，2017 年 12 月 4 日，四部委（国家发展改革委、国土资源部、环境保护部、住房城乡建设部）联合发布了《关于规范推进特色小镇和特色小城镇建设的若干意见》（以下简称《新意见》）。本文对其要点和变化进行了重点梳理和提炼。

一、全文梳理

（一）再次明确特色小（城）镇两种发展形态

2016 年 10 月国家发展改革委在《关于加快美丽特色小（城）镇建设的指导意见》中，曾明确提出特色小（城）镇包括特色小镇、小城镇两种形态。此次《新意见》中再次强化了这两个概念。特色小镇是在几平方公里左右土地上集聚特色产业、生产生活生态空间相融合、不同于行政建制镇和产业园区的创新创业平台。特色小城镇是拥有几十平方公里以上土地和一定人口经济规模、特色产业鲜明的行政建制镇。两种形态的区别详见表 1-1-1。

表 1-1-1　特色小（城）镇的两种形态对比

	产业要求	土地规模	区划要求	其他要求
特色小镇	集聚特色产业	几平方公里	创新创业平台	生产生活生态空间相融合
特色小城镇	特色产业鲜明	几十平方公里	行政建制镇	一定人口经济规模

（二）总体要求"五个坚持，五个防止"原则

此次《新意见》中提出要以十九大精神和习近平新时代中国特色社会主义思想为指导，坚持以人民为中心，坚持贯彻新发展理念，把特色小镇和特色小城镇建设作为供给侧结构性改革的重要平台，因地制宜、改革创新，发展产业特色鲜明、服务便捷高效、文化浓郁深厚、环境美丽宜人、体制机制灵活的特色小（城）镇，促进新型城镇化建设和经济转型升级。

《新意见》中明确了特色小镇和特色小城镇建设要遵循五项基本原则，详见图 1-1-1。

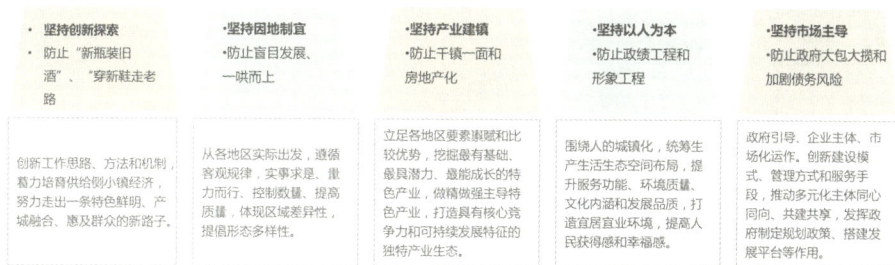

坚持创新探索	坚持因地制宜	坚持产业建镇	坚持以人为本	坚持市场主导
防止"新瓶装旧酒"、"穿新鞋走老路"	防止盲目发展、一哄而上	防止千镇一面和房地产化	防止政绩工程和形象工程	防止政府大包大揽和加剧债务风险
创新工作思路、方法和机制，着力培育供给侧小镇经济，努力走出一条特色鲜明、产城融合、惠及群众的新路子。	从各地区实际出发，遵循客观规律、实事求是、重力而行，控制数量、提高质量，体现区域差异性，提倡形态多样性。	立足各地区要素禀赋和比较优势，挖掘最有基础、最具潜力、最能成长的特色产业，打造具有核心竞争力和可持续发展特征的独特产业生态。	围绕人的城镇化，统筹生产生活生态空间布局，提升服务功能、环境质量、文化内涵和发展品质，打造宜居宜业环境，提高人民获得感和幸福感。	政府引导、企业主体、市场化运作，创新建设模式、管理方式和服务手段，推动多元化主体同心同向、共建共享，发挥政府制定规划政策、搭建发展平台等作用。

图 1-1-1　总体要求中提到的五项基本原则

（三）明确十项重点任务

《新意见》中强调了省级人民政府要强化主体责任意识，整合各方力量，及时规范纠偏，调整优化实施方案、创建数量和配套政策，加强统计监测。并要求各地区从方向把握、主体确定、统筹推进、达标控制四方面做好十项重点任务，具体详见图 1-1-2、1-1-3。

方向把握	主体确定	统筹推进	达标控制
		·注重打造鲜明特色	
		·有效推进"三生融合"	
·准确把握特色小镇内涵	·厘清政府与市场边界	·严控房地产化倾向	·实行创建达标制度
·遵循城镇化发展规律	·严防政府债务风险	·严格节约集约用地	
		·严守生态保护红线	

图 1-1-2　十项重点任务对应的四个方面

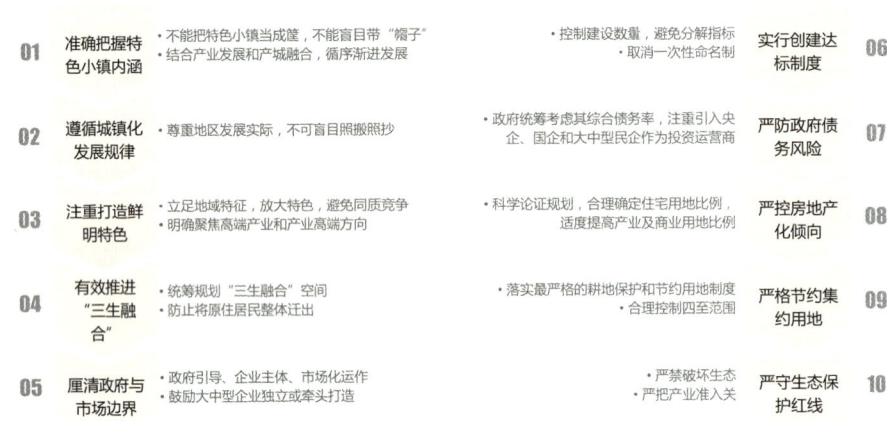

01	准确把握特色小镇内涵	·不能把特色小镇当成筐，不能盲目带"帽子" ·结合产业发展和产城融合，循序渐进发展	·控制建设数量，避免分解指标 ·取消一次性命名制	实行创建达标制度	06
02	遵循城镇化发展规律	·尊重地区发展实际，不可盲目照搬照抄	·政府统筹考虑其综合债务率，注重引入央企、国企和大中型民企作为投资运营商	严防政府债务风险	07
03	注重打造鲜明特色	·立足地域特征，放大特色，避免同质竞争 ·明确聚焦高端产业和产业高端方向	·科学论证规划，合理确定住宅用地比例，适度提高产业及商业用地比例	严控房地产化倾向	08
04	有效推进"三生融合"	·统筹规划"三生融合"空间 ·防止将原住居民整体迁出	·落实最严格的耕地保护和节约用地制度 ·合理控制四至范围	严格节约集约用地	09
05	厘清政府与市场边界	·政府引导、企业主体、市场化运作 ·鼓励大中型企业独立或牵头打造	·严禁破坏生态 ·严把产业准入关	严守生态保护红线	10

图 1-1-3　十项重点任务的具体内容

二、新变化提炼

通过与之前相关政策的对比，我们梳理出此次政策的 5 大重要变化：

（一）牵头单位发生变化（住建部改成发改委）

第一、二批国家级特色小镇均是由住建部在牵头开展各项政策制定、指导检查、复核发布等工作，而《新意见》中明确提出由国家发展改革委牵头。根据国家住建部和国家发改委职责的不同，我们判断未来特色小（城）镇的发展重点和发展倾向将会出现新的调整。

（二）推进单位发生变化（增加国土部、环保部）

环保部和国土资源部，协同参与到特色小（城）镇的推进中来（详见表 1-1-2），意味着未来特色小（城）镇将更加重视土地指标的管控和生态环境的保护。特色小（城）镇建设将进入经济社会环境、自然资源利用、环境保护实施、城乡建设四方面同时抓的规范推进阶段。

表 1-1-2　特色小（城）镇政策对比：推进单位

发布时间	2016.7.1	2017.12.4
政策名称	《关于开展特色小镇培育工作的通知》	《关于规范推进特色小镇和特色小城镇建设的若干意见》
推进单位	住房城乡建设部、国家发展改革委、财政部	国家发展改革委、国土资源部、环境保护部、住房城乡建设部

（三）特色产业要求升级（聚焦高端）

《新意见》中，明确了未来要聚焦高端产业和产业高端方向，着力发展优势主导特色产业，集聚高端要素（详见表 1-1-3）。意味着只有基于产业发展基础，向高附加值、强竞争力的知识密集、技术密集型产业转型，才能为特色小（城）镇营造具有核心竞争力和可持续发展特征的独特产业生态。

表 1-1-3　特色小（城）镇政策对比：特色产业要求

政策名称	《关于开展特色小镇培育工作的通知》	《关于规范推进特色小镇和特色小城镇建设的若干意见》
特色产业	（1）产业定位精准，特色鲜明，战略新兴产业、传统产业、现代农业等发展良好、前景可观 （2）产业向做特、做精、做强发展，新兴产业成长快，传统产业改造升级效果明显，充分利用"互联网＋"等新兴手段，推动产业链向研发、营销延伸 （3）产业发展环境良好，产业、投资、人才、服务等要素集聚度较高	（1）聚焦高端产业和产业高端方向，着力发展优势主导特色产业 （2）延伸产业链、提升价值链、创新供应链，吸引人才、技术、资金等高端要素集聚，打造特色产业集群

（四）数量分配发生变化（不搞数量要求）

在前两批国家级特色小镇申报工作通知中，都会明确各省（市）的申报数量，而《新意见》要求各地区从实际出发控制数量，不搞数量要求。在组织实施方面，要求省级层面按照《新意见》及时调整省级特色小（城）镇的创建数量。

（五）创建审批方式发生变化（取消一次性命名制）

《新意见》对特色小（城）镇的申报、审批做出最新指示。明确了要统一实行宽进严定、动态淘汰的创建达标制度，取消一次性命名制，避免各地区只管前期申报、不管后期发展（详见表 1-1-4）。同时，国家将对已公布的两批 403 个全国特色小城镇、96 个全国运动休闲特色小镇等，开展定期测评和优胜劣汰。

表 1-1-4　特色小（城）镇政策对比：创建制度

政策名称	2016.8. 住建部《关于做好 2016 年特色小镇推荐工作的通知》	2017.12.4 四部委《关于规范推进特色小镇和特色小城镇建设的若干意见》
创建制度	推荐→评估考核→评估复核→命名认定	取消一次性命名制度，宽进严定、动态淘汰的创建达标制度

除了以上五大变化外，《新意见》在建设主体方面，倡导各地区要以企业为主力军，鼓励大中型企业独立或牵头打造特色小镇，意味着大中型企业将依托雄厚资产、经营能力在特色小镇领域迎来更多投资机会。另外，《新意见》对特色小镇规划提出了更高要求，文件中提出将科学论证企业创建特色小镇规划，并重点对产业内容、盈利内容、后期运营方案进行把关，意味着特色小镇的规划将越来越注重操作性。

2017 年国家特色小（城）镇政策回顾

　　继 2016 年培育浪潮袭击全国各地后，2017 年，特色小（城）镇进入了实质性推动的一年。除各地政府出台本省特色小（城）镇发展指导意见及创建导则外，国家各部委为了全面支持特色小（城）镇建设，充分发挥特色小（城）镇破解城乡二元结构的重要抓手作用，以此达到扩大就业、增加收入、改善人居环境的目的，也相继出台了多项更加深化、更加具有具体指导意义和支持倾向的政策措施。本文整理了 2017 年国家层面有关特色小（城）镇的各项政策，着重分析了其重点关注方向。

一、2017 年国家关于特色小（城）镇政策概览

　　2017 年，针对特色小（城）镇，国家层面出台了十余个重点支持及规范政策。详见图 1-1-4。

二、2017 年国家关于特色小（城）镇政策解读

　　从以上政策来看，2017 年国家层面的特色小（城）镇政策主要集中在三个方向：

（一）关于开发性金融及商业性金融对特色小（城）镇的支持

　　我国各地区建设特色小（城）镇的区位条件和产业特色不尽相同，受经济发展因素影响，部分地区尤其是中西部偏远贫困地区的特色小（城）镇，存在基础设施建设落后、交通条件不佳、人才资源匮乏等情况，需要强大的资金支持。继 2016 年 10 月住建部与中国农业发展银行签署《关于推进政策性金融支持小城镇建设的通知》后，2017 年开发性金融、商

2017.1
• 《国家发展改革委、国家开发银行关于开发性金融支持特色小（城）镇建设促进脱贫攻坚的意见》
深入推进特色小（城）镇建设与脱贫攻坚战略相结合，利用开发性金融支持特色小（城）镇建设。

2017.1
• 《住房城乡建设部、国家开发银行关于推进开发性金融支持小城镇建设的通知》
充分运用开发性金融，支持小城镇建设，全面提升小城镇的建设水平和发展质量。

2017.3
• 特色小城镇首次写入政府工作报告
政府工作报告中指出，扎实推进新型城镇化。支持中小城市和特色小城镇发展，推动一批具备条件的县和特大镇有序改市，发挥城市群辐射带动作用。

2017.3
• 住房城乡建设部召开全国特色小镇培训会
会议针对小城镇建设中的问题提出了10项基本要求。

2017.4
• 《住房城乡建设部、中国建设银行关于推进商业金融支持小城镇建设的通知》
贯彻落实党中央、国务院关于推进小城镇建设的工作部署，大力推进商业金融支持小城镇建设。

2017.4
• 《文化部"十三五"时期文化产业发展规划》
支持各地建设一批文化特点鲜明和主导产业突出的特色文化小（城）镇、特色文化街区、特色文化乡村。

2017.5
• 《体育总局办公厅关于推动运动休闲特色小镇建设工作的通知》
到2020年，在全国扶持建设一批体育特征鲜明、文化气息浓厚、产业集聚融合、生态环境良好、惠及人民健康的运动休闲特色小镇。

2017.5
• 《千企千镇工程实施导则》
针对2016年12月颁布的《关于实施"千企千镇工程"推进美丽特色小（城）镇建设的通知》，发布具体实施细则。

2017.5
• 《住房城乡建设部办公厅关于做好第二批全国特色小镇推荐工作的通知》
要求推荐的特色小镇具备特色鲜明的产业形态、和谐宜居的美丽环境、彰显特色的传统文化、便捷完善的设施服务和充满活力的体制机制。

2017.7
• 《关于组织开展农业特色互联网小镇建设试点工作的通知》
力争到2020年，在全国建设、运营100个农业特色优势明显、产业基础好、发展潜力大、带动能力强的农业特色互联网小镇。

2017.7
• 《国家林业局办公室关于开展森林特色小镇建设试点工作的通知》
在全国国有林场和国有林区业局范围内选择30个左右作为首批国家建设试点。

2017.7
• 《住房和城乡建设部关于保持和彰显特色小镇特色若干问题的通知》
提出建设特色小镇要避免"三个盲目"，将是否保持和体现特色作为特色小镇重要认定标准。

2017.12
• 《国家发展改革委、国土资源部、环境保护部、住房城乡建设部关于规范推进特色小镇和特色小城镇建设的若干意见》
就规范推进各地区特色小镇和小城镇建设，提出了两条总体要求、十条重点任务及四条组织实施建议。

图 1-1-4　2017 年国家层面的特色小镇政策推进情况

业性金融也加入了支持特色小（城）镇建设的队伍。详见表 1-1-5。

各大银行的支持范围，除光大集团外，基本上聚焦在城镇基础设施、公共服务设施建设，以及产业配套设施建设上。其支持对象覆盖了全国小城镇，并优先支持国家已经认定的特色小镇以及纳入全国小城镇建设项目储备库的优先推荐项目。在融资方式上，仍然以长期优惠的信贷支持为主，提供证券、基金、债券等综合融资方式，并不断地在探索景区门票收费权质押等新型贷款抵质押方式。政策性金融、开发性金融和商业金融齐发力，能够撬动更多的社会资金，拓宽特色小（城）镇建设的融资渠道，促进政府资金与社会资本的深度合作。

表 1-1-5 开发性金融及商业性金融对特色小（城）镇的支持政策

银行	合作部门	重点支持内容	优先支持对象	融资方式
国家开发银行	发改委	（1）支持发展特色产业：以批发的方式融资支持龙头企业、中小微企业、农民合作组织以及返乡农民工等各类创业者发展特色优势产业；积极推动开展土地、资金等多种形式的股份合作 （2）补齐特色小（城）镇发展短板：支持基础设施、公共服务设施和生态环境建设；支持各类产业发展的配套设施建设	特色小（城）镇助力脱贫攻坚建设试点	投资、贷款、债券、租赁、证券、基金
国家开发银行	住建部	（1）支持以农村人口就地城镇化、提升小城镇公共服务水平和提高承载能力为目的的设施建设 （2）支持促进小城镇产业发展的配套设施建设 （3）支持促进小城镇宜居环境塑造和传统文化传承的工程建设	（1）127个第一批国家级特色小镇 （2）3675个重点镇 （3）大别山等集中连片贫困地区 （4）纳入全国小城镇建设项目储备库的优先推荐项目	（1）投资、贷款、债券、租赁、证券 （2）特许经营权、收费权和购买服务协议下的应收账款质押等担保类贷款业务
中国建设银行	住建部	（1）支持改善小城镇功能、提升发展质量的基础设施建设 （2）支持促进小城镇特色发展的工程建设。 （3）支持小城镇运营管理融资	（1）127个第一批国家级特色小镇 （2）纳入全国小城镇建设项目储备库的推荐项目	（1）信贷 （2）债券融资、股权投资、基金、信托、融资租赁、保险资金等 （3）特许经营权、景区门票收费权、知识产权、碳排放权质押等新型贷款抵质押方式 （4）与创业投资基金、股权基金等开展投贷联动，支持创业型企业发展

13

（续表）

银行	合作部门	重点支持内容	优先支持对象	融资方式
光大集团	住建部	支持特色小镇的绿色低碳发展	纳入全国特色小镇建设项目储备库中的项目	——

（二）关于特色小（城）镇的建设要求

尚处于起步阶段的特色小（城）镇，在建设过程中，部分参与者对其打造理念认识不足，出现了诸如特色不明显、过度依赖房地产、滥用外来文化等现象。2017 年国家政策中出现了明显的纠偏倾向，更加强调特色产业的核心地位、强调传统文化的传承、强调现状肌理的保持以及生态环境的保护。主要体现在四个方面：

第一，2017 年 3 月，住房城乡建设部召开全国特色小镇培训会，针对小城镇建设中的问题提出了 10 项基本要求。详见图 1-1-5。

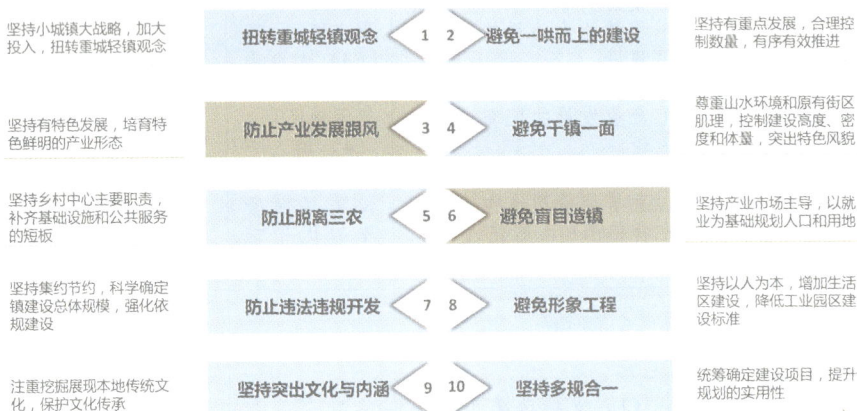

坚持小城镇大战略，加大投入，扭转重城轻镇观念　扭转重城轻镇观念　1　2　避免一哄而上的建设　坚持有重点发展，合理控制数量，有序有效推进

坚持有特色发展，培育特色鲜明的产业形态　防止产业发展跟风　3　4　避免千镇一面　尊重山水环境和原有街区肌理，控制建设高度、密度和体量，突出特色风貌

坚持乡村中心主要职责，补齐基础设施和公共服务的短板　防止脱离三农　5　6　避免盲目造镇　坚持产业市场主导，以就业为基础规划人口和用地

坚持集约节约，科学确定镇建设总体规模，强化依规建设　防止违法违规开发　7　8　避免形象工程　坚持以人为本，增加生活区建设，降低工业园区建设标准

注重挖掘展现本地传统文化，保护文化传承　坚持突出文化与内涵　9　10　坚持多规合一　统筹确定建设项目，提升规划的实用性

图 1-1-5　小城镇建设的 10 项基本要求

第二，2017 年 5 月，住建部发布《关于做好第二批全国特色小镇推荐工作的通知》，对第二批特色小镇的申报提出了更加严格的要求：

（1）对产业的要求更加严格，要求申报主体已经实施并储备一批质量高、带动效应强的产业项目；

（2）对以房地产为单一产业，打着特色小（城）镇名义搞圈地开发的建制镇做出了明令禁止；

（3）强调了规划的重要性，要求规划定位准确、目标可行、规模适宜、管控有效；

（4）注重政策环境及市场机制的构建，要求小镇营造市场主导、政企合作等良好政策氛围；

（5）更加注重当地的实际情况以及当地群众的需求，要求引入的项目符合当地实际；

（6）注重老镇区的整治改造，要求做到新老镇区的协调发展；

（7）评审增加现场答辩环节，评审过程更加科学、合理。

2017 年 8 月住建部公布了第二批全国特色小镇 276 个名单及评审意见，其中"聚焦特色产业""产镇融合""特色产业培育""彰显小镇特色"等词语总共被提及 210 余次，而"镇区环境整治""生态环境"这组词共被提及 146 次，另外"延续当地特色风貌，保持和彰显小镇特色"也被反复提及。

第三，2017 年 7 月针对部分特色小（城）镇存在不注重特色的问题，住建部下发了《关于保持和彰显特色小镇特色若干问题的通知》，提出了三大要求，并将是否保持和体现特色作为特色小镇重要认定标准，提出将定期对已认定特色小镇有关情况进行检查。详见图 1-1-6。

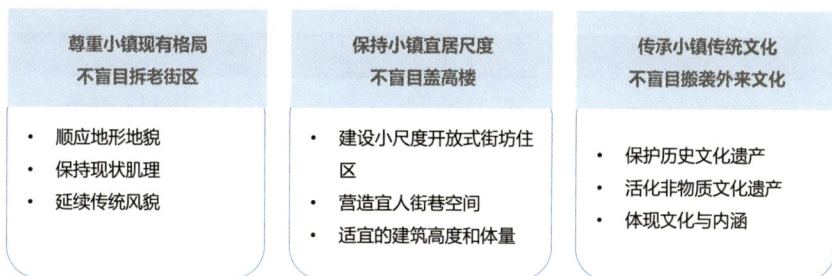

尊重小镇现有格局 不盲目拆老街区	保持小镇宜居尺度 不盲目盖高楼	传承小镇传统文化 不盲目搬袭外来文化
• 顺应地形地貌 • 保持现状肌理 • 延续传统风貌	• 建设小尺度开放式街坊住区 • 营造宜人街巷空间 • 适宜的建筑高度和体量	• 保护历史文化遗产 • 活化非物质文化遗产 • 体现文化与内涵

图 1-1-6　特色小镇特色营造的三大要求

第四，2017 年 12 月四部委发布的《关于规范推进特色小镇和特色小城镇建设的若干意见》中，从集约用地、环境协调、功能空间、建设主体等多个方面分别提出了建设要求。详见图 1-1-7。

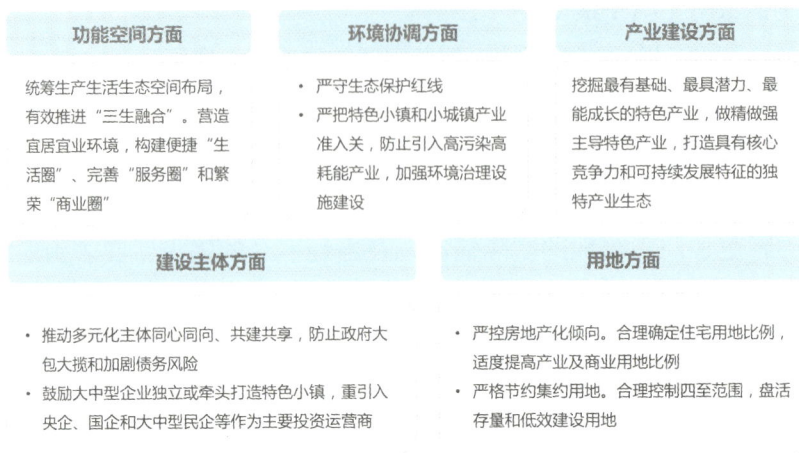

功能空间方面	环境协调方面	产业建设方面
统筹生产生活生态空间布局，有效推进"三生融合"。营造宜居宜业环境，构建便捷"生活圈"、完善"服务圈"和繁荣"商业圈"	· 严守生态保护红线 · 严把特色小镇和小城镇产业准入关，防止引入高污染高耗能产业，加强环境治理设施建设	挖掘最有基础、最具潜力、最能成长的特色产业，做精做强主导特色产业，打造具有核心竞争力和可持续发展特征的独特产业生态

建设主体方面	用地方面
· 推动多元化主体同心同向、共建共享，防止政府大包大揽和加剧债务风险 · 鼓励大中型企业独立或牵头打造特色小镇，重引入央企、国企和大中型民企等作为主要投资运营商	· 严控房地产化倾向。合理确定住宅用地比例，适度提高产业及商业用地比例 · 严格节约集约用地。合理控制四至范围，盘活存量和低效建设用地

图 1-1-7　特色小（城）镇的建设要求

（三）关于各部委对特色小（城）镇建设的细化推进

除住建部统筹推进特色小（城）镇建设外，体育总局、农业部、国家林业局率先结合自身相关领域及产业，分别启动了运动休闲特色小镇、农业特色互联网小镇、森林特色小镇的建设试点工作，并在资金方面给予了一定的支持。详见表 1-1-6。

表 1-1-6　各部委对特色小（城）镇建设的细化推进

小镇类型	基本要求	政策支持
运动休闲特色小镇	（1）交通便利，自然生态和人文环境好 （2）体育工作基础扎实，在运动休闲方面特色鲜明 （3）近5年"五无"：无重大安全生产事故、无重大环境污染、无重大生态破坏、无重大群体性社会事件、无历史文化遗产破坏现象 （4）小镇所在县（区、市）政府高度重视体育工作 （5）运动休闲特色小镇建设对当地推进脱贫攻坚工作具有特殊意义	（1）对纳入试点的小镇，一次性给予一定的经费资助，用于建设完善运动休闲设施，组织开展群众身边的体育健身赛事和活动 （2）将向各小镇提供体育设施标准化设计样式，配置各类赛事资源

（续表）

小镇类型	基本要求	政策支持
农业特色互联网小镇	（1）促进产业融合发展：以农业为核心，促进农村一、二、三产业融合发展，构建功能形态良性运转的产业生态圈 （2）规划引领合理布局：不以面积为主要参考，控制数量、提高质量、节约用地、体现特色 （3）积极助推精准扶贫：以农业特色互联网小镇建设运营，带动贫困偏远地区农民脱贫致富 （4）深化信息技术应用：充分利用互联网理念和技术，加快物联网、云计算、大数据、移动互联网等信息技术在小镇建设中的应用	（1）可申请农业特色互联网小镇专项资金 （2）专项资金按照 PPP 模式提供项目投资总额 70% 以内的资金支持 （3）专项资金管理办公室负责监管专项资金的使用进度和类别是否与建设运营方案一致，但不参与具体建设运营工作
森林特色小镇	（1）具有一定规模：森林覆盖率一般应在 60% 以上，规模较大的国有林场或国有林区林业局建设 （2）建设积极性高：国有林场和国有林区林业局建设积极性较高，当地政府重视森林特色小镇建设工作 （3）主导产业定位准确：重点发展森林观光游览、休闲度假、运动养生，以及森林食品、森林药材等林产品培育、采集和初加工的绿色产业 （4）基础设施较完备：水电路通讯等基础设施较完善，建设地点原则上要选择在距机场或高铁站 50～100 公里范围内	——

综上，2017 年特色小（城）镇的政策更加务实，也更加具有细化指导意义。不同于 2016 年特色小（城）镇刚刚兴起之时，各位专家、各大媒体、各开发企业对特色小（城）镇的追捧，如今社会上出现了更多更加理性的声音，国家也在通过支持资金的引导、申报政策的限制，纠正特色小（城）镇发展中出现的各种问题。可以预见，在国家政策的指引下，特色小（城）镇建设将会保持健康持续的发展，而各地方政府及各专业部门，将会成为具体推动特色小（城）镇建设的中坚力量！

国家级特色小（城）镇
发展概况分析

　　2016 年 10 月和 2017 年 8 月，住房城乡建设部分别公布认定北京市房山区长沟镇等 127 个镇为中国第一批特色小镇，北京市怀柔区雁栖镇等 276 个镇为第二批全国特色小镇。截至目前，全国共有 403 个国家认定的特色小镇。根据建村〔2016〕147 号文件中"到 2020 年，培育 1000 个左右的特色小镇"的要求，接下来三年内，还会涌现一大批国家级特色小（城）镇。分析总结前两批特色小（城）镇的概况及特征，必将对未来特色小（城）镇的创建培育工作起到重要指导作用。

一、第一批特色小镇分析

（一）地理分布

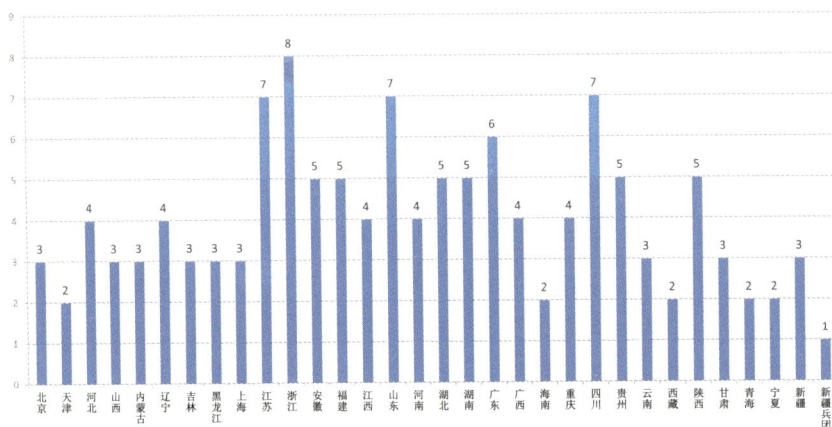

图 1-1-8　第一批全国特色小镇分布情况

第一批 127 个国家级特色小镇分布于全国 31 个省、市、自治区和新疆生产建设兵团（详见图 1-1-8）。从省份分布看，数量最多的是浙江省，入选了 8 个，其次是江苏省、山东省和四川省，均入选 7 个。从区域分布看，华东和西南地区数量最多，一共有 35 个。华东地区经济发展水平较高，小镇发展条件相对较完善，西南地区的经济水平虽然不及华东地区，但其拥有丰富的自然文化资源，是特色小（城）镇发展的重要基础。由此可以看出，第一批特色小镇的分布数量，与经济发展水平、资源禀赋、区域面积等多方面因素有关。

（二）功能类型

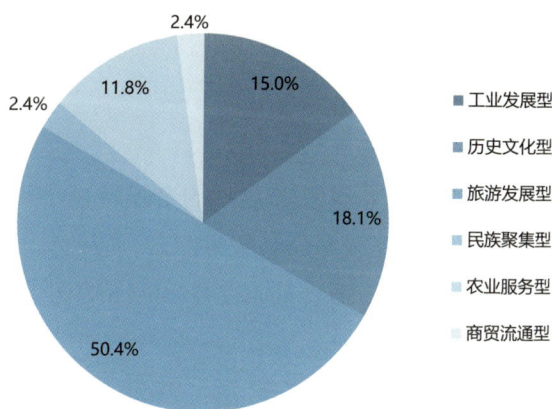

图 1-1-9　第一批全国特色小镇类型占比

根据特色小镇推荐要求，第一批特色小镇的类型分为商贸流通型、工业发展型、农业服务型、旅游发展型、历史文化型和民族聚居型六大类（详见图 1-1-9）。入选小镇名单中，旅游发展型最多，占比 50.4%，其次为历史文化型，占比 18.1%。首批特色小镇中有一半以上的小城镇以旅游产业为发展核心，反映出旅游业对小城镇社会经济效益有着强大的推动作用。其次是历史文化型小镇，共有 23 个，体现出文化对于特色小镇发展的重要地位。农业服务型和工业发展型小镇占比差距较小，民族聚集型和商贸流通型小镇的数量最少，仅分别占比 2.4%。可以看出，第一批特色小镇的类型分配比例差距较大，存在分布不均的问题。

（三）规模概况

根据中小城市发展战略研究院对首批 127 个国家级特色小城镇大数据（5 个数据缺失）分析，从人口规模上看，镇区人口平均数为 2.74 万人。其中，浙江省温州市乐清市柳市镇的人口最多，为 16.01 万人，西藏拉萨市尼木县吞巴乡的数量最少，仅有 300 人。小镇人口规模差距较大，但就分布而言无明显规律。

从建设用地上看，东部沿海地区小镇的建设规模普遍比内陆地区小镇的建设规模要大。127 个小镇平均建成区规模为 6.68 平方千米，建成区规模最大的是天津市滨海新区中塘镇（56 平方千米），最小的是北京市密云区古北口镇（0.24 平方千米）。

（四）发展现状

2017 年 3 月，在住房城乡建设部召开的全国特色小镇培训会上，住建部从带动效应、基础设施建设、公共服务能力、传统文化保护和传承、体制机制创新等方面，总结了第一批 127 个全国特色小镇的建设情况，内容如下：

1. 特色小镇建设带动农村经济发展

127 个特色小镇建设过程中新增就业人口 10 万人，平均每个小镇新增工作岗位近 800 个，农民人均纯收入比全国平均水平高 1/3。

2. 基础设施建设不断完善

镇区基础设施建设方面，90% 以上小镇的自来水普及率高于 90%，80% 小镇的生活垃圾处理率高于 90%，基本达到县城平均水平。

3. 公共服务能力稳步提升

每个小镇均新增了多个公共服务设施，以满足居民的生产生活需要，具体数据详见图 1-1-10 所示。

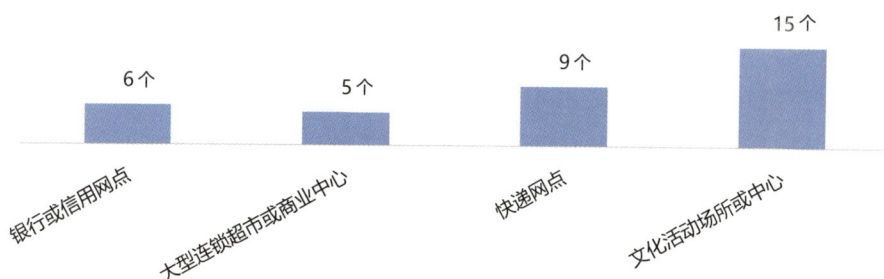

银行或信用网点　6个
大型连锁超市或商业中心　5个
快递网点　9个
文化活动场所或中心　15个

图 1-1-10　每个小镇平均配置的公共服务设施数量

4. 当地传统文化得以保护传承

拥有省级以上非物质文化遗产、定期举办民俗活动、保留独特民间技艺的小镇占总数量的比例较高。详见图 1-1-11。

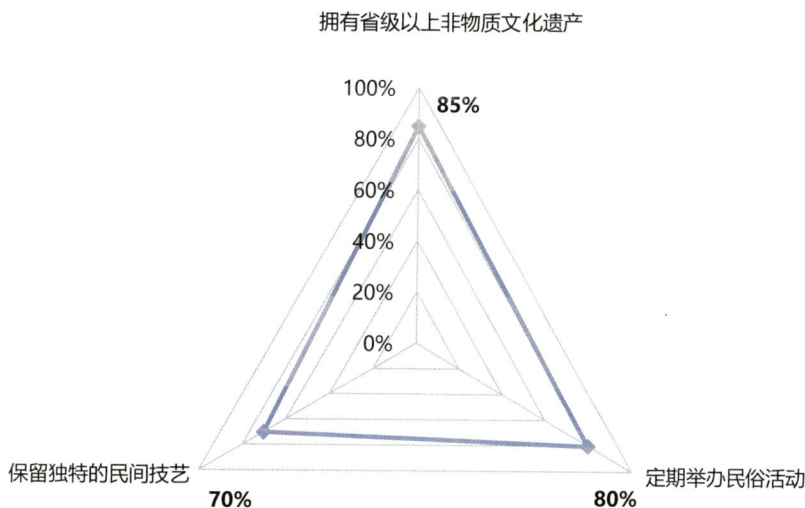

拥有省级以上非物质文化遗产　85%
保留独特的民间技艺　70%
定期举办民俗活动　80%

图 1-1-11　传统文化得以保护与传承的小镇比例

5. 特色小镇体制机制进一步创新

体制机制创新方面取得一定的进展，90% 以上的小镇建立了规划建设管理机构和"一站式"综合行政服务，80% 以上的小镇设立了综合执法机构。

从以上数据可以看出，第一批 127 个国家级特色小镇的镇区规模、经济水平、产业基础和结构等各个方面都存在着较大的差异，体现出我国小城镇区域环境复杂、形态丰富多样的特征。各地区在创建和培育特色小（城）镇的过程中，因地制宜地选择发展模式，大部分地区也已出台了相关支持政策和具体措施，在一段时间内，首批特色小镇的培育已初见成效。由于首批特色小镇中旅游小镇的比例较大，需要充分发挥旅游产业的带动作用，挖掘当地特色资源，融合第一、第二产业共同发展。对于经济发展水平不高的特色小（城）镇，需要解决好投资与建设的问题，发挥政府的主导作用，调动多元市场主体参与建设的积极性，吸引更多的社会资本投入特色小镇的开发和培育。

二、第二批特色小镇分析

（一）地理位置及规模

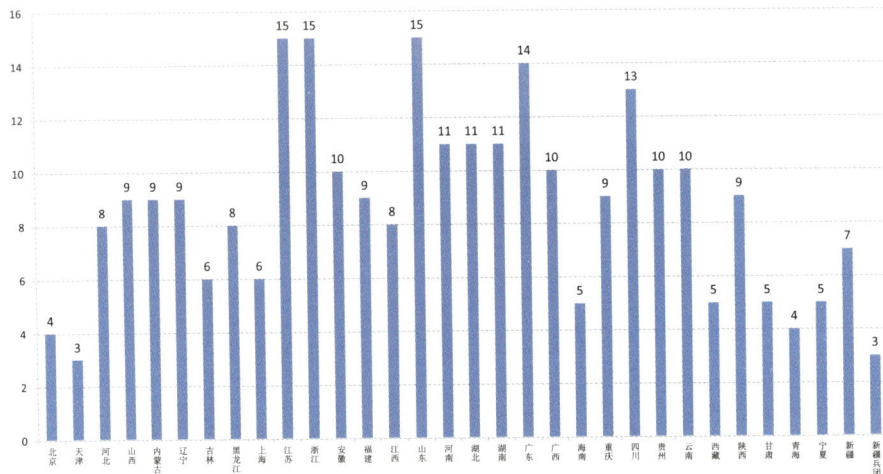

图 1-1-12 　第二批全国特色小镇分布情况

第二批特色小镇数量较第一批新增 149 个，数量最多的省份分别为浙江、江苏和山东，均入选了 15 个。从区域分布上看，华东和西南依然是入选数量最多的地区，分别有 78 个和 47 个小镇入选。相较于第一批，这两个地区的增数也是最多的，分别增加了 43 个和 26 个小镇，华北、华中、西北、华南、东北等地区均增加了十几个小镇。详见图 1-1-12。

辖区面积方面，1000 平方千米以上的特色小镇有 9 家，10 平方千米以下的有 4 家。面积最大的为内蒙古自治区呼伦贝尔市扎兰屯市柴河镇（5688 平方千米），面积最小的是广西壮族自治区北海市银海区侨港镇（1.1 平方千米）。总体而言，西部地区的镇域面积普遍比东部地区更大。

（二）功能类型

第一批特色小镇名单中，旅游发展型小镇的数量超过了一半，在第二批特色小镇推荐要求中，明确规定了以旅游文化为主导的特色小镇推荐比例不超过 1/3。因此，第二批 276 个特色小镇的类型比例较为均匀（如图 1-1-13 所示），旅游发展型小镇约占整体小镇数量的 23.9%，其次是农业服务型小镇占比较多，共有 71 个，这与国家层面对农业的扶持力度相关，在国家现代农业产业园、田园综合体、农业特色互联网小镇的创建工作及相关补贴等政策支持下，农业特色小镇成为各地重点培育的特色小镇类型之一。

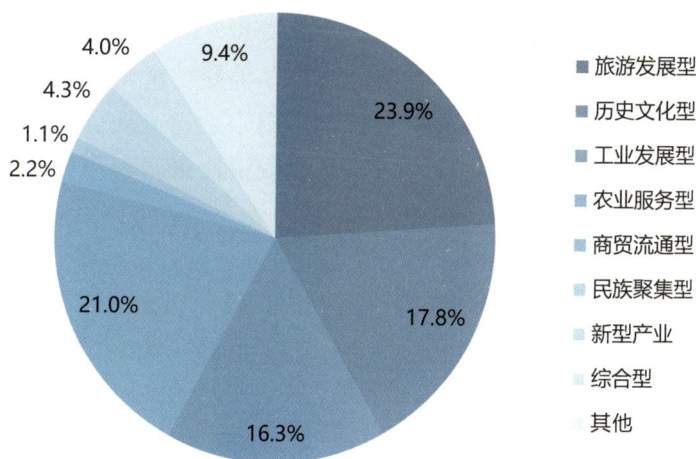

图 1-1-13　第二批全国特色小镇类型占比

23

（三）评审意见分析

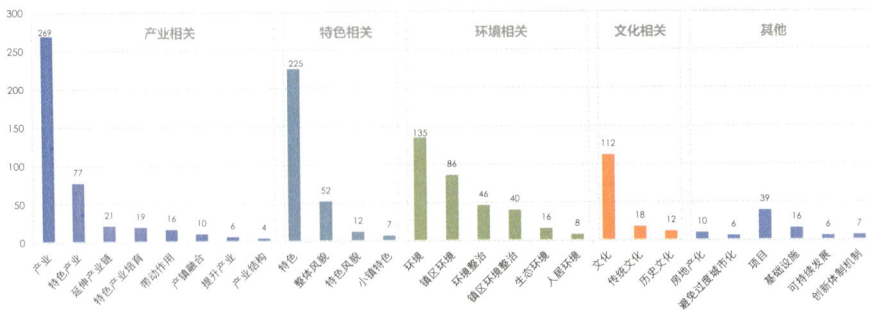

图 1-1-14　第二批全国特色小镇的评审意见分类统计

除了公布第二批全国特色小镇名单外，住建部还首次公开了专家评审意见，分别对 276 个特色小镇的培育提出了发展建议。通过对评审意见中使用频率最高词汇的总结，可以看到，本次特色小镇评审中，对环境风貌、生态保护、特色产业、融合发展、传统文化、防止房地产化等方面的重视程度较高。如图 1-1-14 所示。

1. 特色风貌方面

在 906 条专家组评审意见中，"整体风貌""特色风貌""保持和彰显小镇特色"等评语被反复提及。其中"提升镇区特色风貌塑造"出现次数最多，说明镇区风貌的特色打造是重中之重，从评语中还可以看出专家倾向于通过整体风貌管控、编制风貌设计来调整和提升特色小镇风貌。

2. 生态保护方面

"镇区环境整治""生态环境"这组词在总计 906 个评审意见标签中共被提及 146 次，提及次数位列第一。由于小镇地处市郊或较为偏远的农村地区，在我国农村环境存在普遍"脏乱差"的大背景下，部分小镇因居民建筑、工业、小镇开发等原因产生了大量的垃圾散落与污染等问题，使得环境问题雪上加霜。专家提出了保护生态环境、提升人居环境、进行老镇区/镇区/村庄环境整治等要求。

特色小镇在开发建设过程中，追求经济效益的同时要做好生态平衡。本次评审中，专家组对可能牺牲环境而谋取经济效益的行为提出了警示，并提出"审慎引入工业项目""加强污染隔离带的控制""严禁挖山填湖、破坏水系"等要求。

3. 特色产业方面

第二批特色小镇推荐要求中特别强调了特色产业的带动作用，注重特色产业链延伸，要求推荐小镇具备一定的产业基础和带动效益良好的产业项目，同时也强调产业的选取需要符合当地实际，避免过多过泛。

"聚焦特色产业"一词被多次提及，产业作为特色小镇开发的核心，特色产业的选择、导入与培育，是特色小镇开发成功推进的关键和最大的难题。许多小镇在选择发展特色的道路上摇摆不定或以多为优，缺乏对产业做深做精的聚焦意识，较为典型的评语包括"聚焦特色产业门类、加强传统产业的提升、延长特色产业链"。本次评定也聚焦了特色产业的发展问题，具有发展后劲儿的特色产业是特色小镇的应有之义，无疑也是全国特色小镇认定、评定的命门。

4. 融合发展方面

"三产融合""产镇融合"的评语明确了特色小镇要落实产业融合、产城融合的发展策略和目标，产镇融合强调小镇应因地制宜地选择特色产业与发展模式，避免盲目模仿导致"千镇一面"，三产融合有助于推动供给侧结构性改革，实现农村经济结构的转型升级。"培育专业的小城镇运营主体"的建议，为突出地方特色及小镇多元化提供了先决条件。

例如，无锡市惠山区阳山镇的评审意见中提到"加大特色产业对其他产业的带动作用，形成一二三产业融合发展，增强内生动力"；阜阳市界首市光武镇的评审意见中提出"产业发展应与小镇建设目标紧密结合，实现产镇融合发展"。

5. 传统文化方面

住房和城乡建设部发布的《关于保持和彰显特色小镇特色若干问题的通知》中，提出了避免"三个盲目"，并将保护传统特色文化纳入第二批全国特色小镇的评选标准中。评审意见中，强调传统文化要重视挖掘、保护和传承，还提出要与现代文化实现结合。传统文化作为小镇的特色资源，是特色小镇生活居民的精神归宿，也是创新发展的重要动力，要充分发挥文化的功能和作用，发展有历史记忆、文化脉络、民族特点的小镇，并在此基础上促进与现代文化的融合、与外来文化的融合。

6. 防止房地产化方面

第二批特色小镇推荐要求中明确指出对以房地产为单一产业的小镇不予推荐，因此，在本次评审意见中，专家组对有房地产化倾向的小镇提出了相关警示。针对发展不同产业的小镇，评语的重轻程度也不同，主要有"控制镇区房地产比例""避免过度房地产化""严禁地产化"。例如对邯郸市肥乡区天台山镇就提出了"合理确定养生养老产业的服务对象，严禁房地产化"，对浦东新区新场镇提出"严格控制房地产开发比例，避免过度房地产化"。特色小镇应纠正过去产业园区发展中"过度房地产化""空城""鬼城"现象，始终坚持实体产业是根本。

第二章　地方层面的政策及实践

2017 年地方层面政策解读

一、政策发布与解读

在国家政策的引导下，2017 年各省特色小（城）镇建设也逐渐进入了实质性推动阶段，相关政策陆续出台，对特色小（城）镇的建设制定了目标、提出了总体要求，部分省市还对申报做了具体要求。详见表 1-2-1。

表 1-2-1　部分省市特色小（城）镇主要政策概况

时间及地区	政策名称	建设目标	建设体系	发展要求	创建程序
2016.12 江苏	江苏省发展改革委《关于培育创建江苏特色小镇的实施方案》	3～5 年分批培育创建 100 个特色小镇	开发园区＋中心城市周边的小城镇	产业特色鲜明、体制机制灵活、人文气息浓厚、生态环境优美、多种功能叠加、宜业宜居宜游	自愿申报→分批审核→年度考核→验收命名
2016.12 湖北	湖北省人民政府《关于加快特色小（城）镇规划建设的指导意见》	3～5 年规划建设 50 个国家及省级层面的特色小（城）镇	建制镇＋创新创业平台	产业特色鲜明、体制机制灵活、人文气息浓厚、生态环境优美、建筑风格雅致、卫生面貌整洁、多种功能叠加、示范效应明显、生产生活与环境健康协调发展	自愿申报→分批审核→年度考核→考核验收

（续表）

时间及地区	政策名称	建设目标	建设体系	发展要求	创建程序
2016.12 上海	上海市发展和改革委员会、上海规划和国土资源管理局《关于开展上海市特色小（城）镇培育与 2017 年申报工作的通知》	各郊区县申报 2017 年控制在 2 个以内	建制镇	特色鲜明的产业、和谐宜居的美丽环境、彰显特色的传统文化、便捷完善的设施服务、充满活力的体制机制	仅提到申报要求，无具体培育流程
2017.4 湖南	湖南省人民政府办公厅《关于推进集镇建设的意见》	到 2020 年，创建一批中国特色小镇和培育建设一批湖南特色小镇	建制镇	达到《湖南省集镇建设标准》要求	仅提到责任主体，未提到实施流程
2016.12 江西	江西省人民政府《江西省特色小镇建设工作方案的通知》	分两批选择 60 个建设对象进行扶持打造	建制镇（不含城关镇）+创新创业平台	打造优势产业、营造宜居环境、彰显特色文化、完善设施服务、创新体制机制	申报→审议材料→确定创建名单→动态考核→期末验收
2017.2 陕西	陕西省发展和改革委员会《关于加快发展特色小镇的实施意见》	首批重点培育建设 10 个特色小镇，力争 3-5 年建设 100 个特色小镇	非建制镇	空间布局合理、产业特色鲜明、体制机制灵活、生态环境优美、公共服务完善	自愿申报→分批审核→创建名单→3 年创建验收→合格命名
2017.2 山西	山西省住房和城乡建设厅《2017 年全省村镇建设工作要点》	培育建设 20 个省级特色小城镇	未明确具体要求	完成规划编制，建立项目库，实施季报制度，建立动态信息把握机制	无具体实施流程

（续表）

时间及地区	政策名称	建设目标	建设体系	发展要求	创建程序
2017.2 四川	四川省发展和改革委员会《"十三五"特色小城镇发展规划》	"十三五"期间，大力培育发展200个特色小镇	建制镇（不含城关镇）	产业特色鲜明，人居环境魅力，设施服务完善，体制机制新活	无具体实施流程
2017.3 吉林	吉林省住房和城乡建设厅《关于开展吉林省特色小镇培育的通知》	无具体数量目标	建制镇+非城市规划区内的街道办事处	独特的区域位置、特有的产业基础、厚重的文化内涵、丰富的旅游业态、新兴与传统产业的特色支撑	各地申报→专家审核评议→认定公布→动态管理
2017.4 云南	云南省人民政府《关于加快特色小镇发展的意见》	到2019年建成20个左右全国一流特色小镇，80个左右全省一流特色小镇（力争全省25个世居少数民族各建成1个以上特色小镇）	空间发展载体和平台	每个特色小镇选择1个特色鲜明、能够引领带动产业转型升级的主导产业，培育在全国具有核心竞争力的特色产业和品牌	自愿申报→宽进严定→动态管理→验收命名
2017.4 宁夏	宁夏回族自治区党委办公厅、人民政府办公厅《关于加快特色小镇建设的若干意见》	2017年完成首批10个省级特色小镇进行培育，成熟一批，培育一批	建制镇（含乡镇驻地）	立足产业优势，突出镇域特色，统筹搞好建设	分批选择培育对象→3-5年创建期→验收命名
2017.6 安徽	安徽省人民政府《关于加快推进特色小镇建设的意见》	到2021年，培育和规划建设80个省级特色小镇	"非镇非区"产业发展平台	产业基础良好、生态环境良好、公共设施完善	县初选→市上报→省级初审→办公室联审→领导小组审定后公布授牌

（续表）

时间及地区	政策名称	建设目标	建设体系	发展要求	创建程序
2017.6 广东	广东省发展改革委、广东省科技厅、广东省住房城乡建设厅《关于加快特色小（城）镇建设的指导意见》	到 2020 年，全省建成 100 个美丽特色小城镇	建制镇+创新创业平台	产业集聚发展、生态环境优美、人文气息浓厚、城镇功能完善	各地推荐→监测评价→创建期考核→认定
2017.6 海南	海南省人民政府《关于海南省特色产业小镇建设三年行动计划的通知》	2019 年底基本完成 100 个特色产业小镇建设任务，2020 年进一步完善	非建制镇	环境优美，功能配套完善便捷，产业特色集聚发展，特色鲜明	确定名单→动态考核调整→最终建成 100 个
2017.7 广西	广西壮族自治区人民政府《关于培育广西特色小镇的实施意见》	到 2020 年，培育 30 个左右全国特色小镇，建设 100 个自治区级特色小镇，200 个左右市级特色小镇	发展空间平台	特色产业鲜明、服务功能完善、体制机制灵活、生态环境优美、文化底蕴彰显、宜居宜业宜旅	自愿申报→审核公布→年度评估→验收命名
2017.8 黑龙江	黑龙江省人民政府《关于加快特色小（城）镇培育工作的指导意见》	到 2020 年命名 50 个左右特色小（城）镇	建制镇+创新创业平台	各具特色、富有活力的休闲养老、旅游度假、商贸物流、现代农牧、民俗文化、沿边口岸、智能制造和科技教育等类型	申报→评估考核→推荐上报→复核→确定培育对象

备注：浙江、贵州、天津、河北、甘肃、重庆、福建、山东、内蒙古、西藏等省份的特色小镇政策制定相对较早，已于《特色小镇孵化器——特色小镇全产业链全程服务解决方案》中加以说明，本书中将不再赘述。

纵观各省市发布的特色小（城）镇政策，整体上是以国家政策为指导，根据地区发展实际情况，制定的相应的实施意见。各省市均按照具备特色鲜明的产业形态、和谐宜居的美丽环境、彰显特色的传统文化、便捷完善的设施服务、充满活力的体制机制这五项总体要求，在结合本地实际的前提下，强调特色产业在特色小镇发展中的核心地位，要求保留区域传统文化，实现多元化业态发展，打造生态宜居的可持续发展小镇。

（一）责任主体

从责任主体方面看，省市级政府、发展改革委、住房和城乡建设厅、规划和国土资源管理局是颁布政策的主要责任主体，体现了各省市对国家住房城乡建设部、国家发展改革委、财政部联合颁布的《关于开展特色小镇培育工作的通知》，以及国家发展改革委颁布的《关于加快美丽特色小（城）镇建设的指导意见》两个文件的逐级落实。

（二）规划周期与规模

从规划周期与规模上看，各地区对于特色小（城）镇的建设规划周期基本都在 3 ~ 5 年内。建设数量上，各省市规划数量在 50 ~ 200 个之间不等，四川、广西、云南等地理资源丰富，文化特色明显的地区，在特色小（城）镇的建设数量上均有较多的规划。

（三）建设体系

从建设体系上看，主要分为建制镇、建制镇＋创新创业平台、发展空间平台、"非镇非区"产业发展平台、建制镇＋非城市规划区内的街道办事处、建制镇＋开发园区等多元类型，其中四川省和江西省明确规定城关镇除外。这体现了不同省市在深度解读国家政策的基础上，根据自身实际制定了适合本省市发展的具体建设体系。

（四）申报创建程序

从申报创建程序上看，主要存在两种。一种是基于国家层面以前的推荐审核命名制，即先自愿申报再逐级审核，通过后直接命名或授牌升级特色小镇，目前仅有安徽省实行命名制，命名之后也强化了后期 3 年建设期的动态考核。第二种是基于浙江省的申报创建命名制，即自愿申报→审核确定创建名单→动态管理→最终验收命名，如江西、广西、云南、广东、宁夏等，这一种成为目前的主要发展趋势，也符合四部委发布的《新意见》中有关"取消一次性命名制"的指示。在申报创建命名制里存在一种特殊情况，即由主管部门直接确定创建培育名单，再推进办法或创建标准，最终完成计划。如海南省公布了三年（2017—2019年）创建名单，将通过动态调整，最终完成确定名单。

（五）政策支持

从政策支持上看，各省市均提出了具体的支持政策，主要有土地资源的优先规划、建设经费的奖励补偿、投融资系统的支持和人才队伍的建设。

土地支持方面，除山西省、四川省、广东省未提及土地的支持外，其他省份均提出在特色小（城）镇建设用地方面给予一定支持和保障，综合来看主要有三个方面：一是与总体规划的衔接上，提出要优先保障特色小（城）镇的建设用地；二是特色小（城）镇的产业项目确实需要新增建设用地的，可允许地方先行供地，后针对完成任务情况给予奖励或扣减；三是支持合理开展未利用地开发、工矿废弃地复垦和城乡建设用地的增减挂钩。

建设经费奖励方面，对入选省级名单的小镇制定了相应的奖补政策。云南对创建全国一流、全省一流的特色小镇，2018年年底考核合格后，每个分别给予1亿元、500万元奖励；广西对列入培育名单的特色小镇拨付2000万元奖励；江西对省级特色小镇名单每年奖补200万元。

投融资支持方面，加强政府资本与社会资本的合作（PPP），多渠道保障特色小（城）镇建设资金。江苏省设立了特色小镇产业投资资金，支持特色小镇发行各类债券，用于公用设施项目建设；湖北优先支持项目建设方向开发性、政策性银行争取长期低息贷款。

人才队伍建设方面，引进专业人才助力特色小（城）镇建设，对紧缺人才和高层次人才提供相应保障和补助。宁夏回族自治区选派专业干部，脱产到特色小（城）镇挂职，保障规划建设管理工作正常运行；广西支持聘请专家指导特色小镇建设发展，建设博士后科研流动站、博士后创新实践基地等高水平人才引进项目。

二、2017 年各省发展推进情况

2017 年是各省份大力推动特色小（城）镇创建的一年，各地区大多采取分阶段、分等级的循序渐进推进模式。对于进展较早的浙江来说，已经完成了三批特色小镇创建名单、两批特色小镇培育名单的申报，并对第一批中发展较好的玉皇山南基金小镇、余杭梦想小镇进行了命名。大部分省份公布了第一批名单，部分省市开始了第二批特色小镇的申报工作，具体情况详见表 1-2-2。

表 1-2-2　部分省市特色小镇发展推进情况

地区	目标	发展推进情况
浙江	通过 3 年的培育创建，重点培育和规划建设 100 个左右特色小镇	（1）2017 年 8 月，浙江省公布 35 个省级特色小镇第三批创建名单和 18 个省级特色小镇第二批培育名单。连同第一批的 37 个创建名单、51 个培育名单，第二批的 42 个创建名单，目前浙江省共有 114 个创建名单，69 个培育名单 （2）玉皇山南基金小镇、余杭梦想小镇已于 2017 年 7 月正式被命名为首批省级特色小镇 （3）2017 年 6 月，浙江省发布《关于组织开展首批高新技术特色小镇创建申报工作的通知》，申报对象为第一、二批省级特色小镇创建对象。11 月，确立了 7 个首批建设类高新技术特色小镇，10 个首批培育类高新技术特色小镇
辽宁	"十三五"期间，力争规划建设 50 个特色乡镇	2017 年 1 月，辽宁省公布 50 个 2016 年省级特色乡镇培育名单
吉林	无具体规模目标	2017 年 6 月，吉林省公布首批 40 个特色小镇名单，下一步将建立统计监管和考核机制，实行动态管理
河北	3 ～ 5 年培育建设 100 个特色小镇	2017 年 2 月，河北省确定了 30 个首批特色小镇创建类名单，52 个特色小镇培育类名单

（续表）

地区	目标	发展推进情况
江西	到 2020 年，分两批选择 60 个建设对象	（1）2017 年 8 月，江西省公布 44 个第一批省级特色小镇创建名单 （2）2017 年 11 月，江西省启动第二批省级特色小镇的申报，数量为 40 个
湖北	3～5 年规划建设 50 个国家及省级层面的特色小（城）镇	2017 年 12 月 20 日，湖北省人民政府办公厅公布了 20 个首批特色小镇创建名单
江苏	3～5 年分批培育创建 100 个特色小镇	（1）2017 年 5 月，江苏省公布首批 25 家省级特色小镇创建名单 （2）2017 年 11 月，江苏省启动第二批省级特色小镇的申报
天津	创建 10 个市级实力小镇、20 个市级特色小镇	（1）2016 年 12 月，天津公布了第一批 31 个市级特色小镇创建和培育名单，包括市级特色小镇创建名单 14 个、市级特色小镇培育名单 17 个 （2）2017 年 12 月 13 日，天津市特色小镇规划建设工作联席会议办公室发布了第二批 11 个市级特色小镇名单。目前推进数量共计 42 个
四川	"十三五"期间，大力培育发展 200 个特色小镇	2017 年 6 月，四川省公布第一批 42 个省级特色小镇名单
云南	3 年建成 20 个全国一流特色小镇，80 个全省一流特色小镇，25 个世居少数民族各建成 1 个以上特色小镇	2017 年 6 月，云南省公布 105 个特色小镇名单，分为三类，5 个创建国际水平特色城镇、20 个创建全国一流特色城镇、80 个创建全省一流特色城镇，9 月底之前全部开工建设
安徽	到 2021 年，培育和规划建设 80 个省级特色小镇	2017 年 9 月，安徽省在入围联审的 43 个特色小镇中，确立了 25 个省级特色小镇名单，并将其他 18 个作为重点培育对象，命名为省级特色小镇（试验），参加第二批筛选并优先列入

（续表）

地区	目标	发展推进情况
广东	到 2020 年，全省建成 100 个美丽特色小城镇	2017 年 8 月，广东省公布第一批 30 个特色小镇创建工作示范点，6 个国家级特色小镇同样按照创建工作示范点标准开展特色小镇创建工作
黑龙江	到 2020 年命名 50 个左右特色小（城）镇	2017 年 10 月，黑龙江省公布 52 个乡镇纳入省级特色小（城）镇培育对象，其中特色小镇 7 个，特色小城镇 30 个，边境地区少数民族及特色乡 4 个，农垦小城镇 6 个，森工小城镇 5 个
海南	用 3 年时间，基本完成 100 个特色产业小镇建设任务	2017 年 6 月，发布《海南省特色产业小镇发展基金设立方案》，设立特色产业小镇发展基金
福建	无具体规模目标	2017 年 12 月 2 日，福建省公布 27 个第二批省级特色小镇创建名单，加上 2016 年 9 月公布的第一批 28 个名单，目前推进数量合计 55 个

2017 年浙江省特色小镇创建经验解读

　　浙江省是这一轮特色小镇建设的发端地，其特色小镇创建以"产、城、人、文"四位一体融合发展为理念，以"创业创新平台构建"为目标，一直走在全国前端。虽说浙江特色小镇的发展有其独特的产业和要素聚集基础，不是任何地方都可以复制的，但其理念方法、精神实质和创新精神，可以为全国特色小镇的创建提供很好的借鉴。在《特色小镇孵化器——特色小镇全产业链全程服务解决方案》一书中，我们梳理了浙江省特色小镇的政策推进、总体要求和创建程序等。本文将在梳理浙江省特色小镇发展现状的基础上，从规范标准、体制机制、统计监测三个角度，解读其 2017 年的深化发展。

一、发展现状：小镇经济已成为浙江经济的新亮点

　　从创建层面看，浙江一直坚持"宽进严定"的滚动创建机制，从 2015 年 6 月份公布第一批 37 个创建名单，截止目前，已经先后确定了 3 批 106 个创建小镇名单，以及 2 批 64 个培育小镇名单。2017 年 7 月底，上城玉皇山南基金小镇、余杭梦想小镇通过审核验收，被命名为首批省级特色小镇。目前，浙江省已经形成了"培育一批、创建一批、验收命名一批"的建设格局。

　　从经济发展层面看，特色小镇已经成为了浙江省经济发展的领头羊。根据官方数据统计，截止 2017 年 6 月底，前两批 78 个省级创建小镇累计完成投资 2117 亿元，入驻企业 19250 户。2017 年 1-6 月，税费收入达 130.6 亿元，相当于去年全年的 81.3%，小镇经济已成为浙江经济的新亮点。

二、规范推进：出台国内首个特色小镇评定规范

浙江省在推进特色小镇的实践过程中，根据面临的新形势、新问题，不断地完善其标准及规范的的制定。2015 年 8 月，推出了特色小镇初步的一个创建导则——《浙江省特色小镇创建导则》，从申报条件，到申报程序，到申报材料，到监管和调整，均给出了指导性意见。但这一导则较为宏观，没有细化指标。2017 年 7 月，《浙江省特色小镇验收命名办法（试行）》发布，这一办法构建了特色小镇验收的指标体系与标准，实现了定量化、精细化、规范化。在这一办法基础上，2017 年 12 月底，浙江省正式出台了国内首个《特色小镇评定规范》（DB33/T 2089-2017），规范了特色小镇的规划标准、创建标准、命名标准，这将成为浙江甚至全国今后推进特色小镇创建的衡量标尺。

本规范中规定的特色小镇评定指标，包括共性指标与特色指标两大部分，一共 1000 分，达到 800 分以上，通过评定（详见文末表 1-2-3）。其中，共性指标由功能"聚而合"、形态"小而美"、体制"新而活"等 3 个一级指标构成，总分 400 分。特色指标由产业"特而强"和开放性创新特色工作 2 个一级指标构成，总分 600 分。产业"特而强"占 550 分，根据信息经济、环保、健康、时尚、旅游、金融、高端装备制造和历史经典等八类特色小镇的产业特征，设置了不同分值、不同评定内容的具体指标；开放性创新特色工作占 50 分，不设具体的评定内容，由申请评定的特色小镇自主申报最具特色和亮点的建设成效。

三、动态监测：精准引导特色小镇健康有序发展

为监督、引领特色小镇健康发展，2016 年 12 月，浙江省正式出台《浙江省特色小镇规划建设统计监测制度》，对特色小镇规划建设进行统计监测，主要包括特色小镇基本情况、发展进程和特色建设三部分。2017 年 3 月份，又专门出台了《关于进一步加强省级特色小镇统计监测工作的指导意见》，将监测的范围进一步扩大，确定了监测工作的责任主体及上报主体，并确定由浙江省统计局负责建立全省特色小镇创建工作的数据平台。这将大大加快特色小镇大数据的建立，并提供规划建设管理工具、评价手段及决策依据。目前各县市已经在省级文件的指导下，大力推动本地区特色小镇的动态监测工作。

四、机制灵活：以市场为主体，加快行政改革

一是严格执行特色小镇年度考核淘汰机制，对于不合格的小镇要给予警告，情节严重的要坚决淘汰。在 2016 年的年度大考中，78 个省级特色小镇创建对象里，有 6 个为警告小镇，5 个为降格小镇；在 52 个省级特色小镇培育对象里，4 个小镇为警告小镇，龙游新加坡风情小镇被列为淘汰对象。

二是创新建立特色小镇产业金融联动发展基金，撬动了更多民间资本。浙江特色小镇一直坚持市场的主导作用，积极吸引民间资本。2017 年 7 月，省发改委约谈了 2017 年 1-6 月政府投资占比超 40% 的 17 个省级特色小镇创建对象，重点分析梳理了政府投资偏高的原因，并研究了下一步如何降低政府投资比重的对策。

三是加快推进"最多跑一次"改革，响应政府提出的"基本实现群众和企业到政府办事'最多跑一次是原则，跑多次是例外'"的号召，减少审批事项，提高办事效率、优化政务环境。

表（附）1-2-3　浙江省特色小镇评定指标体系

共性指标（400 分）			
一级指标	二级指标	三级指标	分值
功能"聚而合"（200 分）	社区功能	1. 服务配套	40
		2. 智慧化建设	20
		3. 人口规模	10
	旅游功能	4. 景区创建	60
		5. 小镇客厅	10
	文化功能	6. 文化挖掘	60

续表

共性指标（400分）			
一级指标	二级指标	三级指标	分值
形态"小而美"（100分）	生态建设	1. 绿色发展	30
		2. 美化洁化	20
	形象魅力	3. 核心区形象	30
		4. 建筑风貌	10
		5. VI体系	10
体制"新而活"（100分）	政府引导	1. 小镇规划建设目标完成率	15
		2. 以"最多跑一次"为核心的系列改革创新举措	20
	企业主体	3. 非政府投资主导	20
		4. 企业为龙头	10
	市场运作	5. 投资建设多元化	20
		6. 公共服务市场化	15
特色指标（600分）			
一级指标	二级指标	三级指标	分值
产业"特而强"（550分）	产业专精发展	根据产业不同，设置不同内容及分值	550
	高端要素聚集		
	投入产出效益		
开放性创新特色工作（50分）	由小镇自主上报最具特色和亮点的建设成效		50

备注：由于篇幅限制，本表只是浙江省特色小镇评定指标体系的简版。

第三章　绿维文旅的研究与实践推动

2017 年绿维研究之路

2016 年，特色小（城）镇上升到国家层面后，其规划和建设在全国范围内不断升温。由于特色小（城）镇建设涉及政府、企业、居民等多方利益，需要大量资金、人才、管理、营销等资源要素的合理高效配置，忽视小（城）镇内在发展机理，不能形成有效产业聚集等问题渐次浮出水面。鉴于此，绿维文旅结合多年研究与实践经验，在 2016 年 12 月推出了《特色小镇孵化器——特色小镇全产业链全程服务解决方案》一书，该书以"平台化运作，产业链经营"商业模式为基础，为特色小（城）镇的开发提供了一揽子全产业链全程解决方案，希冀让中国特色小（城）镇的开发少走弯路，走创新发展的可持续发展之路。

图书一经面世，受到各地政府及专家欢迎，图书销量直线上升，为特色小镇良性、有序发展提供了一定的借鉴。2017 年，绿维文旅结合项目实践，继续深化在特色小（城）镇领域的研究，重点关注特色小（城）镇的规划设计、开发建设、运营管理等问题，开启了 2017 年的特色小（城）镇研究之路。

一、以特色产业研究深耕特色小（城）镇

经过近一年的特色小（城）镇讨论与实践后，社会各界基本已经达成共识：产业是特色小（城）镇发展的灵魂，产业是城镇发展的背景与推动力，小（城）镇的功能、形态、运营机制等都将围绕产业定位展开。而现有的特色小（城）镇产业理论远落后于这一共识及建设实践。鉴于此，绿维文旅以"打造特色鲜明的产业形态"为目标，在已有研究基础上，对特色小（城）镇理论及特色产业培育路径进行了进一步的思考与研究。

首先，针对特色小镇，绿维文旅根据产业内在发展逻辑，划分为资源开发聚集型、产业链聚集型、园区整合聚集型、市场主导聚集型、依托物流聚集型、消费导入型、高端服务聚集型七种产业聚集模式。并对每一种类型的发展特点及发展路径进行了深入解读。同时，针对以智能制造业、科创产业、旅游产业、健康产业、体育产业、农业、文化产业等细分产业为主导的特色小镇，进行了深入研究。

其次，针对特色小城镇，绿维文旅从区域产业构建的基础上深入剖析了产业的集群化培育及产业升级路径。

二、以体育小镇研究引领特色小镇发展新方向

在健康中国的国家战略背景下，体育小镇将成为特色小镇发展大潮中的引领者。为有效指导体育小镇的规划设计、产业发展、运营创建，绿维文旅在对体育小镇的政策及国内外案例进行系统研究基础上，对"体育小镇评定标准"进行了初步探索。绿维文旅以"生态、可持续、宜居、宜游、宜业、能够带动农民致富和发展、能够提升小镇生活水平、能够实现就地城镇化"为目标，强调体育产业及相关产业对城镇发展与区域济发展的带动作用。在开发层面，绿维文旅认为体育小镇应以释放体育消费为引领，以体育产业与其他产业的整合为手段，以休闲化消费人群及就业人口的聚集为目的，以配套设施及服务的完善为依托，最终构建一个产城融合的综合开发结构与运营模式。在具体建设层面，以满足生活与旅游一体化为前提，绿维文旅提倡大力建设公共服务设施和基础设施，强调休闲业态的聚集，特别是夜间消费业态的聚集，同时强调对地方特色文化的传承，实现"一镇一貌"。

在特色小镇与体育产业的双重利好下，绿维文旅正积极与相关机构加强合作，以相关研究为基础，推动体育小镇的落地建设，期望能够为特色小镇的有效推进、体育事业的健康发展贡献一份绵薄之力。

三、旅游小镇研究加快推进特色小镇落地

从住建部公布的全国第一批、第二批特色小镇来看，文旅产业主导

型特色小镇始终处于主导地位。第一批 127 个特色小镇中，旅游发展型特色小镇超过半数，第二批 276 个特色小镇中，虽然在政策引导下，产业类型更加丰富，但旅游发展型特色小镇占比 23.9%，仍为第一主导发展类型。这主要是由于在我国城乡二元结构还未根本转变的现实背景下，绝大部分乡镇生态环境良好、地域文化鲜明，但缺乏产业基础，于是，建设旅游产业为主导的特色小镇成为各地不约而同的选择。旅游小镇有其自身独特的产业聚集结构与发展逻辑，在实际建设过程中，由于缺乏必要的理论与实践指导，"旅游 +"实现困难、产城融合有名无实、破坏性建设等问题日益凸显。鉴于此，绿维文旅先后研究编制了"旅游小镇的评价标准"与《旅游小镇开发运营指南》一书，希望以此引导全国旅游小镇向着更加健康、高效的方向发展。

在旅游小镇评价标准研究方面，绿维文旅与中国房地产业协会合作，在 2017 年 3 月完成住房城乡建设部"城镇化与城乡建设"软科学研究项目《旅游小镇分类与评价标准研究》（项目编号 2015-R2-020），并通过评审。该标准包括城镇发展基础、旅游业的综合贡献、旅游产品的聚集程度及吸引力、旅游基础设施与公共服务体系、社区参与程度与社区带动效应、管理与保障、环境与保护、创新技术运用八部分。该标准的编制，丰富了旅游小镇的理论体系，建立了旅游小镇可行的发展模式及盈利模式，并深入探索了旅游小镇的发展路线，为小镇建设提供了新的思路和方法。

为更加高效地推动全国旅游小镇的建设工作，绿维文旅从城镇一体化发展的角度对其进行了多层面的深入研究，并出版了图书《旅游小镇开发运营指南》。该书以绿维文旅多年的旅游小镇研究与项目实践为基础，对其概念与发展架构进行了深入剖析，提出了"旅游小镇的理想模型"以及"景区 + 消费产业聚集区 + 新型城镇化区""吸引核 + 聚集核 + 地产延伸"的开发架构，创新性地提出了"食、住、行、游、购、娱、商、养、学、体、宗、农、情、奇、创、村"16 大业态，并从落地层面，对旅游小镇的规划思路与技术方法、旅游地产的开发思路与具体策略及形式、旅游小镇的景区化设计要素及手法、旅游小镇的运营管理创新等方面进行了深入浅出的研究。

在"旅游小镇评价标准"与《旅游小镇开发运营指南》等研究成果的推动下，绿维文旅将与中国房地产业协会进一步合作，推出旅游小镇标准实施意见，并将在全国选择一批示范基地，进行评价与支持。我们相信，在不久的将来，绿维文旅的旅游小镇理论研究将在全国旅游小镇的实践建设中开花结果。

回首这一年，绿维文旅的特色小（城）镇研究一直奉行两个结合。一是理论与实践相结合，即以丰富的实践经验验证、完善特色小（城）镇的理论；而完善的理论又反过来指导着小（城）镇的规划建设。在这个螺旋式上升过程中，绿维文旅逐渐建立起自己的特色小（城）镇理论体系，积累了众多成功的建设案例。二是特色小（城）镇理论研究与国家城镇化建设相结合，特色小（城）镇建设的核心命题是中国小城镇的发展，是村镇地区人口生活质量的提升。因此，绿维文旅的特色小（城）镇探索之路始终以国家的城镇化方针政策为指引，以区域发展、人民幸福为目标。绿维文旅深知，城镇化背景下的特色小（城）镇研究与实践，既是企业生存发展的重要基础，也是自己对社会责任的践行。

担负时代使命，实践企业价值，绿维文旅的特色小（城）镇研究不能停止、也不会停止。

2017 年绿维孵化实践之路

在 2016 年深厚理论支撑的基础上，2017 年，绿维文旅积极推动特色小（城）镇建设的实践，参与了多个国家级和省级特色小（城）镇的孵化工作。包括第一批全国特色小镇的古北口镇与大港头镇，第二批全国特色小镇的官桥镇与玉舍镇，江苏省的殷村国际职教特色小镇与云南省的侏罗纪小镇等省级小镇，以及其他一些独具特色的小镇的规划孵化工作。

在特色小（城）镇的孵化实践中，绿维文旅一直秉承"创意经典·落地经营"的企业理念，以规划设计为起点，以全域发展为目标，为小（城）镇发展搭建更好的发展平台，提供全程全方位的落地服务。

一、编制《古北口中国特色小镇总体规划》，参与国家第一批特色小镇的示范性建设

2016 年 10 月，住建部发布了第一批全国特色小镇名单。北京密云古北口镇榜上有名。古北口镇位于北京市东北，坐落于长城脚下，素有"燕京门户""京师锁钥"之称。古北口镇的主导产业是旅游业，在北方古镇普遍缺乏休闲业态的情况下，古北口镇的休闲旅游发展在北方已处于领先位置。但其发展还受到诸多因素的制约：发展定位方面，小镇发展定位不清晰，品牌形象不鲜明；产业融合方面，旅游发展尚处于初级阶段，农旅融合度不足；发展空间方面，整体发展不均衡，板块互动未建立；基础设施方面，公共服务不健全，基础设施未达标；景观风貌方面，村落风貌不统一，保护开发需协调。基于这一事实，密云区古北口镇人民政府发起了《古北口中国特色小镇总体规划》的公开招标，绿维文旅用创新思维谋划古北口镇发展蓝图，于 2017 年初成功签约这一项目。

作为国家级第一批特色小镇，绿维文旅认为，古北口镇应充分发挥区位优势和休闲特色，通过"国际休闲"特色小镇、国家级文创产业园区、生态宜居示范镇的建设，打造全国特色小（城）镇样板。

在中国经济发展进入"新常态"的背景下，绿维文旅认为，以旅游产业为主导的古北口镇特色小镇总体规划绝不仅仅是传统的旅游景区规划，旅游是实现资源盘活、科学统筹、集约利用的抓手，特色小（城）镇的总体规划是产业、城乡发展、土地利用、景观设计的综合规划，因此，绿维文旅确定了古北口镇旅游文化及产业规划、古北口镇城乡总体规划、古北口镇土地利用规划、风景园林规划与重点片区城市设计"四规合一"的工作技术路径。这一思路也成为绿维文旅在进行特色小（城）镇规划设计中的核心工作路径。

在对古北口镇进行深入调研，多方走访的基础上，绿维文旅确定了六大发展战略，详见图 1-3-1。

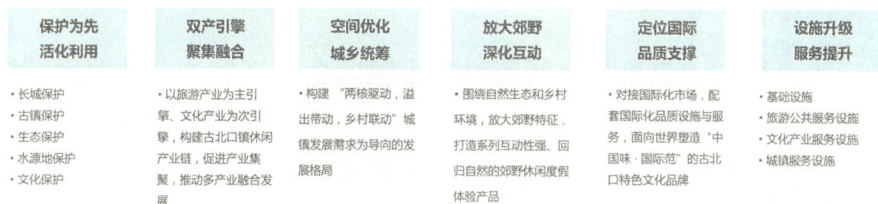

保护为先 活化利用	双产引擎 聚集融合	空间优化 城乡统筹	放大郊野 深化互动	定位国际 品质支撑	设施升级 服务提升
·长城保护 ·古镇保护 ·生态保护 ·水源地保护 ·文化保护	·以旅游产业为主引擎、文化产业为次引擎，构建古北口镇休闲产业链，促进产业集聚，推动多产业融合发展	·构建"两核驱动，溢出带动，乡村联动"城镇发展需求为导向的发展格局	·围绕自然生态和乡村环境，放大郊野特征，打造系列互动性强、回归自然的郊野休闲度假体验产品	·对接国际化市场，配套国际化品质设施与服务，面向世界塑造"中国味·国际范"的古北口特色文化品牌	·基础设施 ·旅游公共服务设施 ·文化产业服务设施 ·城镇服务设施

图 1-3-1　古北口镇六大发展战略

结合古北口镇的村镇空间基础与产业发展现状，绿维文旅构思了古北口镇发展由古北水镇的"单核撬动"转变为古北口镇的核心区与古北水镇"双核驱动"，并实现溢出带动和城乡统筹发展的新格局。在此基础上，绿维文旅布局了古北水镇的两核三区发展格局：

古北水镇发展核与古北水镇旅游发展区：在古北水镇已经形成休闲聚集，溢出效应明显的现实背景下，古北水镇旅游发展区将打造"山""水""乡""野"的生态意境，构建郊野度假体系，与古北水镇发展核形成差异化互补格局。其具体措施为，通过打造金谷长城自然探索公园，形成亲子休闲的新旅游吸引物；通过农家乐整合升级、主题性民宿打造等方式，推动乡村民宿朝着高端化方向发展；通过马北路工程与汤河景观带的打造，形成与潮河一体的最美滨河绿道。

长城古镇发展核与长城古镇文化休闲区：通过旅游产业与文化产业的双引擎结构，打造集城镇综合服务、古镇文化观光、民俗体验、休闲度假等功能于一体的长城古镇发展核，形成古镇民俗休闲板块与中国文化聚集板块。在古镇核心区，打造"六街、四巷、十坊、三馆"的核心产品体系；构建多级交通体系，实现过境与本地交通分离，人行与车行交通分离；打造核心区慢行系统，营造绿色安全舒适的出行环境；梳理核心区街巷空间，形成丰富的城镇街道空间体验结构。在长城古北口段，打造北部长城文化带，对接北京市最新总体规划中长城文化带的建设要求，建设长城国家步道，丰富长城休闲内容。此外，全面提升古镇景观风貌，使长城、古镇、水系景观要素相互渗透。

山水原乡生态发展区：该区以生态修复为基础，通过结合潮河景观与农业种植打造最美乡野绿道，构建旅游吸引物，打造特色化的郊野风情，实现农旅融合的大发展格局，以提升郊野的潜在价值。

二、编制《嘉鱼县官桥新材料小镇概念性规划》，助力区域经济发展

2017 年 8 月，湖北省咸宁市嘉鱼县官桥镇成功入选住建部公示的第二批全国特色小镇名单，绿维文旅全程参与了官桥镇申报特色小镇的前期准备工作。

官桥镇位于湖北省西南部，其新材料与制造产业已经初具规模，已建成的 2000 亩产业集聚区，集聚了田野集团、嘉裕钎具、中石特管、欧维姆缆索、元拓铝合金等 14 家新材料生产企业，其相关研究机构与人才队伍实力较强，投资氛围良好。此外，以自然生态环境为依托，官桥镇的旅游发展有一定基础。官桥镇的快速发展，使其在政策扶持、土地利用、产业布局、人才队伍、带动区域共同发展等方面需要更便捷、更高效的发展平台。鉴于此，绿维文旅积极支持、辅助官桥镇申报全国特色小镇，以使小镇获得国家级的发展平台、增量发展资金以及大批量高层次人才，更好地解决就地城镇化的诸多问题，实现生产、生活、生态的融合发展，从而带动以官桥镇为核心的区域共同发展。

在对官桥镇的政策背景、发展现状、特色资源及发展前景深入综合分析基础上，绿维文旅确定了"以新材料产业，特别是建筑新材料、汽车新材料等的研发生产为主导产业，以高效生态农业和休闲旅游业为延伸产业，以社会主义新农村建设为特色，打造集生产、生活、生态于一体的具有辐射带动作用的新材料特色小镇，建设中国最有代表性的以产业为支撑、以生态为生命线的特色小镇"的总体开发方向。

产业的快速健康发展是特色小镇成功的关键。而主导产业的新材料领域种类众多，如果不能选择与小镇发展最为匹配的细分产业类型，官桥镇的新材料产业发展很可能走弯路，甚至拖累镇域及周边区域的发展进程。基于这一考虑，绿维文旅以既有研究成果——特色产业评定指标为基础进行权重计算，并通过匹配性、可行性、吸引力的产业分析，最终确定了金属新材料、建筑新材料、新能源材料、复合新材料、冶金及金属制品业、高效生态农业、休闲农业、康养产业 8 大重点产业发展方向。

除新材料产业外，官桥镇具有典型的生态农业基底与旅游产业基础，而泛旅游产业又是带动相关产业发展、快速完善乡村基础设施建设、提高产品附加值的最有力抓手。因此，绿维文旅确定官桥镇以新材料产业为核心，泛旅游产业为延伸发展的"双特"产业发展模式。从产业到小镇的打造需要转变思维模式，循序渐进地进行，因此，绿维文旅为官桥镇的发展勾画了新材料产业园、新材料社区和新材料小镇三大发展阶段，以最终实现就地城镇化为发展目标。

在开发策略方面，围绕官桥镇优势，从三方面着手：一是以新材料产业为支撑，建设新材料工业科技区，设置新材料研发生产中心、新材料应用展示中心、新材料孵化中心、新材料服务中心，构建完整产业链，巩固扩大小镇在新材料领域的优势；二是利用资源禀赋，延伸泛旅游产业链，以官桥镇的农耕文化与官桥八组发展史为基础，打造旅游吸引核，依托良好的农业与生态资源，打造十里八村田园综合体，并建设禅居禅院，拓展禅修文化市场；三是完善公共服务设施与休闲娱乐设施，改善当地居民居住条件，营造人才聚集的外部条件，为打造新型城镇化典范奠定基础。

对于官桥来说，成功申报第二批全国特色小镇仅仅是小镇建设工作的开始，在政策与资金的大力支持下，官桥镇必将迎来快速发展期，绿维文旅将持续跟踪其建设情况，根据需要提供必要的服务。

三、编制《中国凉都·玉舍特色小镇概念性规划》，发挥特色小镇的扶贫作用

2017 年 5~6 月，绿维文旅为贵州省玉舍镇编制了《中国凉都·玉舍特色小镇概念性规划》，并全程参与了玉舍镇申报国家级特色小镇的前期准备工作，在申报材料、评审答辩方面给予了相关支持服务。8 月，玉舍镇成功入选第二批全国特色小镇名单。

玉舍镇位于"中国凉都"贵州六盘水市中心城区南部，具备良好的区位条件和旅游资源，其夏季平均气温 19.7℃，周边 2 小时航程范围内有重庆、武汉、南昌、长沙等多个火炉城市，避暑度假需求强烈。但玉舍镇对自身特色挖掘不足，休闲度假体系尚未成熟，旅游产业处于初级发展阶段，且与城镇发展协调度不高。在机遇与挑战共存的现实背景下，绿维文旅认为，玉舍镇应充分发挥区域与资源优势，以建设国家级特色小镇为目标，从全镇域旅游、镇区城镇化提升、核心旅游区休闲度假聚集、村庄配套及环境提升等多维度进行综合发展。

考虑到山、水、田、林构成的气候与避暑资源是玉舍镇的独特优势，绿维文旅将小镇定位为中国最南端避暑滑雪度假小镇，综合打造山地避暑、冰雪度假、山地运动、康体养生、集散服务功能，力图使其成为山地旅游型中国特色小镇的典型样板。具体而言，玉舍镇应重点围绕避暑需求，充分发挥山地、森林、气候等资源特色，大力完善山地生态度假产品体系，构建玉舍特色的山地避暑休闲度假生活方式。在此基础上，充分发挥旅游产业的带动作用，形成"三二一"的带动模式，促进小镇二产、一产的转型发展，并联动周边区域，打造"5A 级景区群＋中国特色小镇"的旅游大格局，同时进行功能升级，逐渐实现与六盘水市的同城一体化发展。

玉舍镇下辖 11 个行政村，境内有汉、彝、苗、布依、蒙古等民族，民风淳风，民俗众多，村民生活条件与经济条件亟待提高。玉舍特色小镇的建设，无疑为实现脱贫带来了希望。绿维文旅在进行小镇空间布局时，

充分考虑了各村的特色资源与发展状况，希望通过空间结构与项目的合理布排，加速推进扶贫工作。小镇以玉舍镇镇区及海坪村为核心，打造小镇休闲度假核，完善城市服务、旅游集散、休闲度假等功能；以省道S212为串联，联动沿线行政村形成纵向城镇服务发展带，并在野玉海旅游度假区基础上丰富业态，形成横向旅游发展带；以休闲度假核为核心，建设北部乡村民俗体验区、大田山水原乡度假区与南部特色文创休闲区。此外，为实现旅游扶贫工作的有序推进，绿维文旅将小镇的建设分为三期，以乡村道路升级改造为基础，通过教育扶贫、产业扶贫、就业扶贫等手段落实"五个一批"工程，逐渐推进11个行政村的整体提升。

入选第二批全国特色小镇后，玉舍镇正在大力培育休闲度假产业，进一步挖掘彝族特色文化，加大环境整治与基础设施建设力度，通过体制机制建设推动特色小镇发展。绿维文旅将根据需要，一如既往地支持玉舍镇的后续建设。

四、编制《殷村职教小镇开发策划及概念性规划》，完成省级特色小镇申报服务

江苏省自2016年12月发布《关于培育创建江苏特色小镇的指导意见》后，于2017年5月公布了首批省级特色小镇名单，其中绿维文旅服务的常州市殷村职教小镇名列其中。绿维文旅为殷村职教小镇提供了策划、概规及特色小镇申报服务。

常州是国家"地方政府促进高等职业教育发展综合改革试点"和"江苏省职业教育创新发展实验区"。殷村职教产业目前已渐成规模，2011年开始建设的殷村职教园内四所高校已全部建成并投入使用，堪称职教名城之窗。在国家和江苏省资金向生态发展倾斜以及人才流动逆城市化的历史机遇下，殷村需要打破传统的经济发展模式，在人才培养、促进就业、惠及民生方面实现新的跨越。鉴于此，绿维文旅积极支持殷村打造有特色、有竞争力的产业集群，助力常州建设"中国职教名城"。

绿维文旅通过深入分析殷村的特色资源和发展现状，确定了"以职业教育产业为特色，以文化旅游产业为创新，打造产业特色鲜明、体制机制灵活、人文气息浓厚、生态环境优美的宜学、宜业、宜游、宜居的

特色小镇"的总体发展方向。

在产业发展方面，立足于常州的学术渊源和职教基础，以及殷村的江南田园景观和生态环境，确定了以职教产业为核心，协同发展文旅产业的产业体系。两大产业相互支撑，既服务于职教文化交流和大国工匠培育，又服务于长三角地区的高端休闲度假，共同构成殷村职教特色小镇的"游＋学"双特产业，形成"产、城、人、文"四位一体的发展模式。十三五期间，殷村职教特色小镇将着力打造国际职教产业园、国际职教高端论坛、国际职教智慧文创园、国际职教游学产业基地、常州印象主题文化园五大板块。

在开发策略方面，殷村职教小镇亦基于职教产业与文旅产业融合发展的逻辑而创建。在壮大核心职教产业方面，积极探索合作办学、合作育人、合作发展的镇企一体办学新机制，教学内容紧跟先进技术前沿，采用物联网、云计算、无线技术、虚拟化技术等先进和主流的技术，建成"随时随地随需"的职教小镇终身教育网上平台；同时，以5A级旅游景区标准打造传统与现代交融的文化园区，开发创新的游学模式，实现职教、文化、旅游、会展、相关配套的完善。

绿维文旅将殷村职教特色小镇的目标定位在"世界级职业教育产业基地"和"国家级职业教育改革试验区"，成功申报江苏省级特色小镇后，殷村职教特色小镇将迎来常州市土地、人才、资金的大力支持，也将优先上报国家相关改革试点、先行实施各类相关改革政策，将迎来快速发展。未来绿维文旅也会持续跟踪小镇的建设发展情况，根据需要提供必要的服务。

兵团印象特色小镇、庞家堡温泉特色小镇、兰陵美酒特色小镇、中国北茶特色小镇、达州开江民俗小镇、滁州池杉湖特色小镇……在绿维文旅规划孵化的特色小（城）镇名单上还有很多各具特色的小（城）镇。2017年，特色小（城）镇建设开始从理论思辨进入落地经营，绿维文旅躬逢省会，以中国城镇化发展、三农问题解决的全局观进行特色小（城）镇的全案策划与规划设计。在这一年，绿维文旅与众多政府、企业、民众共同成长，一起推进特色小（城）镇在中国大地上落地生根、快速发展。

2017 年绿维平台服务改革之路

　　为更好地支持旅游项目及特色小（城）镇开发运营的落地，绿维文旅从 2016 年开始对组织架构和经营模式进行调整。目前，绿维文旅以"规划设计"核心板块，还整合了投融资、开发、建造、运营、人才培训、智慧旅游等业务板块，以"平台化运作，产业链经营"为发展战略，实现"全链整合、共创共赢"，打造成"中国旅游与特色小镇开发运营平台"。并通过线下、线上结合，推进了"产业链整合＋合作关系整合＋资本整合"，构建了"智库＋平台＋资本"的生态系统，已经初步建成集产业链、资金链、创新链为一体的 O2O 聚合服务平台，形成了"全产业链全程联合孵化服务模式"，彻底解决了规划设计与开发运营脱节等问题。

　　绿维文旅以 1 个旅游综合规划设计院和 7 大事业部为抓手，专注于旅游产业与特色小镇的开发运营服务。通过综合规划设计院与开发孵化事业部、EPC 建造事业部、投融资事业部、运营管理事业部、人才与培训事业部、平台合作事业部、智慧旅游事业部七部门的通力合作，以及集团对特色小（城）镇研究、规划、设计、落地等方面的全力支持，形成"规划设计、投融资、开发、建造、运营、人才培训、智慧旅游"全产业链全程服务解决方案。

（一）1 大综合规划设计院

　　北京绿维文旅城镇规划设计院，作为集团的核心模块和核心智库，形成了"九大研究院、百个分院"的架构，是全国规模最大的旅游、城镇综合规划设计机构。

　　规划设计是特色小镇与旅游建设的起点，绿维文旅的综合规划设计院根据公司发展需要，下设全域旅游规划设计研究院、特色小镇规划设计研究院、城市规划设计研究院、体育产业规划设计研究院、健康产业规划设计研究院、旅游创新规划设计研究院、景区综合规划设计研究院、乡村振兴规划设计研究院、创意建筑设计研究院九大分院。根据公司部署，各分院精研理论，积极实践，在特色小（城）镇各领域的研究与规划设计实践中取得了不俗的成果。

其中，特色小镇规划设计研究院成立于 2017 年 3 月份，是公司布局特色小（城）镇建设的重要一环，旨在为小（城）镇的规划提供范本，为小（城）镇运营提供有效模式，为小（城）镇的开发建设运营提供全方位支持，实现特色小（城）镇全程孵化的目标。

（二）开发孵化事业部

开发孵化事业部关注旅游与特色小（城）镇项目前期、建设期与招商运营期全过程。在深度把握项目各方需求基础上，充分整合内外部资源，全程、全产业、全方位地为项目开发提供贴身服务。包括开发前期阶段的顶层设计、策划规划、立项、拿地、资源对接、报规报建、招商引资、投融资服务、创建支持等服务；开发建设期的建造资源导入、工程设计及管理、EPC 建造、代建、监理、开发筹备等工作；开发运营期的开业引爆、持续经营、整体验收、产权取证、项目推进、人才培训等全程全链开发支持与全产业孵化服务。

（三）EPC 建造事业部

独特的建筑、景观是特色小（城）镇特色形态的直接显现，因此设计、施工、采购一体化的专业建造服务对于特色小（城）镇的规划落地来讲是很有必要的，鉴于此，绿维文旅成立了 EPC 建造事业部，以提供业务咨询、项目代建、工程建造等服务为核心，在策划规划、平台搭建、人力支持等方面进行布局，全方位支持特色小（城）镇与旅游项目的建设。

目前，EPC 事业部已与中建六局、中外建、中航工业集团、南方游乐设备公司、澳大利亚克莱尔工业、甲尼国际照明、旺明国际等全球 82 家大型城建商、施工设计单位、PPP 建造、旅游设备供应商签订战略合作，在工程项目承揽等开发领域达成了深度合作，旨在打造旅游全产业链的建造及业务咨询服务。

（四）投融资事业部

特色小（城）镇的建设和发展需要大量资金，合理的投融资规划和实质性的投融资对接是非常重要的，这正是投融资事业部在特色小（城）镇项目中的重要工作和担当。投融资事业部下设投资研究中心、投资合作中心、投资咨询中心三大业务中心，秉承"关注价值，实现共赢"的理念，致力于在特色小（城）镇的谋划、开发、建设过程中，提供投资研究、投资合作、投资咨询等服务。

未来，投融资事业部将更加重视业务推广和整合营销，通过网络、论坛、讲座、沙龙等多种途径，有效整合资源，吸引投资人、运营商、品牌商、消费者，借助平台对项目或项目公司进行宣传、推介，从而实现信息、资源、资本的有效对接，为特色小（城）镇项目提供优秀企业和资金。

（五）运营管理事业部

运营管理事业部是在"创意经营·落地运营"的总指导思想下，在绿维人多年一线耕耘的基础上，以符合时代要求的"共享经济"为理念，开创性地把特色小（城）镇与旅游业的一线经营资源，用"合伙人"制度整合起来，为切实解决产品与市场对接中存在的诸多经营问题，打通对接市场、落地运营的最终环节而建立的职能部门。

针对特色小（城）镇项目，运营管理事业部主要提供特色小（城）镇与旅游开发运营管理过程中的咨询服务、运营顾问服务、委托执行服务和内容及 IP 导入服务。运营管理事业部根据项目方的实际情况与特色小（城）镇所处的开发阶段，将为需求方找到最合适的解决方案。

（六）人才与培训事业部

我国特色小（城）镇处在不断探索的发展阶段，相关开发、建造、管理、运营等方面的人才需求与培养进入了爆发期，2017 年以来，绿维文旅的人才与培训事业部开始着力在特色小（城）镇人才培养方面布局。

人才与培训事业部以更务实的态度，更专业的服务，急市场之所急，为全国各地方的政府、企业、个人提供个性化、定制化的人才流动、专业培训服务，以支持中国特色小（城）镇更快、更好地发展。主要设置旅英网、绿维商学院、绿维文旅学院三大业务分支。详见图 1-3-2。

```
                           人才与培训事业部

         旅英网                绿维商学院            绿维文旅学院
        旅英猎聘

      高端人才猎聘          行业领袖培养           职业教育培训
      招聘流程外包（RPO）     企业组织能力提升        职业资格认证
      人才测评             特色小镇产业运营        定向专业设置
      岗位胜任力模型         全域旅游产业运营        绿维专家参与教学
      人才定向推荐          项目招商，成果推介       国家承认学历
      雇主品牌建设          政策解读，行业内参       实训实习、顶岗实习
      人力资源培训          高峰论坛、峰会         推荐就业
      企业人事代理          旅游管理硕士（MTA）      企业职工内训
                         旅游总裁班            继续教育
```

图 1-3-2　人才与培训事业部三大业务分支

（七）智慧旅游事业部

智能化、物联网的时代已经到来，智慧旅游事业部立足于智慧旅游发展基础，在特色小（城）镇的建设中，以物联网、移动互联网、智能化、云计算为技术核心，实现人、物、事、流程的全面连接、互通与融合，为特色小（城）镇的产业发展、居民生活、公共服务、景区管理等方面提供全方位的支持。

（八）平台运营中心

平台运营中心是绿维文旅实现平台化服务的关键，该中心以旅发网为核心运营平台，整合涵盖建设、开发、投资、运营、人才等方面的资源，形成旅建网、旅英网、旅运网、旅投网、旅开网、旅智网、旅创网七大垂直领域的平台服务布局，构建多层次联盟，同时也为特色小（城）镇的产业规划、施工建造、项目众筹、政企投融资合作、智慧城区建设、人才输送等方面提供综合平台服务。

绿维文旅的1大综合规划设计院和7大事业部，将跟随中国特色小（城）镇建设共同成长，为中国的城乡一体化建设献智献力，见证祖国大地上万千普通乡镇的产业升级、旧貌新颜，见证四方百姓的脱贫致富、生活品质提升！

第四章 特色小（城）镇的未来发展预判

从国家顶层发展理念看特色小（城）镇发展的逻辑体系

改革开放近四十年来，我国凭借安定团结的局面和不断改革的经验，已一跃成为世界第二大经济体，但是造就这一切的经济发展方式，却遇到了越来越严峻的挑战，投资、出口的拉动力越来越小，土地、劳动力等要素成本越来越高，资源、环境的约束越来越紧，我国经济发展的动力显现不足，已从高速发展转为中高速增长。习近平总书记2014年在河南考察时首次提到了"新常态"，他说我国仍处于重要的战略机遇期，要适应经济的新常态，积极寻求新的增长结构和增长动力。

面对发展中遇到的问题，我们要刻不容缓地转变发展理念，用更先进、更科学的发展观来解决社会、人与自然等各个方面的失衡。

党的十八届五中全会立足归纳新阶段下面临的新情况和服务于全面建成小康社会的奋斗目标，提出了以"创新、协调、绿色、开放、共享"为核心的五大发展理念。五大发展理念作为理论层面的顶层设计，是着眼于未来的全局性、根本性、方向性、长远性的发展指南。

一、五大发展理念在特色小（城）镇发展中的重要体现

五大发展理念既是目标愿景、价值追求，又是实现途径、行动指南，在特色小（城）镇的发展中也将发挥着指引作用，详见表1-4-1。

表 1-4-1　五大发展理念在特色小（城）镇发展中的重要体现

五大理念既是目标愿景、价值追求，又是实现途径、行动指南	
坚持特色创新，是特色小（城）镇发展的第一动力	重点体现在产业特色化创新、机制创新化构建
坚持协调发展，是特色小（城）镇发展的方法思路	重点体现在"生产—生活—生态"空间的协调、"产业—文化—旅游"功能的协调
坚持绿色导向，是特色小（城）镇发展的首要前提	重点体现在环境绿色化、产业绿色化、生活绿色化三个方面
坚持开放战略，是特色小（城）镇发展的必要途径	内生（内部平台的开放）+ 外促（外部合作的开放）
坚持共建共享，是特色小（城）镇发展的终极目标	始终坚持平权共享，实现成果共享的目标

（一）坚持特色创新，是特色小（城）镇发展的第一动力

国家层面提出必须把创新摆在发展全局的核心位置，推进科技、文化等各方面创新，形成促进创新的体制架构，培育发展的新动力，促进资本、技术、管理等要素的配置，释放新需求、创造新供给，促成新技术、新产业、新业态引领的蓬勃发展。

实际上我国经济一直依靠生产力的多种要素在推动，其中技术要素、生产组织要素、原材料要素、劳动力成本要素都是经济发展的支持结构。走到今天，劳动力红利、资源红利逐步消失，技术创新、企业自主创新、商业模式创新、发展结构创新等各方面的创新已经成为时代的主旋律。特色小（城）镇正是改革创新和经济转型升级过程中的产物，特色小（城）镇的特质、魅力和生命力在于"特色"，因此在其建设发展中创新发展理念尤为关键，重点体现在产业创新和机制创新。

产业要特色化创新发展。在《国家发展改革委关于加快美丽特色小（城）镇建设的指导意见》（发改规划〔2016〕2125 号）中提到，特色小（城）镇主要聚焦特色产业和新兴产业。可见特色小（城）镇是基于"提旧培新"思路，一方面聚焦最有基础、最能成长的优势产业，大胆探索改造和提升方向，做精做强；另一方面深挖特色资源进行创新利用，强化产业培育，

探索研发制造基地/展销窗口/主题旅游目的地为带动的发展路径，形成特色态势。

体制要创新化构建。在《关于开展特色小镇培育工作的通知》（建村〔2016〕147号）中，明确提出了"充满活力的体制机制"的培育要求，应加大体制机制改革力度，创新发展理念，创新发展模式，创新规划建设管理，创新社会服务管理。并要求省、市、县支持政策有创新，镇村融合发展有创新，促进小镇健康发展，激发内生动力。

围绕着创新发展理念，"双创"也正在成为经济、社会发展的新引擎，同时在特色小（城）镇中"创业""创新"也成为推动市场主体创造力、推动小镇经济新形态的重要引擎。

（二）坚持全局协调，是特色小（城）镇发展的方法思路和内在要求

国家层面提出，坚持协调发展，正确处理发展中的重大关系，不断增强发展整体性，促进新型工业化、信息化、城镇化、农业现代化同步发展，在增强国家硬实力的同时注重提升国家软实力。国家层面主要推动区域协调发展，包括要素流动自由、基本公共服务均等、主体功能约束有效；推动城乡协调发展，包括一体化体制机制、城镇公共服务向农村延伸等；推动物质文明和精神文明协调发展，包括加强社会诚信建设、增强法治意识、加快文化改革等。

特色小（城）镇是"产、城、人、文"深度融合的创新创业发展载体，其建设涉及众多经济和社会要素，在保持显著地域特色、产业特色、生态特色、文化特色的同时，还要处理好发展建设与当地居民、农民的多方关系，重点协调好"生产—社会—生态""产业—文化—旅游"的关系，实现协调发展理念下的特色。因此从顶层设计层面就应将协调发展理念作为特色小（城）镇的主体思路。

"生产—生活—生态"空间规划要协调。特色小（城）镇要围绕就地城镇化合理统筹生产、生活、生态空间布局，将"三生空间"纳入规划体系，促进生产空间集约高效、生活空间宜居适度、生态空间山清水秀，在协调发展中拓展空间，促进经济社会全面协调可持续。

"产业—文化—旅游"功能要相协调。特色小（城）镇不仅要突出特色产业的主导作用，还要注重产业与文化、旅游功能的协调发展。结合特色产业规划统筹考虑，促进产业的跨界融合发展，把产业链延伸到观光、餐饮、娱乐、休闲、文化等配套产业，实现"宜业—宜居—宜游"的完美联姻。

另外，特色小（城）镇涉及众多主体，政府、投资商、合作伙伴、老百姓间的利益平衡协调也是特色小（城）镇持续发展的关键。

（三）坚持绿色导向，是特色小（城）镇发展的首要前提

国家层面提出，坚持绿色可持续发展理念，坚持节约资源和保护环境的基本国策，走生产发展、生活富裕、生态良好的发展道路。生态保护优先，加大环境治理力度和推动现代能源体系，建设资源节约型、环境友好型社会，构建合理的城镇、产业和生态格局，形成人与自然和谐发展的现代化建设新格局。

绿色发展已经从环境因素主导下的被动绿色向基于新能源、绿色理念创新下的主动绿色发展转变，形成新的绿色发展模式。在此背景下，特色小（城）镇的前期规划必须要用主动保护、绿色创新的思路，开展主动式绿色行动；在产业方面无论是发展农业、工业，还是休闲旅游业，都不能以破坏或牺牲生态环境为代价，要坚持绿色保护理念作为导向，形成生态文明成效显著，宜产宜居的资源节约型、环境友好型小镇。主要体现在"环境、产业、生活"三个方面。

环境要绿色化。小镇的内、外部环境要相协调。外部环境上，注重进入特色小（城）镇"绿色通道"的绿化、美化；内部环境上，按照绿色、生态、低碳理念进行小（城）镇的规划设计，推广应用分布式光伏、风能、沼气等新能源，广泛应用节能节水装置，并集中连片发展绿色建筑示范区。

产业要绿色化。以特色小（城）镇创建为契机，推动传统产业的绿色化升级，加快产业模式由高能耗、高排放、低附加值的资源消耗型向环境友好型转变。

生活要绿色化。特色小（城）镇应作为推广生活方式绿色化的"试验田"，实现生活方式和消费模式向勤俭节约、绿色低碳、文明健康的方向转变。低碳出行方面，建立健身步行道、完善公共自行车网点、加强能源电动车供给，构建绿色交通系统，倡导绿色出行；勤俭节约和文明健康方面，可通过"小镇公约"的制度约束，规范每一位"公民"的

生活行为，使他们能够积极主动地参与和践行绿色生活新方式。

（四）坚持开放战略，是特色小（城）镇发展的必要途径

国家层面提出，坚持开放发展，必须顺应我国经济深度融入世界经济的趋势，奉行互利共赢的开放战略，发展更高层次的开放型经济，构建广泛的利益共同体。开创对外开放新局面，必须丰富对外开放内涵，提高对外开放水平，协同推进战略互信、经贸合作、人文交流，努力形成深度融合的互利合作格局。形成对外开放新体制，完善法治化、国际化、便利化的营商环境，健全服务贸易促进体系，有序扩大服务业对外开放。

特色小（城）镇同样属于改革发展进程中的产物，40年的实践历史证明，开放是繁荣发展、强盛兴旺的必由之路，特别是在经济发展新常态、产业结构升级调整的背景下，更要将开放理念与发展融合。特色小（城）镇建设中的开放理念，不仅是对外学习的内涵，更是要建立在资源、引资、引技、引智方面的合作，形成内生（内部平台的开放）、外促（外部的合作开放）的发展模式。

取长补短，互利共赢（强化合作）。坚持开放发展理念，首要的是学他人之长，补自己之短。在特色小（城）镇建设中以开放的胸怀，实施互利共赢、共同发展的开放战略，顺应特色小（城）镇经济、产业的深度发展趋势，鼓励各种市场主体和风投资本参与进来，既要引资又要引技，形成广泛的利益共同体，加强内外供需协调，推动特色小（城）镇开放型经济向更高层次发展。

客厅窗口，引智吸才（强化内生）。特色小（城）镇的对外开放在建设上要打造好"小镇客厅"，不仅展现产业、文化、生态、风貌的特色，还是承载对外开放重要的窗口和门面。另外要通过人才智力的吸引，增强小镇的内生力量，除了优美的环境之外，还要打造创业氛围、制定政策优惠，吸引创业者留下来，才能让小（城）镇具有更强的包容性和开放性，推动创新创业，吸引更大范围的高端生产要素集聚。

（五）坚持共建共享，是特色小（城）镇发展的终极归宿

国家层面提出，坚持共享发展，必须坚持发展为了人民、发展依靠人民、发展成果由人民共享，做出更有效的制度安排，使全体人民在共

建共享发展中有更多获得感，增强发展动力，增进人民团结，朝着共同富裕方向稳步前进。按照人人参与、人人尽力、人人享有的要求，坚守底线、突出重点、完善制度、引导预期，注重机会公平，保障基本民生，实现全体人民共同迈入全面小康社会。重点在增加公共服务供给（提高公共服务共建能力和共享水平）、实施脱贫攻坚工程（精准扶贫、探索资产收益扶持制度）、提高教育质量（推动义务教育均衡配套）、促进就业创业（积极的创业及就业扶持政策）、建立更加公平更可持续的社会保障制度等方面做了相关要求。

在特色小（城）镇的发展中也要始终坚持平权共享，实现成果共享的目标。

所谓平权共享是指人民角度追求的权利均等化，如在小镇的开发建设上，要尊重和保护被征地拆迁农民的切身利益，在拆迁补偿、安置、转产转业上给予充分考虑；在建成后福利供给方面要做到平等，让农民享受城市居民同等的教育、金融、医疗、社保公共服务；另外还体现在规划听证、开发投资、产业发展的平等参与权。总之，在小镇开发、建设、长期运营中，要充分尊重当地居民的知情权、参与权。从物质到信息、服务，实现有形资产和无形资产的共建共享，寻求小镇的长足发展。

成果共享是其目的，小镇开发建设改善了水、电、路等基础设施，在医疗、文化等公共服务供给和解决就业方面都带来了实实在在的好处，让农民和居民共享小镇开发、区域经济增长的成果。另外，成果共享除了建设成果的共享外，还有经验的共享，特色小（城）镇开发建设取得的模式和成功经验，要及时总结、提炼，并搭建共享信息交流平台，积极推广，产生外溢效应。

特色小（城）镇将共享理念赋予在发展的全过程中，以人民的名义实现民众幸福，以共享经济模式带动区域发展，最终推动共同富裕的发展目标。

二、五大发展理念助力特色小（城）镇迈上新台阶

"五大发展理念"的核心是转型，是要推进发展方式在五个方面实现重大转变：从过去高度依赖人口红利、土地红利的要素驱动及投资驱动的发展模式转向创新驱动发展；从不协调、不平衡、不可持续的发展转

向协调发展；从高污染、单纯追求 GDP 的粗放型的发展方式转向遵循自然规律的绿色发展；从低水平的开放转向高水平的开放发展；从收入差距过大非均衡发展走向共同富裕，实现共享发展，实现全体人民共同迈向全面小康。

五大发展理念展现了政府思路，比较好地概括了中国当前发展的主线索和核心结构，有助于我们对国家行动之一的特色小（城）镇的开发建设有更好的理解。目前特色小（城）镇仍在探索阶段，申报是很积极的，但真正的开发建设还远远没有全面启动。整体上缺少必要的规划基础与开发理论指导，单个企业或者单纯依靠政府都难以独立完成特色小（城）镇的建设开发和运营。因此，亟须理顺开发理念，梳理开发逻辑，把基于市场配置资源的核心发展架构落实到规划、开发、投融资及产城开发运营中。在特色小（城）镇开发建设中，无论是规划设计、项目设计，还是实际建设中，都要充分理解国家的政策和思路，以五大发展理念为基本指南，在实践中用新思路、新办法积极探索，并在创新中完善，在完善中创新，形成完善与创新的良性循环，并将是否符合五大理念作为重要的评判标准，推动特色小（城）镇建设的纵深发展，带动一个区域发展，富裕一方百姓。

特色小（城）镇是基于产业特色和创新发展吸引人才和企业，进而带动城镇开发和服务的，不能基于传统规划的功能板块化，而要强调功能融合、绿色生态、开放共享，坚持产业"特而强"、功能"聚而合"、形态"小而美"、机制"新而活"。绿维文旅在对特色小（城）镇的发展逻辑和规划设计、开发运营进行研究的基础上，形成了新的规划体系、产业培育思路、空间规划手法、风貌整治和提升手法、投融资设计、开发与运营体系、品牌塑造等一系列方法论，同时也构建了平台化联合孵化的服务模式。

第二篇

特色小城镇规划篇

第五章

特色小城镇的规划方法

第六章

特色小城镇的产业发展

第五章　特色小城镇的规划方法

我国小城镇发展的现状
及问题解读

在上一本著作《特色小镇孵化器——特色小镇全产业链全程服务解决方案》中，我们分析了小城镇的发展背景，并做出了"小城镇在经历新中国成立—改革开放之前的调整萎缩期、1978—1983 年的恢复发展期、1984—2001 年的快速发展期、2002—2012 年的再次调整期后，2013 年在国家提出新型城镇化战略的背景下，小城镇进入了新型发展期"的论断。回顾 2013 年至 2015 年，国家虽然在许多政策中提及要发展小城镇，但并没有找到真正的落地抓手，直到 2016 年"特色小镇战略"提出，我国小城镇的发展又得到了全国范围内的广泛关注。在特色小镇推进将近一年半的时间节点上，本文将以国家发布的有关统计数据为基础，重点探讨我国小城镇的发展现状及存在问题。

一、我国小城镇发展现状扫描

（一）总体概况：数量上达到历史峰值，人口规模逐步增长

《2016 年城乡建设统计公报》显示，2016 年年末，全国共有建制镇 20883 个，比 2015 年增加 368 个，达到了历史最高水平（详见图 2-5-1）。全国小城镇人口占城镇总人口的比重从 1978 年的 20% 上升到 2016 年的 43.8%，达到了 3.46 亿人。

根据对纳入住建部统计的 18099 个建制镇统计汇总，全国建制镇建成区面积 397.0 万公顷，平均每个建制镇建成区占地 219 公顷；建成区建设总投资 6825 亿元，其中住宅投资占比达 49.7%，市政公用设施占比 24.3%。

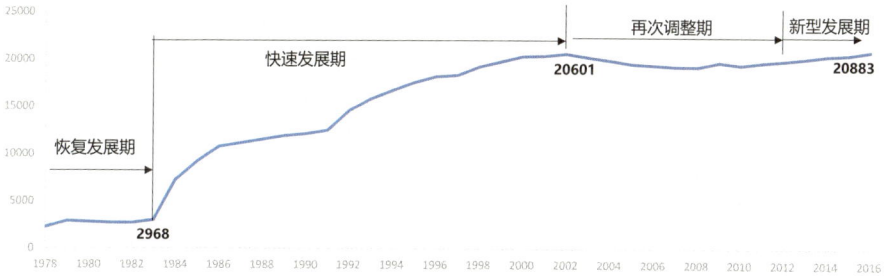

图 2-5-1　1978-2016 年我国建制镇的数量变化

（二）经济发展水平：总量有所提升，但发展不平衡

近几年，小城镇的经济得到了长足发展。据数据统计显示，小城镇企业创造税收占全国地方税收总额的 26.6%，在江苏、浙江等一些小城镇经济发达的省份，这一比例甚至达到了 50% 以上。从国民生产总值来看，2016 年超过 400 亿元的小城镇有 10 个，超过 200 亿元的有 30 余个，这些建制镇均"富可敌市"，是我国经济增长中的拉动力量。但总体来看，各地区发展不平衡，在 2 万多个建制镇中，数量仅占 5% 的千强镇所创造的 GDP 却占据了一半以上。

（三）各区域发展：呈现高度分化现象

我国各区域小城镇的发展，呈现出高度分化的现象。根据历年发布的"全国综合实力百强镇""全国综合实力千强镇"榜单来看，我国发展较好的小城镇主要集中在东部沿海发达地区，尤其是江苏、浙江、广东等长三角和珠三角区域（详见图 2-5-2）。在全国百强镇中，这三个省份占据了将近 80% 的份额（详见表 2-5-1）。江苏常熟市虞山镇、广东佛山市南海区狮山镇 2016 年的 GDP 分别达到了 851 亿元、831 亿元，经济发展实力非常雄厚。这些小城镇已摆脱了农村服务中心的原始状态，逐步成长为现代工商业较为集中的新兴城市。

而众多中西部偏远地区的小城镇，缺乏大城市的辐射及带动，也没有优越的区位或独特的资源，产业发展基础薄弱，其主要功能还停留在为农业农村提供服务的发展阶段，依赖于政府财政的支持。

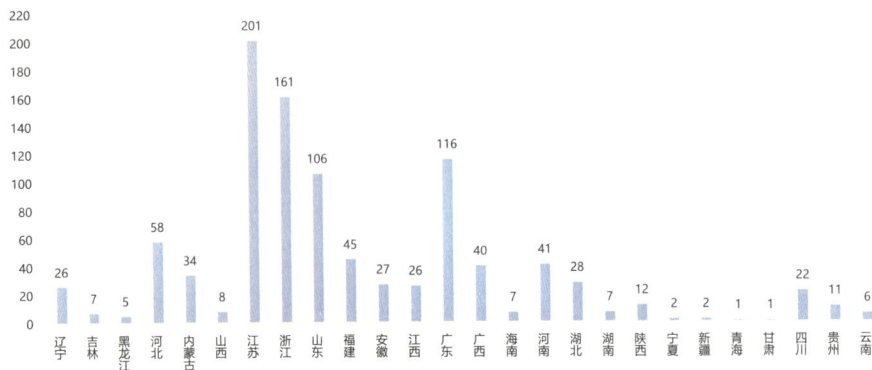

图 2-5-2　千强镇的区域分布情况

表 2-5-1　百强镇与千强镇分布数量排名

排名	百强镇分布数量（个）	排名（前十位）	千强镇分布数量（个）
广东	32	江苏	201
江苏	27	浙江	161
浙江	20	广东	116
福建	10	山东	106
辽宁	3	河北	58
山东	2	福建	45
河北	2	广西	40
安徽	2	河南	41
贵州	1	内蒙古	34
河南	1	湖北	28

二、我国小城镇发展存在的问题

　　虽然从 2006 年党的十六大开始，我国基本上就确立了"大中小城市与小城镇协调发展"的城镇化战略，但是基于本身条件的缺陷、大中城市的强力吸引以及政策上的制约，小城镇的发展中存在着诸多问题。唯有从这些问题入手，寻找小城镇发展的突破口，才能抓住新形势下的发展机遇，实现小城镇的飞跃。

（一）基础设施与公共服务设施层面

基础设施是小城镇发展的基础，也是生活品质提升的条件。经过40年的快速发展，我国小城镇的基础设施与公共服务设施获得了一定程度的发展，道路、通信、教育、医疗等基本能够满足村镇居民的生产与生活需求，公园、文化馆等大众文化休闲设施等不断完善。但总体来看，还存在如下问题：

第一，总体投入依然不足，"公平"仍然是关键问题。《2016年城乡建设统计公报》显示，2016年小城镇（含城关镇）市政公用设施总投资5131.7亿元，人均投入1701.6元，而城市市政公用设施总投资17460亿元，人均投入4332.5元，是小城镇的2.5倍。在公共服务层面，存在的最大问题是小城镇居民无法与城市居民享受到同等的服务，实现"公平"是关键。

第二，缺少统一规划，设施设置不合理。设置什么设施、如何布局、按照怎样的时序建设，这些都需要有专业的规划进行统筹把控与安排，避免重复投资和浪费。这一规划既要立足实际，又要具有前瞻性，又要追求实用性和当地特性。一方面，避免一些高大上的、不符合实际需求的形象工程，一方面，考虑人们的个性化需求，设置一些满足老人、孩子等特定人群的个性化设施。另外，小城镇在污水处理、环境治理等方面存在短板，应加强相关设施配置。

第三，服务水平有待提高。以国家财政的大力支持为推动，小城镇基础设施与公共服务设施在硬件水平上均能满足居民的需求，但缺乏高水平专业人才，服务质量不高。

第四，面临资金短缺问题。一方面，我国大部分小城镇实行统收统支的财政体制，没有独立的财权，基础设施建设投入主要依赖上级财政拨款，无法满足大规模的建设需求。另一方面，相较布局紧凑的大城市来说，集约度不高的小城镇的基础设施投资成本较高。因此，根据设施分类及项目性质特点，探索市场化运营机制，自我造血，实现多渠道融资，是小城镇基础设施改善的一个重要出路。比如，对于经营性设施，可以吸引民间资本和社会资金参与，公开竞价、特许经营；针对部分设施，可逐步由福利服务型向经营服务型转变，并以其经营价值作价融资。

（二）产业发展层面

综合来看，小城镇的产业发展较弱，乡镇企业多根植于本地，主要为小型、劳动密集型、家庭作坊式的民营企业，而国有、集体、合资类企业较少。相应的，小城镇对产业人口的吸纳能力也较弱。发改委数据显示，中国农民工流向县城以下的小城镇的比例不到10%，大多数聚集在地级市以上。

从区域角度来看，各地的产业发展也存在高度分化的现象：东南沿海尤其是长三角、珠三角区域，产业发展基础雄厚，并呈现出高端化、国际化的趋势，一些高新企业、新兴企业在小城镇落户发展；大城市周边的小城镇，依靠其土地及人力低成本优势，在中心城市的辐射带动下，或承接城市产业转移，或为城市提供商业服务；而中西部大多数城市，缺乏产业聚集的要素，无产业支撑。

因此，对于东南沿海与大城市周边的小城镇来说，其产业发展面临的最大问题是产业升级与产城融合。以浙江为例，步入新常态的浙江制造，依然处于"微笑曲线"底端，高端要素聚集不够，导致有效供给不足和消费需求外溢，产业面临升级需求。另一方面，城镇建设与配套却远远滞后于产业及经济发展，导致生产与生活分离。

而对于中西部大多数地区来说，其产业发展面临的最大问题是产业的选择与培育。没有城市的要素聚集条件，没有周边中心城市的强辐射与带动，不能靠大规模资源投入发展传统产业，新兴产业又无法在此找到培育的土壤……这些小城镇唯一能依托的就是生态环境资源、特色农产品、特色手工技术、特色人才等本土化的特色资源，在这些资源的支撑下，借助互联网等高新技术的推动以及旅游等外来消费主导型产业的附加价值提升，走特色化、专业化的产业发展之路，将成为这类小镇的发展关键。

（三）土地利用层面

由于体制机制的限制，我国小城镇处于资源调配的最后一环，对于土地这种稀缺资源来说，本着"优势资源集中"的原则，大多被分配到了省会城市和特大城市，到小城镇基本所剩无几。小城镇往往只能靠特殊项目报批的形式拿到土地指标，这将在一定程度上影响小城镇的发展。尤其是对于东部沿海经济发达的城镇来说，按照镇一级别配置资源，严重不足。另外，在小城镇镇区建设用地中，集体用地占比高，平均在60%以上。

小城镇的土地利用中，边角地、插花地、夹心地较多，旧镇区存在大量的处于闲置或低效利用状态的宅基地或企业用地，相对于城市来说存在相对松散、利用效率低的问题。据《2016年城乡建设统计公报》显示，2016年我国建制镇建成区人均占地面积为204平方米，是建制镇人均占地100平方米的国家标准的2倍。我国在城镇化建设中，倡导土地节约集约利用的原则，小城镇首先应盘活存量土地，比如通过土地整理的手段，将散乱、废弃、闲置和低效利用的土地，进行拆除复垦，适当加强建设强度，提高土地使用效率。

小城镇中建设用地与非建设用地互相渗透、工业用地混杂在居住用地中、农业用地混杂在工业用地中，没有明显的功能分区，集约度不高。区别于大城市的用地高度集约化，小城镇可以根据自身的发展条件、产业特性及居民生活特征，在一定程度上推动工业企业向园区集中、农业用地向适度规模经营集中、农户向城镇或新型社区集中居住的"三集中"。

（四）城镇风貌建设层面

在我国城镇化历程中，小城镇一直处于缓慢发展的状态，受外界影响因素较小，历史文化与民俗风情保留较为完整。另外，借助于农田、河流等自然资源，呈现出与大城市完全不同的风貌特征。最近几年，面临着城镇化的提速以及互联网下的信息加速交融，小城镇的传统风貌受到现代文化的冲击与挑战。主要存在以下问题：

缺乏统一规划。小城镇在风貌控制方面的意识还不强，缺乏从整体城镇定位及城镇特色角度对风貌的整体安排。有些小镇自发生长，出现新老建筑不协调、整体布局杂乱，格调不统一的现象；有些小镇只注重单体效果，忽视与周边建筑及环境、与整体城镇风格的协调统一。

过度追求城市化。与大城市相比，小城镇有着与自然融为一体的特色优势，有着传统的聚落形态。但很多城镇盲目的追求高标准的城市化建设，大拆大建，破坏原有肌理与风貌，最终导致"千城一面"的后果。

地方文化内涵体现不足。城镇风貌是留给人们的第一印象，既要以传统文化为基础，延续历史文脉，又要结合现代人的需求及文化氛围，塑造现代精神价值。但很多城镇在开发中，为了追求利益最大化，不惜破坏传统民居、老街巷，导致城镇完全丧失文化内涵。

（五）生态环境保护层面

在唯经济论的发展环境下，无论是国外还是国内走在前列的大型城市的以破坏生态环境获取经济发展的惨痛教训，都无法给这些后起之秀以警戒。一些小城镇仍然以牺牲环境为代价，资源过度开采、废水废气不经处理随意排放、生态环境随意破坏……统计资料也显示，小城镇在污水处理、环境治理等方面的设施投入不足。经济活动和规模的扩张，不可避免的会对当地的生态环境造成压力，但并不是不可以控制的，如何实现绿色化、生态化前提下的经济发展，也许是每一个小城镇终生需要面对的课题。

三、我国小城镇发展面临的新态势

追溯小城镇的发展历史，国家一直在强调大中小城市与小城镇协调发展，即使在大城市风靡的 2000 年。但总结来看，只有在 20 世纪 80 年代，小城镇得到了快速发展。自 2016 年特色小镇工作开展以来，小城镇又迎来了一个黄金发展期，只不过与上个黄金期相比，如今面临着决然不同的发展背景和趋势。

（一）内生动力将成为推动小城镇发展的关键

改革开放后，我国发展起来的小城镇，大多依靠的是外来动力，即小城镇依托周边强大的中心城市，以土地和人力等低成本优势，招商引资，吸引资本、技术等产业发展要素，进而通过将产品再销售到中心城市而实现自身发展。新常态下，一方面小城镇的土地及人力低成本优势不在，另一方面，我国整体城镇化水平还不高，与发达国家相距甚远，只有一小部分小城镇能够享受到中心城市的辐射和带动能力，而且我国经济发展面临转型升级，单纯依赖外来动力的发展模式已走到尽头。由此，未来内在自有要素资源的合理集聚与配置将成为小城镇发展的关键。

（二）交通、互联网等技术的进步，为小城镇带来了跨越式发展的可能

如今小城镇发展面临的基本经济面与 80 年代不可同日而语，除不断攀升的 GDP 外，不断完善的交通、不断颠覆商业模式的互联网技术与人工智能技术等，都可以成为小城镇运用的武器。交通的便捷与完善，特别是高铁的快速发展，使区域间交流更加紧密，缩小了小城镇与市场、技术、资本等要素聚集地之间的距离。

互联网等技术的嫁接，一方面为相对落后的小城镇带来了理念、知识等方面的突破，另一方面能够使得小城镇摆脱传统发展模式上对区位、实体渠道等的依赖，通过网络，大大简化原料与需求之间的流通环节，直接实现小城镇与大城市生产、生活消费群体之间的精准连接。

（三）逆城镇化趋势及返乡创业人群将有效激发小城镇的活力

在我国人口不断向中心城市集中的同时，还存在着另一种逆向流动，即随着大城市病尤其是环境污染等问题的日益严重，部分城市人口开始回流到生态环境良好、具有一定发展基础的小城镇，寻找一种不同于城市的生活方式，形成养老、度假等需求。

另外，与国外不同，我国流入城镇的人口，往往在家乡还保留土地及宅基地，甚至大部分家庭基于最小化风险的理性选择，还有部分人口留在当地就业。再加上我国上千年传承下来的"家庭""宗族"等观念，造就了一批"新乡绅"。在大众创新、万众创业的支持下，在土地确权等政策的带动下，完成原始资本积累的新乡绅将成为小城镇发展中的一股带动力量。

综上，我国小城镇已经拥有了一定的发展基础，但是也面临着新的发展趋势与错综复杂的问题。小城镇是我国城镇化体系中的重要一环，与大城市、中小城市、农村一起，推动着中国经济不断发展。在国家大力支持小城镇发展的当下，我们需要深刻解读基本面、剖析存在问题、把握未来趋势，从而创新构建小城镇的发展体系，助推小城镇实现飞跃发展。

全域视角下的特色小城镇规划

传统小城镇的弊端在于重城镇轻镇域，乡村地区规划缺乏系统性和合理性，割裂镇区与乡村的联系。针对前文提到的小城镇发展中存在的几大问题，本部分内容从特色小城镇发展内涵出发，探讨了全域视角下的特色小城镇规划思路与体系。

一、特色小城镇规划应实现十大转变

从全域视角来看，特色小城镇规划与传统小城镇规划相比，应实现十大转变：

第一，规划特征上，从传统规划思路的"重镇区轻镇域"，转变为特色小城镇规划的"镇区与镇域规划'双引导'"。

第二，规划目的上，从传统规划思路的"构建小城镇增长极"，转变为特色小城镇规划的"构建协调发展的城乡组织体系"。

第三，规划起因上，从传统规划思路的"谋求镇区迅速发展"，转变为特色小城镇规划的"寻求城乡关联化、一体化发展"。

第四，动力机制上，从传统规划思路的"强调区域的分工协调与产业转移"，转变为特色小城镇规划的"强调聚集特色优势产业，而不是承接大城市低端产业的转移"。

第五，理论基础上，从传统规划思路的"空间聚集论"，转变为特色小城镇规划的"城乡统筹发展观"。

第六，市场主体上，从传统规划思路的"以政府为主体建设"，转变为特色小城镇规划的"以政府为主导、企业为主体建设"。

第七，结构形态上，从传统规划思路的"单一'线'形"，转变为特色小城镇规划的"'网络'体系化"。

第八，风貌特点上，从传统规划思路的"风貌单一、整齐划一"，转变为特色小城镇规划的"小而精、小而美"。

第九，空间管控上，从传统规划思路的"重在控制规模"，转变为特色小城镇规划的"重在控制生态红线"。

第十，规划结果上，从传统规划思路导致的"城乡脱节，二元对立"，转变为特色小城镇规划的促进"城乡共荣、协调发展"。

二、全域视角的特色小城镇规划理念及体系

（一）特色小城镇规划应关注的四个层面

基于特色小城镇的要求，绿维文旅认为其规划应从人、经济、生活、空间四大层面，构建职住平衡、城乡融合、和谐生态的小镇发展格局。

对于人而言，规划设计需要控制发展规模，包括人口规模、城镇化率、建设用地规模等，需要对小城镇的人口进行专项预测，以此来确定建设用地规模和相关设施的规模；

对于经济而言，规划设计需要进行产业发展研究，分析适合特色小城镇和村庄的特色产业和产业发展路径，促进城乡协同发展；

对于生活而言，规划设计需要进行专项的基础设施与公共服务设施研究，提高城乡居民生活水平，特别注意结合智慧小镇和共享经济实现城镇的高效运转和资源的高效利用；

对于空间而言，规划设计需要因地制宜，延续原有城镇肌理和地脉特征，从多规合一、空间管制、用地布局、镇村体系布局、交通梯次衔接多个方面体现城乡空间的协同发展。

（二）特色小城镇规划的"三全"理念

以此为基础，特色小城镇的规划需要站在全域的视角下，进行综合考虑。以行政边界为规划区界限，并着重解决区内城乡发展问题的规划

称为全域规划。从研究主体上来看，小城镇全域规划强调镇域的整体空间，包括镇区空间也包括农村空间，包括建设用地也包括非建设用地，同时在研究过程中应把镇域空间纳入更大区域空间中进行统一研究和分析。从研究要素上看，从关注土地、产业、经济发展要素向关注区域发展、农村发展、土地配置、人口转移、产业发展、社会和谐、历史沿革、人文特色、生态承载等多种要素协调发展转变。从规划平台上看，需要构建统一的规划平台，通过"镇域一张图"把各类型的规划融为一体，统筹全域发展。

由此，我们形成了全空间、全要素、全类别视角下的特色小城镇规划理念：

1. 空间全覆盖

从空间上来看，"全域视角下的特色小城镇"指的是规划范围的全覆盖，不仅包括城镇建成区，还包括广大乡村地区以及大量的非建设用地。包括多规合一、城乡用地布局、镇村体系规划、产业空间布局和交通梯次衔接。

2. 要素全耦合

从规划对象看，"全域视角下的特色小城镇"指的是全域内要素的全耦合，调动整个镇域的土地、经济、社会、生态等发展要素，实现空间发展与资源承载、产业驱动、基础保障、生态保护的系统性谋划和布置。包括发展规模、空间管制、生态保护控制、小镇风貌塑造、村庄类型划分和村庄发展指引等。

3. 类别全策动

从规划层次看，"全域视角下的特色小城镇"出于区域协调、与上位规划衔接互动的考虑，其规划应以多规协调为手段，在全空间的覆盖中衔接协调各专项规划的综合部署，进行全方位的统筹安排。包括基础设施专项、公共服务设施专项、综合防灾专项、产业发展研究、文化旅游发展、小镇特色塑造、智慧城镇专题、行动计划专题、公共政策专题、案例研究。详见图 2-5-3。

图 2-5-3 全域视角下的特色小城镇总体规划

综上，特色小城镇规划更加强调城乡协同、产业协同，强调集中特色资源与产业，发挥比较优势，形成特色风貌，最终实现生产、生活、生态相统一。

"多规合一"下的特色小城镇规划手法

近年来，"多规合一"成为规划界理论研究和实践的热点。2013年中央城镇化工作会议提出"建立统一的空间规划体系""一张蓝图干到底"的要求，随后《国家新型城镇化规划2014—2020》《关于开展市县"多规合一"试点工作的通知》《省级空间规划试点方案》等政策的出台使多规合一成为规划改革的热点和核心抓手。

学术界和规划界从问题分析、技术创新、制度创新和规划体系创新等角度做了大量的研究，对于"多规合一"工作的目标和路径也有了大量的探索，但多规合一的试验目标仍集中在县级以上的行政单位，镇级单位的研究基本空白，随着特色小（城）镇建设的迅速兴起，其规划方法的研究也成为规划界的前沿热点。本部分内容拟以多规合一为核心背景，讨论新形势下特色小城镇的规划问题。

一、特色小城镇"多规合一"工作背景

（一）政策背景：国家提出要一张蓝图干到底

2013年12月，中央城镇化工作会议要求"城市规划要由扩张性规划逐步转向限定城市边界、优化空间结构的规划。"习近平总书记在会议讲话中指出，积极推进市、县规划体制改革，探索能够实现"多规合一"的方式方法，实现一个市县一本规划、一张蓝图，并以这个为基础，把一张蓝图干到底。

至此"多规合一"正式进入规划界的视野，随后《国家新型城镇化规划（2014—2020年）》发布，其重要观点"加强城市规划与经济社会

发展、主体功能区建设、国土资源利用、生态环境保护、基础设施建设等规划的相互衔接。推动有条件地区的经济社会发展总体规划、城市规划、土地利用规划等'多规合一'"，成为"多规合一"的行动纲领，同时也标志着多规合一上升至国家政策。

《国家新型城镇化规划（2014—2020年）》发布之后，中央展开了一系列试点工作，由海南、宁夏回族自治区等省份扩展到9省，试点级别也从省级、市级发展到县级，乡镇也必将成为未来"多规合一"的热点区域。

（二）现实背景：各类规划自成体系、缺乏衔接、各自为战

1. 规划名目繁多

据中国城市规划设计研究院统计数据，我国经法律授权编制的规划至少有83种，在名称上一般叫做"规划"；而据发改革统计，"十一五"期间，国务院有关部门共编制了156个行业规划，省、地（市）、县三级政府编制的规划纲要、重点专业规划多达7300余项，各类规划名目繁多。

2. 规则体系各异

城乡规划有《城市用地分类与规划建设用地标准》（GB50137—2011）《镇规划标准》（GB50188—2007）；土地利用规划有《全国土地分类（过渡期）》《土地利用现状分类》（GB/T21010—2007），以及市、县、乡镇三级土地利用总体规划中相应的分类体系；旅游发展规划有《旅游规划通则》(GB/T18971—2003)，各类规划均自成体系，对接困难。

3. 多规合作存在技术障碍

各类空间规划存在编制基础缺乏协调，基础资料、统计口径、用地分类标准等各类要素不统一，规划基期、规划期不同的技术障碍，使得"多规合一"存在衔接难度大，成本高的问题。

（三）自身要求：传统规划空间与产业的不统一

传统乡镇级别的规划以城乡总体规划为主，但该类规划由于自城市规划体系演变而来，其核心出发点依然是用地的集约化和高效利用，缺乏对产业的思考；而社会经济发展规划、产业规划等更偏重于产业，由于缺乏对用地的影响力而难以达到规划的效果。

二、特色小城镇"多规合一"规划思考

（一）特色小城镇"多规合一"目标

特色小城镇的定义和四特本质决定了其核心依然是产业，而空间作为产业的载体，两者的协调成为特色小城镇规划首先要解决的问题。区别于传统规划界提出的空间"多规合一"，特色小城镇在规划中除了各类空间规划自身的协调，更要重视产业和旅游的问题，通过"多规合一"实现空间、产业、设计、运营的协调统一。

（二）特色小城镇"多规合一"编制要求

三位一体：编制中要将产业、文化、旅游三者融合统一，实现特色小城镇四特本质的核心——产业特。

三生融合：在空间和业态的组织中，以生态为基底，实现生产、生活的高效、有机组织。

三方落实：除空间和产业外，特色小城镇庞大的投资体量决定了规划编制必须考虑投资和运营问题，实现项目、资金、人才三方落实。

（三）特色小城镇"多规"界定

理论上的"多规"包括国民经济和社会发展规划、城乡总体规划、土地利用总体规划、环境保护规划、生态保护规划、林业规划、产业规划、交通规划、市政规划等各类规划，本部分内容从特色小城镇规划的目标和要求出发，"多规"选取国民经济和社会发展规划、城乡总体规划、土地利用总体规划、生态环境保护规划、产业发展规划、城市设计、运营规划七个规划作为主体，形成特色小城镇"多规合一"体系。

（四）特色小城镇"多规合一"技术路线

通过与社会经济发展规划、产业发展规划内容协同，强化产业部分内容；通过 GIS 平台统一城乡总体规划、土地利用总体规划、环境保护规划等空间规划内容，强化用地的科学和可实施性；通过城市设计，强化核心区风貌控制；通过运营策划，强化项目的可实施性和落地性，形成以空间、产业为主，设计、运营辅助的四大组成板块，以规划总平面

为核心的特色小城镇"多规合一"规划体系。详见图 2-5-4。

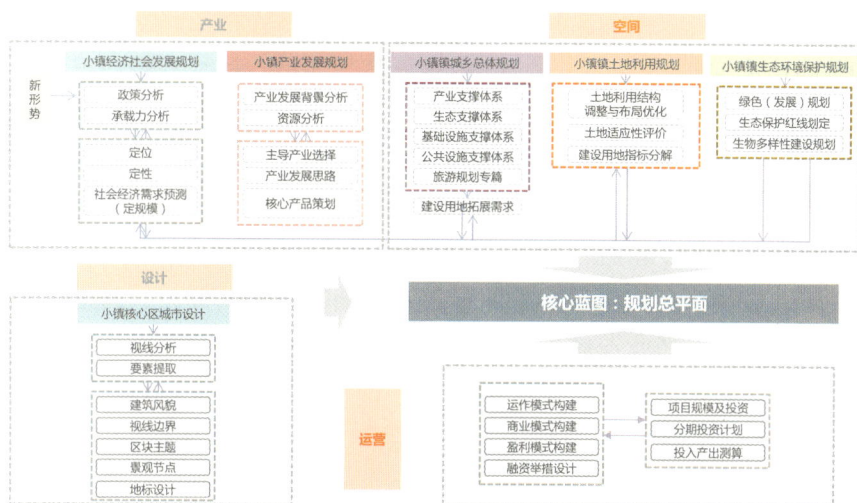

图 2-5-4　"多规合一"技术路线图

三、特色小镇"多规合一"规划方法

本文的特色小城镇为建制镇，故规划范围即小镇镇域行政边界。建设范围即小镇核心区，一般在 1 平方公里左右。

（一）规划主要内容概述

1. 镇域

提出镇域的发展战略和发展目标，确定镇域产业发展空间布局；预测镇域人口规模；明确规划强制性内容，划定镇域空间管制分区，确定空间管制要求；确定核心区性质、职能及规模，明确核心区建设用地标准；确定镇村体系布局，统筹配置基础设施和公共服务设施；策划镇域范围内核心产业项目；确定项目用地落实方案；明确镇域范围内生态环境保护的分区、设施布局、保护内容。

2. 核心区

确定核心区的性质、定位、发展思路；策划核心区业态与产品；根据策划内容进行各类用地布局；确定规划区内道路网络；对规划区内的基础设施和公共服务设施进行规划安排；建立环境卫生系统和综合防灾减灾系统；确定规划区内生态环境保护与优化目标，提出污染控制与治理措施；划定五线控制范围；确定历史文化及地方传统特色保护与利用规划的内容及要求；编制核心区投资与运营计划；提出分期建设计划，重点提出近期建设计划。

（二）镇域部分规划实施

1.多规融合思路

运用 GIS 平台，以城乡总体规划为基础搭建规划框架，通过与社会经济发展规划、产业发展规划、土地利用总体规划、城市设计、运营规划的融合，强化空间、产业、运营方面的内容，新增设计方面的内容，形成以空间、产业为主，以设计、运营为辅的四大板块规划实施内容。

2.技术平台搭建

以 GIS 平台统一各类空间规划的坐标系、制图平台以及用地分类方式，通过智慧化管理平台的接入，导入重大项目的动态管理系统，形成多规合一信息处理平台。详见图 2-5-5。

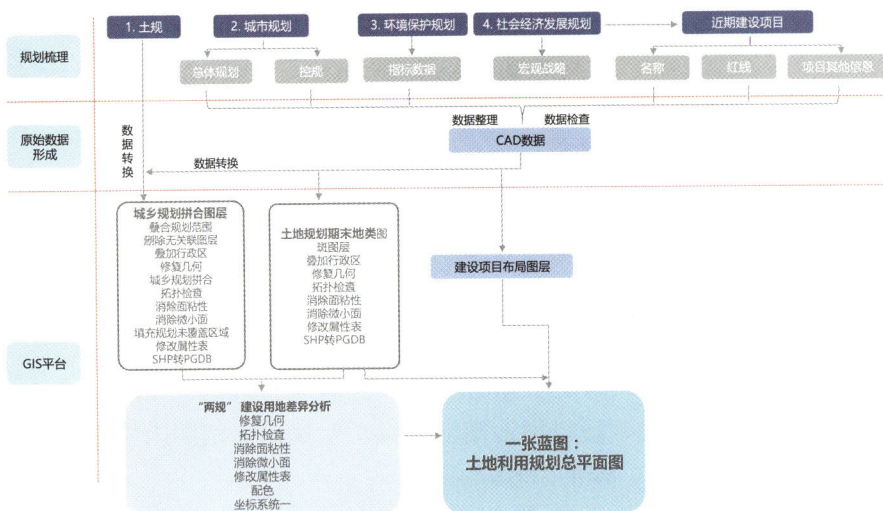

图 2-5-5 "多规合一"信息处理平台

3.产业规划

（1）融合概述。在城市总体规划的产业规划基础上，融合偏政府政策的社会经济发展规划和偏策划的产业发展规划，形成产业规划板块。

（2）各类规划产业部分核心内容。社会经济发展规划的性质为政府政策，具有一定的法律效应，是政府的工作计划，其核心内容在于经济预测、经济和社会发展战略、重大产业政策、生产力布局、国土整治和重点建设，其落脚点在规划项目库；产业发展规划的编制主体丰富，并不具有法律效应，只是作为政府和企业决策的参考，其核心内容在于主导产业确定、产业体系构建、重点产业项目策划等内容；城乡总体规划的产业规划部分主要为镇域产业结构、空间功能分区、产业用地规模与分布等内容。

（3）小镇"多规合一"产业规划主要内容。在城乡总体规划的产业规划基础上，增加产业政策、重点产业项目策划及布局，强化产业定位、产业发展思路、产业布局等，形成以下主要内容：

镇域层面：资源分析、产业现状分析、产业定位、产业发展战略、重大项目策划、重大项目布局、产业服务设施规划。

核心区层面：核心区功能定位（产业层面）、业态规划、项目策划及布局。

4.空间规划

（1）融合概述。在城市总体规划的空间规划基础上，融合国土部分的土地利用总体规划和环保部门的环境保护规划，形成空间规划板块，突出特色小城镇的"功能特色"。

（2）各类规划空间部分核心内容。城乡总体规划空间部分核心内容在于确定人口与用地规模，确定各类用地标准、土地利用规划、综合交通规划；土地利用规划空间部分核心内容在于自上而下的用地指标控制，是在指标确定的情况下对现有用地结构进行优化；环境保护规划空间部分内容主要为限制性规划，重点在与各类用地红线的控制。

（3）各类空间规划主要分歧。在规划思路上，城乡总体规划为发展型规划，其出发点在于未来城市发展的理想状态；土地利用总体规划和环境保护规划为限定型规划，其出发点分别为用地指标控制和生态红线控制。

在用地规模上，城乡总体规划通过人口的增长确定用地的增长，而土地利用总体规划的用地规模在于自上而下的用地指标划拨，通常城乡总体规划的用地规模大于土地利用总体规划。

在用地分类上，两者分别以国家规划部门和国家土地部门发布的用地分类标准为指导，相互交叉、自成体系，难以统一。

（4）空间差异处理。在建立统一的信息处理平台基础上，通过对目标、用地规模、空间结构、用地布局等内容进行对比，在统一城市发展目标基础上，通过重点发展空间、战略储备空间、用地布局优化等方式最大程度地消除用地差异化。详见图 2-5-6。

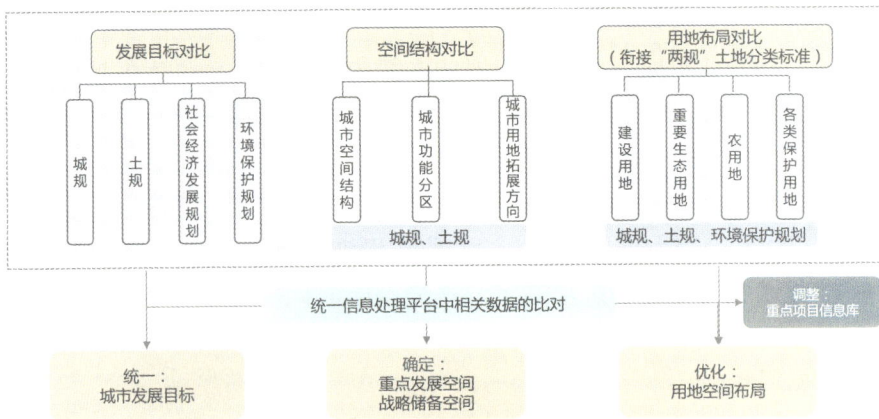

图 2-5-6　核心法定规划的差异处理

（5）用地标准差异处理。整合城乡用地分类标准和土地利用规划用地分类标准，建立小镇多规合一用地分类体系。详见图 2-5-7。

（6）小镇"多规合一"空间规划主要内容。在环境保护规划确定的各种生态红线范围内，将城乡总体规划和土地利用总体规划的用地方案整合，形成小镇空间规划主要内容：镇域层面为镇域土地利用规划、镇域综合交通规划、镇域重大基础设施规划；核心区层面为总平面规划、交通规划、各类设施规划。

5. 城市设计

（1）融合概述。在城市总体规划的基础上，增加城市设计的相关内容，

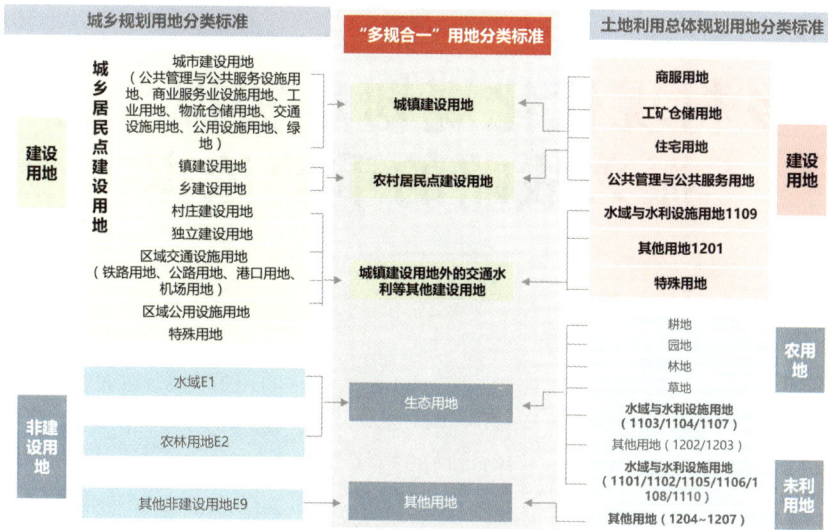

图 2-5-7 "多规合一"用地分类标准

提炼小镇文化特色素材，通过路径、边界、区域、节点、地标五要素的设计，强化核心区的风貌特色，突出小镇的"形态特色"。

（2）小镇"多规合一"城市设计主要内容。核心在于三类要素的设计：空间要素，确定高度、空间骨架、空间单元、空间节点、界面、路径等内容的控制原则；环境要素，确定绿化配置、广告标识、雕塑小品、灯光灯具、场地形式等环境设施的控制原则；建筑要素，确定建筑的主要轴线和景观朝向、形体、色彩、材料、照明等内容的控制原则。

6. 运营策划

（1）融合概述。在城市总体规划的基础上，强化运营策划内容，通过运营模式的构建和投入产出测算，强化产业和用地规划的可实施性，突出特色小城镇的"机制特色"。

（2）小镇"多规合一"运营策划主要内容。核心内容在于运营模式的构建和投入产出测算：

运营模式构建包括项目动态管理平台的构建以及各类项目运营模式、商业盈利模式、投融资方案的设计与安排。

投入产出测算包括项目规模及投资测算，以及分期投资计划、各类收益计算、投资回报率计算。

乡村现代化规划是实现乡村振兴战略的重要依据

农业农村农民问题是关系国计民生的根本性问题，党的十九大报告提出要实施乡村振兴战略，并庄严地写入了党章，为新时代农业农村改革发展指明了方向、明确了重点。这是解决好中国特色社会主义新时代"三农"问题的重大战略，也是解决新时代社会主要矛盾的重大举措。

乡村振兴战略就是要坚持农业农村优先发展，进一步理顺工农、城乡关系，在要素配置上优先满足，在资源条件上优先保障，在公共服务上优先安排，加快农业农村经济发展，加快补齐农村公共服务、基础设施和信息流通等方面短板，显著缩小城乡差距。实施乡村振兴战略要按照产业兴旺、生态宜居、乡风文明、治理有效、生活富裕的总要求，建立健全城乡融合发展体制机制和政策体系，加快推进农业农村现代化。

乡村现代化是一项系统工程，涉及乡村经济、政治、文化等各个方面的现代化。要实现乡村现代化，首先要有先进的规划理念。乡村现代化规划需要以新的规划体系为指导，可以借鉴城市规划的经验、理论，但不能套用城镇规划规范。

一、什么是乡村现代化？

小城镇作为乡村的政治、经济、文化中心，是连接城市与乡村的桥梁，是乡村对外开放的窗口。那么，小城镇镇域内乡村从宏观和微观上看，其规划和建设管理达到什么水平，乡村建设进行到什么阶段，才能称得上乡村现代化呢？

1. 乡村生产力高效化

先进生产力，不仅反映在产品数量与质量的提高，还表现在高度发达的社会分工与协作，乡村产业结构合理化、高级化，以及对周围地区的辐射力与吸引力。

2. 乡村基础设施与公共服务设施现代化

基础设施与公共服务设施是现代化不可缺少的重要条件。乡村基础设施与公共服务设施建设应升级为现代化城市标准，包括便捷的交通、通讯，水、电、气的充足供应，完善的住宅、医疗、文体设施以及污水、垃圾处理等。

3. 乡村生态环境优质化

污染得到防治，绿化面积有保障，生态系统保持良性循环，乡村居民生活在一个清洁、优美、舒适、宁静和无害于健康的空间环境。

4. 乡村管理工作高水平化

乡村现代化不可缺少高水平的科学管理，要求政府拥有高效率的行政机构、高水平的管理手段、高层次的公众参与，以及科学决策系统和民主监督方式。乡村规划建设、社会服务、剩余劳动力再就业、治安、防灾、市政管理等各项管理工作井然有序，并逐步实现现代化管理。

5. 乡村精神文明高尚化

人民有信仰，民族有希望，国家有力量。实现乡村现代化、乡村振兴战略，就是要实现乡村物质、管理和精神生活的现代化。

6. 乡村居民生活社会化

乡村居民生活的高度社会化也是乡村现代化的重要内容，第三产业在整个社会生产结构中的比重愈高，乡村现代化水平也愈高。这样，可以在同等条件下大量节约人力、物力、资源，减少能耗、物耗，提高劳动生产率，提高城市生活环境的质量，同样也推动乡村现代化水平的提高。

二、如何实现乡村现代化

乡村发展不仅承担着改善乡村生产生活条件、提高村民生活福利水平的责任，也涵盖着国家在处理城乡关系、解决"三农"问题和乡村振兴等方面的政策内容。我们认为实现乡村现代化的规划有五部曲：

（一）科学合理的乡村土地利用规划，是乡村现代化规划的重要依据和基本手段

土地是农业增效、乡村稳定、农民增收最基础的生产资料。传统乡村用地布局散乱、粗放利用严重，编制村土地利用规划，可以将乡村土地的用途明晰、重点突出，将上级规划确定的控制指标、规模和布局安排落实到地块，同时对耕地和基本农田实行严格保护，促进节约集约用地，打通土地管理的"最后一公里"。

1. 要强化衔接，实现"多规合一"

纵向衔接要落实乡(镇)土地利用规划确定的各类土地利用控制指标，划定耕地保护红线和永久基本农田，强化对乡村建设用地规模、布局和时序的管控；横向对接要以土地利用为"底盘"，统筹考虑村庄建设、产业发展、基础设施建设、生态保护等用地需求，实现乡村发展"一本规划、一张蓝图"。

2. 编制体现政策组合的规划

要统筹考虑落实各类涉农和国土资源政策，明确土地整理复垦开发项目区、高标准农田建设区、增减挂钩项目区、工矿废弃地复垦利用项目区等范围。

3. 合理布局各类用地，尽量做到生活生产相对分离

在控制乡村建设用地总量、不占用永久基本农田的前提下，加大盘活乡村存量建设用地力度。

生活区各类用地宜相对集中布置，重点增加乡村文化设施用地、商业服务业设施用地、公园绿地和广场用地、乡村休闲旅游及养老等产业用地，以及三产融合发展用地，以增加乡村居民公共活动空间。

生产区中一类工业用地可布置在居住用地或公共设施用地附近，二、三类工业用地应布置在常年最小风向频率的上风侧及河流下游，并应符合现行国家标准《村镇规划卫生标准》（GB 18055—2000）的有关规定。农业生产及其服务设施用地的选址和布置，应方便作业、运输和管理；养殖类的生产厂（场）等的选址应满足卫生和防疫要求，布置在村庄常年盛行风向的侧风位和通风、排水条件良好的地段；仓库及堆场用地的选址和布置，宜设在村庄边缘交通方便的地段。

（二）创新的乡村产业新业态，是乡村现代化规划的唯一出路

面对工业化冲击，农业萧条、乡村"空心化""老龄化"现象普遍和突出……逐渐凋敝和衰落的乡村，让乡愁无处可寄。如何盘活乡村本土资源，最终成功实现乡村产业转型？

1. 地方活化，盘点乡村自身资源

以传统为本，充分调动当地居民的积极性，由居民选择能体现当地优势、又有市场需求的产品进行开发，比如农作物、手工艺品、文化活动、地方传统节日等。产品应以主流消费人群为开发对象，通过产品创新、改良与营销，获得市场的认可。

2. 农业现代化，促进三产联动融合

以农业为基本依托，以新型经营主体为引领，以利益联结为纽带，通过产业联动、要素集聚、技术渗透、体制创新等方式，将资本、技术以及资源要素进行跨界集约化配置，使农业生产、农产品加工和销售、餐饮、休闲以及其他服务业有机地整合在一起，使得乡村第一、二、三产业之间紧密相连、协同发展，最终实现农业产业链延伸、产业范围扩展和农民增收。

现代农业与二、三产业融合发展有四种形式。一是农业内部产业重组型融合，即引入历史、文化、民族以及现代元素，对传统农业种养殖方式、村庄生活设施面貌等进行特色化改造，鼓励发展多种形式的创意农业、景观农业、休闲农业、农业文化主题公园、农家乐、特色旅游村镇。

二是农业产业链延伸型融合，即一些涉农经营组织，以农业为中心向前向后延伸，利用生物技术、农业设施装备技术与信息技术相融合的特点，发展现代生物农业、设施农业、工厂化农业，将农产品加工、销售与农产品生产连接起来。三是农业与其他产业交叉型融合形成产业新业态，探索"现代农业＋互联网"的业态形式，构建依托互联网的新型农业生产经营体系，促进智能化农业、精准农业的发展；发展"现代农业＋文化"、旅游及城市养老等多元产业，使农业从过去只卖产品转化到还卖风景、观赏，卖感受、参与，卖绿色、健康。四是先进要素技术对农业的渗透型融合，在"互联网＋"下，实现农业在线化、数据化。生产经营做到在线监控管理，农产品实现线上预定、结算，线下交易、销售（O2O）。支持新型经营主体和农民利用"互联网＋"、金融创新建立利益共同体，最终实现创收增收。

（三）完善高效的乡村公共服务和基础设施，是乡村现代化规划的基础保障

1. 乡村公共服务

按政府主导、多方参与的思路，进一步加大政府提供乡村基本公共服务的力度，把乡村公共服务和社会管理分为文体、教育、医疗卫生、就业和社会保障、乡村基础设施和环境建设、农业生产服务、社会管理等七个类别，形成具体内容，并划分为政府、村自治组织、市场等三个供给主体，同时明确组织实施办法。

针对乡村公共服务受益的地域性和特殊性，结合不同类别村的人口规模和经济条件，按照统筹推进"三个集中"的原则，以节约资源、信息共享为重点，整合村级公共服务和社会管理场所、设施等资源，统一规划，优化功能、集中投入，统筹建设政务服务中心、村级活动中心等公共服务平台，实行基础设施和公共服务设施的合理布局，全面覆盖，并逐步形成一套适应乡村居民生产生活方式转变要求、城乡一体的基本公共服务和社会管理标准体系。

2. 乡村基础设施建设

大致可分为"生产、生活、生态"三类，其中，"生产"类基础设施建设以农田水利设施为代表，根据农业发展需求，加大资金投入，逐步实现农业产业化标准。"生活"类基础设施建设以交通、电力、生活污水收集管网、污水处理设施、无害化卫生厕所改造建设等生活配套设施为主，既要考虑乡村居民生产生活的实际需要，还要根据产业融合发展等要素规模配置基础设施资源。"生态"类基础设施建设，要全面推进乡村清洁工程、污水治理工程，建立健全乡村居民自我管理机制、清扫清运机制、经费保障机制等长效机制，切实改善乡村人居环境。

（四）生态宜居的乡村环境，是乡村现代化规划的形象标志

党的十九大报告提出："建设生态文明是中华民族永续发展的千年大计。"乡村振兴战略用"生态宜居"替代"村容整洁"，是乡村建设理念的升华，是一种质的提升。

生态宜居要更新生态环境观念，注重乡村的可持续发展，把农耕文明的精华和现代文明有机结合起来，使传统村落、自然风貌、文化保护和生态宜居诸多因素有机结合在一起，实施"大生态"跨越工程，以乡村环境综合整治为外在形象建设抓手，具体规划建议如下：

1. 生态建设指标要达标

乡村生活污水处理覆盖率达到80%以上，垃圾清运率和处置率达到90%以上，畜禽粪便基本实现资源化利用，配套粪污处理设施达100%，农作物秸秆综合利用率达到85%以上，农膜回收率达到80%以上，公厕普及率达到100%等。

2. 推广农牧结合生态养殖模式

以规模化、生态化为方向，建设规模化生态畜禽养殖场、养殖小区，推进畜禽养殖区和居民生活区科学分离，促进畜禽粪污从点上污染向集中治理转变，提高资源化利用水平；积极开发生物质能资源，培育以农作物秸秆为主要原料的生物质燃料、肥料、饲料等生物质能产业；以保护水域生态环境、修复水域水质为目的，认真执行环保和渔业法律法规。

3. 实施乡村环境美化

加强村旁、宅旁、水旁、路旁、院内以及闲置地块的绿化美化工作，推进道路林荫化、乡村特色风貌园林化、庭院花果化，加强乡村建筑设计民族化、时代化，打造人与自然和谐相处的生态环境。

4. 推广清洁能源

推进"减煤换煤、清洁空气"行动，推广使用电能、太阳能、沼气、天然气等清洁能源，逐步减少煤、木柴、秸秆、畜禽粪便燃烧对环境造成的污染。

5. 开展文明乡（镇）、文明村创建活动

通过开展"乡村星级文明户评选""村民形象评议"等主题活动，培育和践行社会主义核心价值观，努力提升乡村居民文明卫生意识。积极倡导健康、文明、科学的生活方式，弘扬传统美德，营造乡风文明。

（五）高水平的乡村管理机制，是城市现代化规划的有机保障

改革开放以来，乡村治理机制在改革中不断完善。党的十九大报告提出："加强乡村基层基础工作，健全自治、法治、德治相结合的乡村治理体系"。这为乡村治理体系的改革与完善指明了方向。

1. 在法治的框架内创新自治制度

村民自治要有规章制度作为保障，制定村规民约是对传统农耕社会制度遗产的扬弃和继承，是成本最低、效率最高的乡村基层制度安排。村民自治也要有组织作为保障，要大力发育多元化的乡村基层社会自治组织，提升乡村弱势群体的社会资本和组织资本。

2. 夯实乡村治理的道德基础

十八届四中全会通过的《中共中央关于全面推进依法治国若干重大问题的决定》提出："坚持依法治国和以德治国相结合。国家和社会治理需要法律和道德共同发挥作用"。有的乡村基层组织在实践探索中提出："德治是基础，法治是保障，自治是目标"。抓德治这个基础，要把

党建摆在首位。抓住了基层党员领导干部这个"关键少数"，就抓住了问题的根本。

党的十九大报告提出，中国特色社会主义进入了新时代。"小康不小康，关键看老乡"。缩小城乡发展差距、工农发展差距和区域发展差距，是解决发展不平衡不充分的方向之一。因此，在乡村现代化建设发展过程中要不断改革和完善，稳中求快，努力把乡村建设搞好，促进乡村经济社会全面发展，实现我国的全面现代化。

特色小城镇建设用地
存在的问题及对策建议

土地是特色小城镇在开发建设过程中不可或缺的要素，只留足城镇发展空间是不够的，要以产业为重点，明确其重点产业和辅助产业的土地需求。为了研究方便，本部分内容根据产业发展逻辑的不同，将特色小城镇较为笼统的划分为产业型和文化旅游型两大类。并结合前两批国家级特色小镇的土地开发利用情况，总结特色小城镇现状开发建设过程中土地配置存在的问题及解决对策。

一、建设用地配置存在的问题

（一）人口与用地指标不匹配，导致土地集约节约程度不高

不同类型的特色小城镇，人口预测指标和方法不同，因子选取各异，所以对用地指标的配置就会有差异。但特色小城镇面临两个明显的特点，东部沿海地区小城镇建成区规模普遍较大，而内陆地区小城镇建成区规模普遍较小。根据中小城市发展战略研究院对首批 127 个国家级特色小镇大数据（5 个数据缺失）分析，人均建设用地面积 243.75 平方米，指标偏高、小镇建设用地粗放、土地集约节约程度不高。即使如此，入选的特色小城镇普遍反应建设用地指标是制约小城镇建设项目发展的最主要问题。

文化旅游型特色小城镇面临的土地问题是总量供给缺失。一般城市土地利用总体规划和城市用地指标中没有旅游性质用地指标配置，按照 2012 年 1 月 1 日起实施的《城市用地分类与规划建设用地标准》，城市建设用地标准要求"用地统计范围与人口统计范围必须一致"，也就是"以

当地人口确定用地指标"。其中人口规模是按照区域常住人口进行统计，没有短期"流动人口"用地配给，造成旅游用地指标从根源上缺失，难以满足旅游业转型升级的要求。在《城市用地分类与规划建设用地标准》中"旅游用地"没有分类，也就没有相应指标的配置，现有旅游用地基本沿袭"工业"项目发展模式，忽略了旅游外向性用地、适度集约用地、普适性用地等特质。

产业型特色小城镇的产业人口数量是基于传统人口规模预测方法来计算的，包括带眷系数法、生产函数法、劳动力需求预测分析法、劳动平衡法等。但是新形势下，传统的产业人口预测会产生很大偏差，造成土地资源配置、基础设施配置、战略决策都会有失误。

（二）新增用地需求大，保障难度较高

特色小城镇建设需要建设用地，但各省份每年大量的用地指标需要投向民生基础设施、重大产业园区等项目，结余指标数量有限，保障特色小城镇建设需求的难度较大，而这些问题都是国家层面的政策控制，各城镇基本上无能为力。国家及各地方对新增建设用地审批权限越来越严格，若出现违反规划、超计划用地，基本农田保护责任、耕地占补平衡任务不落实，土地节约集约利用水平低下等情况，将相应扣减土地利用年度计划中的新增建设用地指标；情节严重的，在整改到位前，将暂停该地区新增建设用地审批。

（三）土地配置结构不合理，规划管控力度不足

文化旅游型特色小城镇，普遍存在建筑密度和容积率较低，公共设施用地配置不完善，绿化用地占比较小等结构不合理、利用效能低下的问题。产业型特色小城镇，存在着"多圈少建、圈而慢建"等现象，其粗放、低效利用土地形式较为严峻。一些特色小城镇不遵照上位规划指导性，盲目要求政府新增建设指标，使得总体规划失去管制作用。

（四）存量用地规模大，但未高效盘活利用

如上所述，新增建设用地指标报批难度大，报批成本越来越高，报批周期较长，涉及征地、拆迁、补偿、安置等一系列问题。而城镇中存在很多闲置土地、废旧用地和工业厂房可以直接盘活利用，但一些特色

小城镇没有合理利用存量资源，导致很多低效土地荒废。

（五）土地供后监管存"盲区"

一些产业型特色小城镇土地出让后，企业仅投资兴建了部分区域，其余部分则闲置或搭盖简易建筑物，这样企业就可以利用土地向银行抵押融资，甚至通过大规模"圈地"，以待城市扩展，工业土地用途变更，实现土地"增值收益"。土地供应后，用的合理不合理，是否达到集约节约要求，国土部门"鞭长莫及"。

（六）土地利用政策针对性弱

国家层面针对特色小城镇建设制定了4条支持政策：一是规范推进城乡建设用地增减挂钩；二是建立城镇低效用地再开发激励机制，允许存量土地使用权人在不违反法律法规、符合相关规划的前提下，按照有关规定经批准后对土地进行再开发；三是因地制宜推进低丘缓坡地开发；四是完善集体建设用地经营权和宅基地使用流转机制。尽管政策发挥了积极有效的作用，但也存在政策普适性较强而针对性不足的问题。

二、特色小城镇土地利用对策建议

（一）土地资源集约节约利用

集中土地有限资源，发挥规模效应，可通过四方面实现土地集约节约利用：

第一，科学合理的人口预测是正确配置产业设施和旅游服务设施的前提，可避免用地规模浪费，另外应积极打造设施资源共建共享。第二，加强用地计划管理和指标控制，可依情况适当提高建筑密度和容积率。第三，发挥地价的调控作用。促进土地集约利用水平的提高，以地价为杠杆，实现对土地经营监管调控。第四，加强对农用耕地的控制力度。建立农用耕地保护区，加大力度建设农田基础设施，治理中、低产量耕地，间接提高土地利用率，从而达到农业生产用地的节约集约利用。

（二）优化配置土地利用空间

土地配置的目的是把一定土地利用方式与土地适宜性、社会经济性进行适当比配，优化是在土地利用现状基础上进行目标优化、结构优化和效益优化。

第一，针对产业型特色小城镇，加强产业与用地的空间协同，打造顺畅的上下游产业链，并在空间上实现科学布局，引导产业集聚、用地集约；产业选择上注重消耗能源较少的项目，纠正工业用地规模过大、产业定位不清晰问题。特别是中西部地区从实际出发，科学推进特色小城镇建设布局，走少而特、少而精、少而专的发展之路，避免过度追求数量目标和投资规模。第二，合理调整建设用地比例结构。控制生产用地、保障生活用地、增加生态用地。

（三）盘活低效闲置建设用地

针对新增建设指标保障性难的问题，全力推动低效用地再开发工作，放宽低效用地盘活政策的管控，提高存量土地利用率，将鸡肋土地变黄金地。目前福建省特色小镇用地政策规定，对工矿厂房、仓储用房进行改建及利用地下空间，提高容积率的，可不再补缴土地价款差额；河南省鼓励社会资本参与镇区废旧厂房改造和荒地、废弃地开发利用以及低效用地再开发；杭州累计15万亩土地新生，变低效用地为双创样板。

（四）严控土地房地产化倾向

严控地产化可采取三方面措施。一是合理控制住宅用地比例，根据常住人口规模和产业就业人口规划的合理预测，确定住宅用地总量，在拿地平衡上，产业用地与住宅用地比例一般可按5:5或者6:4配比来平衡，即从土地供给环节控制房地产过度开发；二是对产业内容、盈利模式和后期运营方案进行重点把关，防止"以产业之名，行地产之实"。除此之外，每个特色小城镇必须详细公开规划信息、招商信息、产业信息、运营信息，以便社会监督；三是有完善的退出机制，定期明察暗访，防止已经获得特色小镇称号的后期转向地产开发。

（五）制定灵活的用地政策

在国家对特色小城镇土地支持政策之外，各地应结合实际现状积极探索土地用地政策，进行灵活创新，加大盘活低效存量建设用地。探索城乡用地增减挂钩和集体土地流转和租赁，鼓励集体建设用地以使用权转让、租赁等方式，有序进行农家乐、牧家乐、家庭旅馆、农庄旅游等开发项目试点。在拿地平衡上，可探索住宅、产业用地捆绑出让。佛山南海作为我国集体用地改革的试验区，在很多实施途径上都可为特色小镇拿地提供借鉴。根据南海"53号文"探索实施的"混合功能出让"的新供地方式，连片的工业区、村集体工业园区可在规划的引领下，允许部分土地在符合环保要求、安全生产要求下，探索商住混合工业的用地功能，即通过住宅用地与产业用地捆绑拿地的方式，来获取住宅用地。

允许通过借用、租用现状空闲土地的形式，拆除部分破旧住宅，打造多处绿地广场。允许部分小镇将开敞空间、绿地广场、非硬化地面的闲置空间等类型用地纳入非建设用地管理，通过建设用地指标腾挪，平衡特色小城镇土地指标。

（六）加强政府土地监督管控

特色小城镇土地开发应坚持规划先行、多规融合，生产、生活、生态"三生融合"。开发建设过程中以镇、村土地利用规划为依据，发挥其引导和管控作用，针对特色小城镇发展建设的5条基本轮廓线，即生态保护红线、基本农田保护红线、小镇开发边界线、建设用地规模控制线和小镇建设用地扩展边界线进行科学的规划管控。政府在规划管控上要适度合理，不能制定所谓行政命令，不能人为确定指标，而是要通过改革来创造权利分配的机会，运用价格机制调控土地。政府督查机构应加强动态巡查，建立集约节约用地责任机制，批前、批中、批后要全面跟踪监督检查，实施全程监管。

第六章　特色小城镇的产业发展

特色小城镇的产业集群化发展路径

特色小城镇的核心在于产业发展，而产业集群是产业发展的基本规律与突出特征。特色小城镇可以看成是在全球产业升级的大背景下对我国产业集群发展做出的新探索。高新技术、文创元素与原有产业的融合，为产业发展带来了变革的机会，这迫使特色小城镇必须从低小散的块状经济向高精尖的产业集群不断提升，并进一步发挥产业集群的效应，在新的产业生态语境下，突破以往产业集群生命周期的宿命，实现特色小城镇从产业培育到产业升级的路径跨越。产业集群的发展背景详见图 2-6-1。

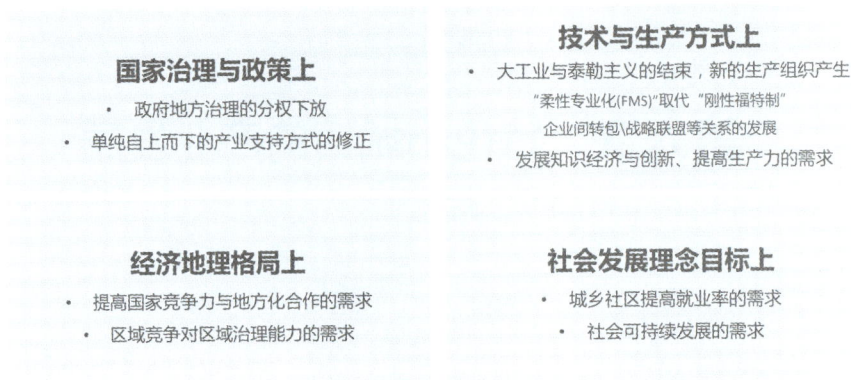

国家治理与政策上
- 政府地方治理的分权下放
- 单纯自上而下的产业支持方式的修正

技术与生产方式上
- 大工业与泰勒主义的结束，新的生产组织产生"柔性专业化(FMS)"取代"刚性福特制"企业间转包\战略联盟等关系的发展
- 发展知识经济与创新、提高生产力的需求

经济地理格局上
- 提高国家竞争力与地方化合作的需求
- 区域竞争对区域治理能力的需求

社会发展理念目标上
- 城乡社区提高就业率的需求
- 社会可持续发展的需求

图 2-6-1　产业集群发展的背景（OECD-DATAR）

一、产业集群生命周期的突破

特定区域内的某一特色产业领域获得全国甚至国际上的竞争优势是

一个高度本土化的过程。产业集群本质上是一群在地理上邻近且相互联系的企业和机构，它们同处或相关于一个特定的产业领域，由于具有共性和互补性而联系在一起。其正向效应有两点：一是通过联系与互动，在区域中产生外部规模经济和范围经济，从而降低成本；二是在相互信任和合作的学习氛围中促进外部创新，形成学习型经济。

产业集群的生长过程不是自然线性的，一般而言产业集群的生命周期包括形成期、成长期、成熟期、衰退期四个阶段。一个经多年发展趋于成熟的产业集群若不及时升级则可能会出现衰退，产业集群可持续发展的唯一选择就是升级。但产业集群的生长过程远比一般生命体的生长过程复杂得多，在生命周期的每一个阶段都可能会出现局部的逆转、停滞、徘徊和跃迁。即产业集群的生命曲线并不都是倒 U 形的，也可能呈现 S 形、阶梯形、螺旋形等形式（详见图 2-6-2）。值得强调的是，产业集群不是一个行为主体，而是多个行为主体的聚合体，且各个行为主体分属不同的组织或层次（详见图 2-6-3）。因此对于产业集群的生命周期研究不仅要关注其成长的动力机制，而且要考虑产业集群的生长环境、产业集群与外部因素的互动、产业集群内部的相互关联关系等方面。

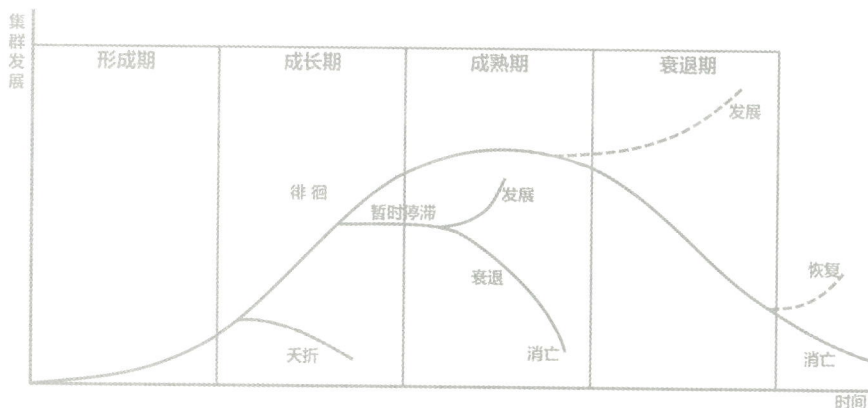

图 2-6-2　产业集群的生命曲线

在产业集群的形成阶段，市场需求较大，企业进入大于退出。政府在政策优惠、完善基础设施等服务和引导方面起到很大的推动作用，产

企业		机构 （一般为非盈利性质）	
生产商 以上产为纽带的上下游	**生产性服务商** 营利机构	**知识机构**	**合作机构** 企业间/产学研间合作
供应商 制造商 用户企业	工商\税务\代理 法律\财会\评估 市调\研究\咨询 广告\销售\公关 培训\认证\招聘	大学科研机构 职业学校 技术创新中心 技术标准机构 质量检测中心	商会\行会 企业家俱乐部 知识产权服务机构 技术转移中心

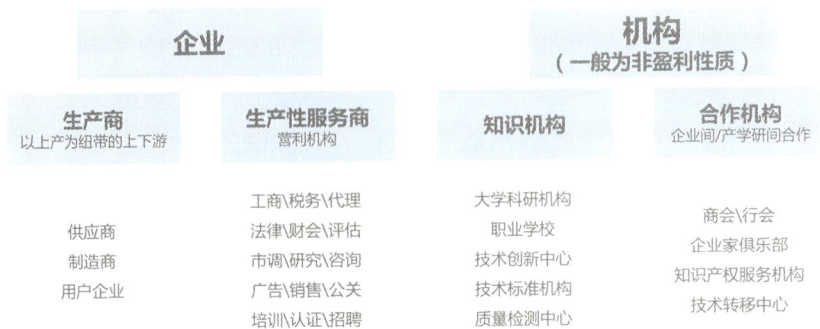

图 2-6-3　产业集群的行为主体

业已经形成集群效应，但尚未形成真正的集群优势。

在产业集群的成长期阶段，出于对降低交易成本和交易风险的要求，集群内专业化分工不断深化，开始裂变出上下游企业。由于这一时期中小企业增长迅速，企业间出现信息不灵、沟通不畅等现象，集群的成本优势开始衰减，企业在人才、技术、资金等方面也遇到了瓶颈。同时，集群内的中介组织开始萌芽，并且日益显示出其在沟通、服务等方面的功能。这一时期，集群内企业一定要摆脱单打独斗的思想。

在产业集群的成熟期阶段，竞争中合作成为集群的发展主题，产业集群的服务支持系统也日趋完善，区域品牌已经形成。但此阶段集群若能有效地融合外界的技术创新成果并使之商业化，则可以升级到一个更高的产业价值链环节或跃迁到另一个产业链条。

在产业集群的衰退期阶段，集群会由于群体思维僵化的路径依赖惯性而难以接受新思想，从而忽视创新的必要性。地方政府的不正当干预也会加剧这一过程。如果集群内企业能够在原有优势基础上，对这些内外不利因素通过集体学习与政府引导加以克服，则集群可以在新的起点上得到持续发展并开始步入新的循环。

二、产业培育思路

在实践中，经济活动中的产业集聚并非是个体企业和消费者的理性决策所导致的，也不是政府投资所能打造的，而是自然发展的地方化过程，是企业互动和知识积累的结果。而地方产业的成长壮大通常是在本地企业集体所构成的创新网络环境中，通过本地企业的跨国生产联系而实现的。在特色小城镇的成长初期，各类产业行为主体都应极力营造一个良好的地方产业生态。

（一）提供必要栖息土壤，营造本地生长环境

产业集群的起源很不确定，当地特色产业的产生与发迹总能追溯到历史上不经意的偶然事件及其之后产生的一连串连锁效应。其犹如一片森林的"第一粒种子"，当某地因某种原因出现了一个关键性企业，带来了商业活动的扩散，便开始有了模仿，继而吸引供应商向该地聚集，从而达到多个企业共栖的局面。地方鼓励创新、相互学习、容忍失败的文化氛围，蕴含出了企业家精神，而通过一些直观的观察不难发现，某些因素的存在，也确实构成了一些地方企业产生与聚集的基础。详见表2-6-1。

表 2-6-1　产业集群的形成基础

四类"第一粒种子"	当地企业得以自然产生与聚集的七个构成因素	
新创的本地民营企业	存在专业化的密集的劳动力市场	拥有良好的政策环境，营商激励政策
外资企业	存在专业市场以及靠近原材料产地	拥有完备且共享的基础设施
迁入的外地企业	存在原料与设备的供应商网络（自有配套率）	拥有优美自然环境（尤其对于高技型与文创型集群）
改制的国有企业	靠近终端消费市场	

当聚集的过程一旦进入自我强化的循环因果积累中，地方经济就可以蓬勃发展起来。行为主体地理邻近对于集群内企业来说可以减少时间、物耗等成本，起到外部经济效应与报酬递增的效果，而邻近的企业也更容易接收足够的订单。在企业自然集聚的过程中，地方产业得以变得专业化，同时企业间的分工也趋于强化。

值得注意的是，本地针对特色产业建立的配套机构、商业文化和区

域品牌既强化了集群的专业化，也会带来依赖单一产业结构的潜在风险。由于认识限制（"近视"）而采取的模仿行为，可能会产生路径依赖。本地第一批企业优秀的实践活动经历选择过程后，新的商业实践（变异）就减少了。人们倾向于因循守旧，采取惯性的行动，这就限制了知识的获取范围，结果就难以进行调整应对变化。

（二）根植本地历史文化，嵌入本地社会网络

"根植"表现在乡土性与扎根性两方面。乡土性即大多数产业集群从生长环境、经营者和雇员、资源、管理制度等都立足于本地，生长在本地土壤的产业集群及其企业无不具有浓厚的乡土气息。扎根性是指每个地方或群体所具备的独特社会资本具有较强的非移植性。根植在本地共同文化，通过上下代际传递，渗透于每个人的血液之中，而在特定区域中看起来很丰富的技能，在世界市场上可能是稀缺的。这种地方特有的智力资源（即专业技艺和知识）连带当地的创新性文化一起为当地的每个劳动者所共享，形成集群性学习的动态积累过程。当这种独特的社会资本被集群内企业利用创造出显著价值时，群内企业在某种程度上就拥有了社会竞争力。作为特色小城镇要深度挖掘特色产业的历史人文内涵，将特色产业的培育发展建立到区域历史人文之中。

社会资本在区域网络中的嵌入是产业集群形成的基本原因，又是产业集群的优势之源。产业集群的社会网络形成是基于资源的互惠交换、提高企业内部效率与减少外部环境的不确定性等目的而建立的。当社会网络被加以工具性的利用并产生各种价值，社会网络就被资本化而形成社会资本。人们的经济行为嵌入社会网络的信任结构之中，而信任是集群创新、分工协作的主要协调基质。集群内许多经济交易更倾向于发生在相关社会网络成员之间，而较少发生于陌生人之间，从而大大降低了合同谈判成本和执行成本以及技术服务成本。

产自民间的制度创新也同样源自集群的内生因素与社会网络。集群的产业生态系统的活力和可持续性发展的能力都取决于其内部能否形成创新为主的产业生态位，特别是在外部市场环境发生显著变化的情况下，产业生态位决定了区域产业能否通过"应激反应"，根据全球科技经济发展趋势找准特色产业的方向，根据区域经济发展趋势和转型升级需求

明确特色产业的定位。有效调整对外部市场的适应性，从而为进一步提升有效供给能力提供要素、制度、技术等多重保障。特色小城镇的建设有利于优化这种区域产业生态系统。

从社会网络的联系程度划分，可分为强、弱两种。不同强、弱联系结合的网络结构适合具有不同创新幅度的集群网络。因此要根据集群的特点，寻找社会网络中强联系与弱联系之间的平衡。详见表 2-6-2。

表 2-6-2　集群内的两类社会网络关系

	强关系	弱关系
互动频率	高	低
集群治理中的作用	增进集群信任，提高信息传播效率	扩大集群规模，增大信息传播数量
适合传递的知识类型	隐性知识	显性知识
适合集群网络类型	不确定性大、技术更新快、风险较大	市场成熟、技术稳定、风险较小

值得注意的是，如果区域的文化特质缺乏及时更新、区域关系结构失衡时，"嵌入"的影响反而是负面的。比如太密切的、太排外的、太僵化的集群，其社会资本会限制网络的开放性。在这种局面中，嵌入性会束缚战略的及时转变，会导致区域学习的失败、交易的低效以及创新能力的退化，集群对外界变化反应的灵敏度下降，这对于集群的长期竞争力是不利的。同时"过度嵌入"同样会导致集群网络僵化，从而促使其走向衰落。因此，嵌入性均衡是开放条件下集群网络构建的基本原则。

（三）强化主体内部联系，提高机体运行效率

信任合作与学习创新的效应并不会在集群中必然产生。研究发现，集群内的行为主体之间贸易与非贸易的相互依赖已超越了地方自然禀赋，而成为决定区域产业活力的关键。行为主体间通过产业联系而相互依存，这包括上—下游联系、产—供—销联系、产—学—研联系等。详见表 2-6-3。

表 2-6-3　产业联系方式

联系类型	上—下游联系	产—供—销联系、产—学—研联系
联系方向	垂直向联系	水平向联系
关系类型	投入与产出	产品与服务

　　集群内企业的良性竞合需要第三方机构的牵线搭桥。集群内行为主体之间的互动来自于彼此间的信任和尊敬，这需要企业、政府、第三方机构等多主体发挥协同效应。在集群的微观尺度中，处于同一行业中的企业面对同样的市场和资源所形成的竞争，往往会变得激化。所以在没有政府推动和第三方机构（协会、企业家俱乐部、律师事务所）协调的条件下，企业之间自觉的合作和互动一般是不现实的。借助这种协调与推动，企业之间达成一种相互作用与影响的良性竞合状态。在这种商业环境中，集群通过内部相互适应与多方选择，最终留住有价值的客户。

　　集群内企业的技术创新是高度互动交流与合作的过程。企业之间的合作与知识交流，包括正式与非正式、编码类知识和隐含性知识，尤其要重视隐性知识与非正式交流的作用。隐性经验类知识的传播通常需要面对面交流的场合，而当代研究和开发新产品往往不是通过正式的合同，而是一些默契的技术转移与耳濡目染的知识交流。所以，政府与第三方机构要充分利用地理邻近的优势创造这种机会，加强现有企业间的相互协作支持，提供一个对话协商的平台，这包括：建立信息通讯平台（数据库、企业访谈、企业名录、期刊）；举办培训与论坛（专业技术会、趋势分析会）；资助合作项目（新产品和新技术、新生产制程）等。当厂商与专业人员在商品交易会、展示会、专业讨论会上把最新、最先进的成果产品展示出来，包括竞争对手在内的同行、客户以及供应商都会来评价或学习。与会者通过展会能识别市场前沿，并根据自身特点精准制定出未来发展规划。除此之外，相关主体之间切实的合作行动（合作创新、合作设计、合作创造、合作营销等）更是一个加速积累经验、提高集体效率与促进技术创新的过程。通过这种合作行动，集群内会培养起自身独特创新与合作的产业文化，构成集群得以成长的内生力量。

　　集群内企业的合作会让更多的价值创造留在本地。借助专业化技术革新的趋势，很多大公司会基于部门精简的考虑，把价值活动的一部分分包给其他企业，大量小型专业化公司即随之诞生，在这种情况下，参与大企业的劳动分工为创业创造了机会。新企业的衍生是区域发展的重要标志，而小企业的繁衍加速了人才流动，为集群带来了活力。而中小企业的迅速成长，更会促进创新型大企业的发育。随着社会分工不断深化，地方各公司之间的合作不断增强，会使本地生产环节获得更多价值增值。许多地区通过自觉不自觉地，依靠中小企业发展产业集群，在激烈竞争的国际市场上找到了自身的定位，获得可观的市场份额。

值得注意的是，人才（尤其是大企业人才）的过分流动可能不利于企业内部的研发创新与技术积累。而有研究表明，无论是蓝领还是白领的工人工资都明显与区域内技术创新活动呈正相关。所以，过高的区域流动率不仅会影响区域内行业的技术研发水平，也会影响区域内行业的工资竞争力，因为这二者也是循环因果积累的结果。

（四）积极寻求外部联系，主动融入全球网络

在全球化的今天，地方的产业集聚不仅是依托于局部市场的某个区位共栖，而是与更广大的国际贸易体系紧密相关。一些地方的中小企业之所以能够应对挑战，往往是因为它们加入了全球生产系统。

产业集群应该是对外部世界开放的系统，地方的开放性是成功的关键。一方面，跨国公司通过直接或间接投资到发展中国家的某地，会形成本地化的产业联系，从而诱发地方产业集群的产生。另一方面，跨国公司的对外直接投资越来越多地选择在东道国所存在的专业化集群里，而国内强大的专业化城镇越来越成为全球最适合下订单的地方。全球生产的片断化加速了知识分解与创新扩散，这对后进国家的产业发展无疑是个机会。从企业角度来说，在其最初的发展阶段，地方企业家的成功往往取决于企业进入外部市场和吸引区外专业技能的能力。而 FDI（外国直接投资）企业对本地企业很可能会产生很大的溢出效应，成为本地企业成长的催化剂。如在服装、家具制造领域，企业通过离岸外包接触异域的文化风格和时尚趋势。在动画外包领域，国内的动画制作公司会在与外国企业的交流合作中，学习到市场运作的经验。而在高新技术产业领域，外资企业通常选择具有市场开拓能力的本地企业进行代理销售上

的合作，而另一些本地企业凭借着对本地情况的了解和掌握，获得了匹配本地市场的产品与技术应用的开发机会。

FDI 企业对于本地企业而言，竞争与合作是并存的。一方面，FDI 企业的空降意味着增加了强大的竞争对手，在集群内部产生"鲶鱼效应"，很多企业可能在 FDI 的压力下，变得强壮而敏捷，如早年个别地方政府的"以民引外，民外合璧"策略。而另一方面，FDI 企业也意味着新的合作伙伴。FDI 企业通过合资合作等形式进入，能够有效地弥补本地企业融资渠道的不足与技术、营销人才匮乏等缺陷，以及获得外资企业技术的转让与企业管理的经验。详见表 2-6-4。

表 2-6-4　FDI 企业发生技术外溢的几种情况

FDI 企业发生技术外溢的几种情况		
示范和模仿	人员流动	企业上下游联系
市场竞争促进	通过出口获得国际市场能力	

值得注意的是，过分偏重于全球联系而轻视本地联系，会弱化本地的联系网络，从而危害产业集群发展。一是外资依赖会与本地企业争夺资源，抬升本地企业的经营成本，引起"挤出效应"，同时挤占本地企业的市场空间，引起"市场窃取效应"，随着外资逐步垄断市场，则势必会极大阻碍本地企业技术进步，最终也会伤害到本地消费者的利益。二是外资企业若通过"进攻性"的合作方式获取了本地企业的控制权（尤其是龙头企业的核心部分、核心技术以及高价值链环节），集群发展将面临极大风险。三是长期过分依赖出口，会使其发展受制于目标市场的波动程度，其发展对本地经济社会转型的贡献也是非常有限的。四是以对外代理销售为主要合作方式的本地企业，由于早期快速的业绩增长，很可能会长期疏忽自足研发的投入，而跨国公司在东道国设置研发平台如同"飞地"，其与本地企业的合作也非常有限，一旦地方比较优势失去，恐其存在随时转移的风险。为避免发生这种情况，这类特色小城镇的规划要特别重视营造有利于技术转移和技术创新的良好制度环境。

三、产业升级策略

产业集群升级本质是"在增大集群外部性过程的基础上，把产业做精做强"。但是面对近年来出现的成本上升、增长动力减退、机体运行低效、外部竞争出现以及外部需求疲软等各类压力挑战，小镇所在的特色产业集群如何实现转身，已成为当今特色小城镇所关注的重点。

（一）内外竞争压力下的价值链升级策略

在经济全球化背景下，经济要素的流动性加速了产品价值创造环节的空间分离与重组，从而形成全球价值链。由于竞争者多、可替代程度高、资本的流动性强、劳动力市场灵活性大等因素，长期以来发展中国家的供应商被锁定在价值链的底端，话语权很弱。面对内外竞争的压力，企业必须不断学习而得到提升，通过更大附加值的获得，而取得更有利的位置。

价值链的推动力可分为生产者主导型和采购商主导型。生产商主导型是由生产性投资来推动市场需求，形成地方生产供应链分工体系。投资者可能是跨国公司或是所在地政府。采购商主导型是拥有强大的品牌优势和销售渠道的大型企业组织起来的商品流通网络。详见表2-6-5。

表2-6-5　全球价值链网络的两种主导类型

	生产商主导型	采购商主导型
所在领域	资本密集型产业、技术密集型产业	劳动密集型产业、资源密集型产业
网络构建方式	主导企业把利润附加值较低的环节转移出去	大型零售商、经销商和品牌商在欠发达地区或出口国家建立生产网络
网络组织方式	转包合同	全球采购和OEM（代工贴牌）
网络控制方式	规模经济与技术壁垒	拥有独立自主权
网络结构	垂直	水平
利润增长点	产量规模、技术专利获得与组织变革	标准升级与品牌营销

产业集聚并不具有自强化性，只有不断沿着全球价值链升级，才能保持其优势与活力。全球价值链升级的四个方式包括：工艺流程升级、产品升级、功能升级、跨产业升级。根据国际上的经验，产业价值链升级会从劳动密集型向资本密集型与技术密集型跃迁，依次会经过"工艺流程升级—产品升级—功能升级—跨产业升级"的路径，而企业会沿着"OEM（贴牌生产）—ODM（自主设计生产）—OBM（自主品牌生产）"的线路升级。详见表2-6-6。

表2-6-6　全球价值链升级的实践形式

升级途径	着重方向	实践形式
工艺流程升级	提高效率	通过引进新工艺、改变生产设备布局，从而降低成本
产品升级	产品性能提升	提高产品质量和功能，扩大产品宽度
功能升级	获得更高附加值	通过简单的生产功能过渡到设计、市场、品牌、研发等
跨产业升级	资源新用途	通过一种产业材料、技术、知识作用于其他产业

如在产品升级方面，通过以设计驱动发展的战略，将创意设计理念引入其中、同时注入本地元素，在功能属性的基础上融入审美属性，将产品由必需品向时尚品转变。在功能升级方面，在向系统集成商转变的过程中，实现经营流程和信息系统的融合及连续性，在所有参与者之间进行更好的全球化沟通、获得新技术以及更好地服务顾客，同时，通过技术壁垒控制全球生产，延长技术的应用周期，从而提高了产业的集中度。在跨产业升级方面，充分发挥小城镇主导产业与周边产业联动效应，加强与高端产业的对接。

（二）低效同质困境下的创新升级策略

工业化把生产成本迅速降下来的同时，也把更多的产业推向了同质化，当产品越来越像的时候，生产的利润也越来越薄。而随着知识经济的兴起，产业发展动力正逐渐由规模驱动转向创新驱动、特色驱动。企业是自主创新的主体，无论是原始创新、集成创新还是模仿创新，都需要创新集群的环境。"大众创业，万众创新"战略正在昭示一个前所未有的新现象——创新的"星星之火"逐渐呈现层级下沉、空间离散的趋势特征。

从创新动因来看多个企业是否有集聚性，关键在于企业集成网络后公共知识网络的知识产出率和知识溢出水平的关系。由于创新的高投入、高风险和不确定性的特征，集体学习与合作创新已成为一个重要的发展趋势。尤其对于后进国家来说，其特定产业能否不断升级不单取决于本土企业的技术学习和吸收能力，而更加取决于企业的学习速度，以及地方产业集群的网络协力及合作行动。集体学习加速了区域创新过程中知识流动和转化。而合作创新有利于资源在不同的主体间实现资源共享、信息共享，从而优化资源配置，节省信息的收集成本，降低创新风险，通过多方面合作提高创新速度，缩短研发周期，提高了集群的竞争力。所以一个开放的创新集群是企业（尤其是中小企业）面对外部不确定变化所必有的环境条件。

创新是把生产要素与生产条件重新进行组合并引入生产体系，而建立新的生产函数，以获得潜在利润（详见表2-6-7）。如工艺创新方面，在传统制造业领域引入"大规模定制"的生产范式，利用模块化的机器方式将区域内的各专业企业组织成适应性与灵活性强的生产体系。根据客户的不同需求组合成不同的产品，以应对需求的不确定性，并达到个性化与规模量产之间的平衡，为传统产业的产区复兴提供了契机。又如文化创意产业，通过在创意社区内部采取各种工作与合作方式的创新，在创意生产中起到了灵活组织、分摊风险、降低成本的效果。详见表2-6-8。

表2-6-7　创新与生产要素的组合方式

创新与生产要素组合方式	说明
产品创新	引进消费者不熟悉的新产品，或与过去有本质区别的新产品
工艺创新	采用一种产业部门从未使用过的方法进行生产与经营

续表

创新与生产要素组合方式	说明
市场创新	开辟有关国家或某一特定产业部门以前尚未进入的市场，不管这个市场以前是否存在
资源创新	获得一种原材料火爆成品的新供给来源，不管这种资源是应经存在的，还是首次创造出来的
管理创新	实行新的企业组织形式，建立或打破某种垄断

表2-6-8　文化创意产业常见的创意生产组织方式

工作与合作方式	说明
项目合约制	围绕临时或短期项目，通过网络化方式，组织"创意社区"中成员开展创作，完成整个制作过程
工作室团队制	以任务为导向拥有个人化特质的小型团队
共生联盟制	技术上相互互补的小型团队，组成的长期合作网络
多层次互补共生制	拥有媒体资源的大公司与中小型的内容供应公司形成不定期的多层级合约合作
反哺原创制	公司内部通过以原创艺术性项目拿奖、商业化（延伸）项目赚钱的方式运作，来兼顾长期盈利与IP创造
营销制作相分离制	侧重创意管理的制作企业（或小企业联盟）与擅长营销大型制片商相合作

创新离不开产一学一研之间的合作，通过行之有效的措施，可以帮助集群内三方的创新活动密切且有序地开展，可以从以下几点进行实施：一是完善知识产权制度，保护研发创新的积极性，还要通过灵活的机制和有效的政策促进发明专利与知识产权的转让。二是企业与大学及科研院所建立紧密的互动联系，如在设备方面提供实验室，开展试验检测与认证服务，助力中小型企业产品开发；又如在知识网络方面建立联合研究中心，促进研究成果的产业化转化。三是大学与企业之间合作共建研学基地，让学校在小镇内落户扎根，企业方为大学在校生提供更多的实习机会，学校方在基地通过有效的信息收集，来对教学和科研进行有的

放矢的指导，让研发活动与终端市场需求（需求方向、需求程度）结合。四是通过开发大赛、设计大赛、技能比武等方式，为校企间搭建对接优秀人才的"临时平台"。五是院校通过与集群企业联盟的对接，为在校创业者提供可靠的导师支持。

学科（或产业）之间的相互学习与交流促进也蕴藏着大量的创新机会，学科（或产业）之间持续加速碰撞并不断跨界创新。以信息技术代表的高新技术与其他领域之间渗透融合，为创新带来了丰富的想象。首先，信息技术与其他高新技术融合形成了新的技术。如信息技术与生物与材料产业融合，形成纳米芯片、生物电子等新技术，由此带来了医疗设备产业的一次革新。其次，高新技术向传统产业不断渗透，加速了传统产业的高技术化（主要体现在：促进传统产业的高附加值化，促进传统产业推出新品种和新产业，促进传统产业装备现代化），成为传统产业升级改造的重要因素。如在传统制造业领域，提升改善装备水平，大力实施"机器换人""零地技改"，推广使用 CAD、CAM、CAE 等技术，推动"传统制造"向"智能制造"升级跨越，不断提高企业生产的自动化、集成化、信息化水平，拥抱"工业 4.0"。

除此之外，地方政府还要重视以下三点，一是政府可直接建立或引进创新示范平台，并设立专项研发基金，切实帮助企业解决技术研发的问题。二要促进龙头企业的升级与创新，制定适合他们发展的政策，通过对龙头企业的引导与支持，建立有一定等级存在的有利于集群内企业互动合作的企业网络，鼓励创新型中小企业与大企业在产业共性的环节、流程及服务上开展分工合作，充分发挥其在集群内强大的引领带动作用与技术溢出效应。三是有计划地推进区域教育体系建设，为创新型产业集群源源不断的提供人才支持，积极实施人才战略，建立良性的引才、育才、用才机制，让小镇实现"由物'集'向人'群'"的跨越。

（三）产业转移挑战下的配套升级策略

在开放环境下，地方发展如何做到可持续是当今特色小城镇所必须面临的问题。"沿海地区等产业析出地区如何做好产区升级"与"后进地区如何进行产业招商而承接产业转移"，成为一枚硬币的两面，而其问题的本质就是如何做好地方的生产性服务业。浙江的特色小镇之所以能够稳健发展，就是因为其形成了"小企业、大配套"的市场格局，并较早构建出以消费品市场为中心，专业要素市场为特色，生产资料市场为后续，其他要素市场相配套的商品交易网络。尤其是以结算经济为核心牵引整个产业体系。

自信息社会以来，服务经济已经成为工业生产与信息技术融合的标志性经济结构。而生产性服务业（尤其是知识密集型生产性服务业）的发展已成为产业集群成熟的最重要评价指标。企业通过外购更专业化、更有效率的中间服务，可以降低成本、提高效率，同时使自身集中有限资源于关键领域，增强企业核心竞争力。而集群通过在生产过程的产前、产中和产后各环节融入更多的生产性服务，提升竞争优势。作为特色小城镇要鼓励创新，推进生产性服务业的内部结构升级，一是推动制造企业将一些生产性的服务业外包；二是对于拥有先进生产性服务技术的制造企业，可以鼓励其对外开展业务，并逐步将生产性服务部门剥离成为专业公司，推动生产性服务业的社会化；三是要加强产业协作与联盟。

从产业集群的总体层面上来讲，有效的行业协会组织对集群的发展起到了不可替代的作用。这些协会不仅协助政府进行相关规划、制定政策与技术标准、规范市场竞争秩序，同时还开展市场研究，指导行业发展，举办交流活动，提供信息咨询服务和各种专业培训，为生产性服务业的发展输送了大量人才。行业组织作为政府联系企业的桥梁，对促进地方产业的发展起到了积极作用。而对于大部分产业集群来说，信息服务业、金融保险业与物流业在未来的一段时期内是我国生产性服务业发展的重点领域。而对于一般制造业集群来说，发展技术推广、原料与设备采购服务、产品销售服务、金融保险担保服务、媒体趋势预测服务、职业培训与职能鉴定服务及劳动力市场等生产性服务业将对地方产业起到有力带动作用。对于高技术集群来说，大学和研究机构、风险投资、商业银行、律师及会计师事务所、人才外包等生产性服务业，则有利于形成富有吸引力的创业创新生态。在艺术创意集群中，充分重视艺术经纪人的作用，在区域内培养并引进文化产业营销人才，提升地方的艺术市场运作经验则更为现实。而对于加工贸易集群，可以通过建立离岸金融结算平台，完善产品的本地销售结算服务，从而使外资企业的价值链增值更多的留在本地。

在产业链招商方面，除对龙头企业及其上下游企业，以及高端研发环节的引入外，优秀中介机构的导入将会对集群发展产生一系列积极作用。通过多元化的招商引资，可以加快与国内外优质互联网平台、科技金融建立合作关系，引导特色产业与新业态相结合，充分发挥各类高端资源聚合的化学反应，推动不同产业间创业、创新要素在小镇集聚。

世界著名的跨国公司无不通过自己独立完善的销售渠道网络，而取得面对销售商的主导地位，从而强化对国内外市场的控制。产、供、销的信息快速反馈与传递，催生了供应链服务的发展，在电子商务与互联网金融繁荣创新的今天，地方供应链金融平台应运而生，通过应收账款融资、保兑仓融资和存货质押融资等方式，为地方企业打通了融资渠道，为集群整体供应链体系注入了竞争力。

（四）外需不定局面下的市场升级策略

从国际环境来看，国际市场需求疲软、出口减少，致使很多企业产品积压，出现生产经营困难，而反观国内"十三五"正值迈向高收入社会的关键冲刺阶段，这让中国经济增长的动力发生了重大变化。

面对外需的不确定性以及内需消费全面升级的局面，作为地方产业集群的企业要摆脱过分出口依赖的状态，并正视本国尤其是本地周边的广阔消费市场，关注正在壮大的潜在市场。

通过发展小镇的文化和旅游功能，让小镇接近终端消费者。以消费者为导向，用消费者的逻辑来规划小镇产业体系，让消费主题成为集群产业聚合新思路。以消费者的消费偏好交叉群替代产业集群生产环节的线性链条。让消费更有效率，节省消费者的成本，同时节省生产者的组织成本。培养挑剔的、有经验的本土消费者，满足其舒适、高端以及健康的消费需求，努力培养用户、帮助用户，并与用户一起成长。在此过程中，定义并引领高档消费，为自身创造新的市场机会。企业可根据消费市场要求，开发产品体验师等相关职位，并通过趋势预测等需求业务，紧跟市场脉搏。

集群所在地的政府可聚合本地高附加值品牌，并以地方的名义建立品牌联盟。充分发挥电子商务在拓宽信息渠道、加速商贸流通、打造品牌效应方面的作用，搭建小镇内电子商务平台，形成产业集群的线上线下双重优势，提升品牌竞争力，加速特色小城镇的品牌化运作。同时，通过价值挖潜开发工业旅游项目，精心规划和建设博览中心，通过会展、节事、活动以及广告等方式，吸引业内外人士来小镇参观交流，提升企业形象，形成小镇整体品牌效益。发展营销与公共关系，为客户建立区域认同、品牌形象，并实现地方生产区由"制造之都"向"品牌之都"乃至"时尚之都"的转型。

新时期的特色小城镇必然是在特色产业集群支撑下形成一个融文化创意、研发创新、成果转换、体验应用于一体的全方位立体化特色产业系统，进而在小镇范围内构建起由市场主体共同参与的知识或技术的共享、共创、共进机制，形成企业间知识外溢、技术扩散、收益共享的创新网络，实现创新资源在小镇范围的持续循环滚动配置，并进一步强化推动区域范围内产业的集聚发展。

第三篇

特色小镇开发运营篇

第七章　特色小镇的顶层概念

特色小镇三大核心问题解读

　　特色小镇是经济转型、产业升级、新型城镇化推进三者碰撞的产物。不同于特色小城镇的城镇化属性，其核心在于产业的创新与升级，是一个以市场为主体的综合运营结构，是一个创新创业平台。那么特色小镇在新型城镇化推进中，扮演着怎样的角色？与特色小镇类似，以产业发展为核心的发展结构还有产业园区、产业新城，三者有着怎样的联系与区别？另外，这一轮特色小镇的起源地浙江曾提出，所有的特色小镇（非旅游类）必须为 3A 级以上景区，这一做法引起了社会各界的热议。到底旅游产业在特色小镇中起着怎样的作用？本文将聚焦这三大问题，从对比中，厘清特色小镇的内涵及发展逻辑。

一、特色小镇 VS 新型城镇化

（一）目前中国城镇化的发展结构与存在的问题

　　城镇化率达到 50%（2016 年年末我国城镇化率为 57.35%）以后，中国进入一个新的发展阶段，以工业大发展带动的城镇化模式已经困难重重。原因有三：第一，工业化带动的以大量农民工进城为特征的人口聚集、消费聚集，引发了城乡二元结构下的各种社会问题；第二，随着城镇化的快速推进，在我国城市进入结构化分级发展阶段的背景下，大中城市及城市群得到了有效发展，但小城镇并未被纳入这一结构体系；第三，在发展主线方面，原有的工业推动与行政聚集两条发展主线迫切需要突破。那些缺乏工业发展基础、无行政优势资源区域的发展将成为突破重点。

　　小城镇长期以来无法实现城镇化的有效推进。这是中国最大的社会问题、政治问题、经济问题。所谓社会问题，即镇村人口无法共享改革红利，

122

其生活水平、保障体系、发展机遇等与城市存在较大差距，这是不公平的。所谓政治问题，即小城镇长期得不到发展，不符合我国追求共同富裕、公平、和谐的最基本的社会发展理念。所谓经济问题，即小城镇发展的停滞，加大了其与大城市的差距，城乡二元结构的问题亟待解决。

那么，在中国成为世界第二大经济体的背景下，镇域经济与农村地区应如何发展？

（二）特色小镇在中国城镇化发展中的作用及模式选择

从国际城镇化的经验出发，我们做个假设，将中国全部村镇人口集中在城市，农村实行农业机械化改造是否可行？答案是否定的，一是因为中国的福利体系难以支撑广大的乡村；二是中国如此大的人口基数，不符合城镇化发展规律。因此，就地城镇化的发展模式是必然选择。

以浙江省为例，浙江省是中国的发达区域，农民收入远高于全国，其民营企业与民营经济发展态势良好，且通过市场聚集、生产加工业聚集，已经构建了相对雄厚的经济发展基础。但这一自发的城镇化模式缺少基础设施与公共服务体系支撑，村民虽翻盖了住房，但生活水准并无实质性提高。特色小镇的建设，以村镇的经济繁荣为基础，引入有效的城市管理模式，建设基础设施、服务设施与科教文卫等城镇化支撑体系，使农民享有城市化的福利待遇与城市的公共配置，并通过城镇化，实现资源有序的集约化使用，更加有效地统筹区域经济的发展。

特色小镇这一不同于现行城镇村行政体系的创新发展结构，体现了社会资本的市场化追求，建造者的生活梦想，具有很好的商业收益与宜居生活环境。因此，它对产业、人才、资本等发展要素具有极强的吸引力，在高端产业与产业的高端方向上具有巨大优势，是国家供给侧结构性改革的重要平台，是创新创业发展的有效载体，是破解城乡二元结构的有效抓手。

总之，特色小镇自下而上得到了中央的认可，成为我国新型城镇化中非常清晰的一条路径，与特色小城镇一起共同推动区域经济发展。

（三）城镇化背景下特色小镇开发的三个关键支撑

特色小镇是一种跨产业、跨区域、跨社会结构、跨地产的复合结构，涉及从土地一级开发、房产开发、旅游景区开发、特色村落开发、园区开发到新型城镇化的统筹开发。这种集产城融合、产社融合的区域经济一体化、开发运营一体化、投融资一体化的复合发展结构，是城市开发的最高阶段，需要政府、开发性金融机构、市场化运营机构的全面支撑。

1. 政府投资——就地城镇化的基础设施与公共服务设施支撑

在特色小镇结构下，以小镇为基础，镇乡联动、镇村联动，形成镇域经济发展和城镇化升级。其中，最基础也是最重要的是基础设施和公共服务设施的升级，包括污染治理、环境整治、交通提升、公共服务设施打造、教育提升、卫生条件提供等。这些投资很难产生直接的经济回报，需要政府进行财政补贴，形成国家资产，从而为特色小镇开发建设提供最基础的条件。

2. 开发性金融——城镇开发建设的资金支撑

开发性金融是政策性金融的深化和发展，其资金主要用于区域开发和发展。在我国，开发性金融主要由国开行、农发行、亚投行、国家基金等金融机构提供，具有期限长、额度大、利息低的特点，而这正是城镇化建设所需要的。在特色小镇成为国家战略的背景下，充分利用开发性金融补足特色小镇的设施短板，支持小镇的产业建设、人才培养，是小镇能够可持续发展的基础。

3. 市场化社会运营机构——城镇的市场化运营支撑

社会资本与政府财政、开发性金融结构三结合，构建了 PPP 概念。社会资本与政府协作，形成以市场化要素配置为原则，以产业发展为核心，带动区域经济，实现就地城镇化的路径选择。特色小镇的发展需要以市场化为方向，换句话说，就是要以企业为开发主体，以政府为行政管理与公共服务主体，用市场化的 PPP 来安排产城融合发展结构，形成市场化推动的产业发展，支持小镇的就地城镇化。

对于企业而言，参与特色小镇建设，通过"政府＋开发性金融＋企业"的合作结构，实现的已经不仅仅是经济效益，还有社会价值的创造与社会责任的担当。其开发的特色小镇也不仅仅是一个产业小镇，还是生活的小镇、风情的小镇，是理想国，是承载人们梦想与追求之地。

总之，特色小镇是中国经济发展到今天，解决我国剩余 40% 的城镇化升级的最好路径。因此，特色小镇不是一时兴起，不是一个简单的架子，不是一种房地产，不是一个简单的产业，而是未来中国持续发展必须要走的一条路。

二、特色小镇 VS 产业新城 / 产业园区

（一）城镇化视角下的特色小镇与产业新城、产业园区

在中国城镇化过程中，以产业为重要支撑的发展载体，除特色小镇外，还有产业新城与产业园区。由于这三者都以产业发展为核心，产业园区与产业新城又发展的比较早，有人认为，特色小镇是这两者的代替。但细究这三者在城镇化发展过程中的提出背景与承担的责任，可知，它们各有其存在的土壤与必要性。

如前所述，城镇化视野下，特色小镇是破解城乡二元结构、改善人居环境、实现产业升级与经济发展的重要抓手，符合人的城镇化规律。而产业新城则是在大城市外溢效益背景下，为解决中心城区房价高企、就业紧张、交通拥堵、环境污染、生活品质恶化等大城市病问题而产生的。一般体量较大，人口较多，选址于中心城区周边，置换大城市的部分功能，并逐渐发展成为独立于中心城区的新城区。如上海浦东新区、苏州工业园区、固安产业新城等。比较而言，产业园区是"一大片土地细分后进行开发，供一些企业同时使用，以利于企业的地理邻近和共享基础设施"，通过这种产业要素高度集中的方式，解决某一区域产业发展的问题，其所带动的区域并没有城市或乡镇的明确区分。

因此，对某一区域的城镇化而言，这三者并不存在谁高级，谁低级的问题，只有在综合分析发展条件与发展目的前提下，谁更合适的问题。当然，由于产业园区体量较小，主要以产业的聚集为发展目的，而特色小镇、产业新城是在产业聚集的基础上，进行社会全要素建设的系统工程，因此，产业园区可以为两者的发展提供基础。

（二）特色小镇与产业新城、产业园区发展逻辑的比较

1. 发展理念

由于特色小镇、产业新城、产业园区的发展背景与目的不同，发展理念也存在明显差异。产业园区以聚集发展资源、形成产业集群效应为目标，"企业"是目标达成的最根本条件。因此，产业园区以"为入驻企业提供优质服务"为理念，在入驻政策、土地集约化使用、基础设施及各类服务共享等方面，都以吸引优质企业入驻、促进企业发展为纲领。而特色小镇与产业新城是所有城市结构元素共同发展的复合性开发结构，两者更加在意发展的系统性与综合性，其落脚点往往在人的生活质量与区域综合实力提升上。其中，产业新城通过各类产业与房地产的发展，城市功能的完善，实现居住与就业的平衡，提高区域的整体地位，形成对周边区域具有辐射效应的新城区。特色小镇则以特色产业打造为起点，在形成产业集群，完善城市功能基础上，更加注重居民、社区、文脉、传承等生活面、文化面、社会面的营造，并最终形成具有强烈识别性、满足品质生活要求的梦想之地。

2. 产业特征

特色小镇、产业新城、产业园区虽然都强调产业的发展，但在产业构成、产业发展方向、产业实现路径等方面存在较大差异。产业园区的产业定位非常明确，它是专门为从事某种产业的企业而设计的园区，如创意产业园区、技术产业园区、物流园区等，其强调产业要素的聚集，产业平台的构建。产业新城则具有多元化的产业结构，不强调产业类型的多寡，可能是一种产业，也可能是多种产业，但更加强调产城融合基础上，产业对整个新城区的驱动效应。与前两者相比，特色小镇虽然也强调产业聚集，强调产业的带动效应，但较之产业园区，它不追求全规模聚集，而在于优势产业的资本、人力、技术等高端要素的聚集，产业类型上，以高端产业为主，注重研发、营销上下产业链的贯通；较之产业新城，它不追求土地的大规模开发，不追求规模扩张效应，而在于产业要素、人气、消费、空间的紧凑聚集和土地利用集约化。

3. 功能与布局

以发展理念为先导，特色小镇、产业新城、产业园区表现出不同的

载体功能与空间布局形态。其中，产业园区的功能承载与空间布局较为单一，其以产业功能为核心，虽然也可能发展出部分的生活休闲功能，但也仅限于对产业功能的补充与配套；在空间方面，同样以产业为主体，主要作为产业的发展空间载体。与此不同，特色小镇与产业新城都强调综合性的城镇功能，强调产城、产镇的融合发展，但两者也有不同。产业新城是集工作、生产、生活、休闲娱乐等于一体的综合性城市功能区，是"大而全"的城市空间，而特色小镇既具备城市生活的功能性，同时又具有自身独特的景观性与实体性，是"小而美"的城镇空间区域。

当然，产业新城与产业园区也将随着时代的发展与需要，不断演进，不断更新，它们之间的某些不同可能在未来变得模糊和不重要。于特色小镇而言，在明确认识自身的发展目的与规律基础上，应充分吸收借鉴产业新城与产业园区优异的发展因子，以实现自身的发展目标。

三、特色小镇 VS 旅游产业

（一）旅游产业在小镇发展中的优势地位

一直以来，以工业发展为核心的产业带动模式是中国城镇化的主流，它集聚人口、技术、资金等发展要素，形成城市发展结构。比较而言，小镇的行政级别低、工业发展基础弱，对工业化发展要素难以形成吸引力。因此，对绝大多数小镇而言，尤其是中西部地区，以现代工业推动特色小镇发展的模式不可行，也行不通。但大多数经济不发达的区域，往往具备良好的自然生态环境、不可替代的特色物产、独特的区域文化、世代传承的手工技艺……在这一背景下，具有强大资源塑造能力、强大外来消费搬运能力、较高产业附加价值的旅游产业，对推动特色小镇发展具有不可替代的优势。因此，以旅游产业推动特色小镇发展的产业带动模式，在我国具有区域普适性、现实可行性与发展必要性。

（二）旅游产业推动小镇发展的逻辑

绿维文旅认为，并不是所有的小镇都要成为旅游小镇，但旅游在每一个小镇中必不可少。我们可以从旅游小镇与非旅游类小镇两个角度来分析。

对旅游小镇而言，毋庸置疑，旅游产业是推动小镇的核心力量。绿维文旅的研究表明，5 万游客量可以形成一条商街、30 万游客量可以形成一个休闲小镇，而 100 万的游客量则可以形成一个中心镇（县城）。其逻辑就是由以吸引核带动的观光形成人流聚集，由人流产生的休闲消费形成服务产业聚集，由产业聚集形成人口就业基础，由就业人口与暂住人口带动城市配套发展，这是一种市场导向的城镇化自组织生长机理。其经济本质是以"游客搬运"为前提，形成游客在异地的规模消费，从而实现"消费搬运"效应。

这一搬运，是旅游跨越区域，带动目的地发展的最好手段。将"市场"，而不是"产品"进行搬运，这是旅游业区别于其他产业的根本，也带来了诸多其他产业无法实现的效应：第一，游客消费，形成了餐饮、住宿、游乐、购物、会议、养生、运动等综合性、多样化的终端消费经济链；第二，在旅游消费拉动下，本地特色产品及产业（比如土特产品、农副产品、历史民俗民族文化产品等）延伸发展，形成了一个旅游带动的产品产业链，并逐步聚集形成产业集群；第三，居民收入增加、城乡差距缩小、城市环境美化、区域环境生态文明、文化传承、服务设施完善、城市品牌提升、精神文明建设等这些旅游带来的既得利益，构建了新型城镇化中最强调的新内涵；第四，旅游形成了消费聚集和产业聚集，带动土地升值、延伸商业地产及休闲度假地产等高利润项目，为城镇化提供了产业、就业、环境、服务和居住五大支持，成为城镇化的直接动力。

对非旅游类小镇而言，旅游对小镇的推动作用是间接的、隐形的，也是必不可少的。首先，旅游对核心特色产业将起到推动作用。在选择合适切入点后，旅游产业将实现对特色产业的价值延伸，丰富特色产品，形成更为丰富的产业体系。其次，旅游将美化小镇的生态生活环境，对产业人才、特别是高端产业人才构成吸引，这将间接推动小镇的发展。此外，旅游的发展也将为小镇创造更多的就业机会，并对小镇文化发展、社会结构优化起到推动作用。

（三）特色小镇发展旅游须处理的几个问题

1. 旅游与原住民关系问题

旅游产业的发展，将为小镇带来大量的旅游人口。旅游人口与小镇的原住民之间有着不同的文化背景与利益诉求，于旅游者而言，他们希望小镇有好吃的、好玩的、好看的，以及友好的居民、充足的配套；于本地居民而言，他们更希望维持原有的熟人社会结构，希望平静的生活不被打扰，有限的公共服务设施不被挤占。面对不同的群体诉求，小镇开发方应充分调研、合理规划。在小镇空间布局、功能分区、设施配给等方面权衡得失，在保护本地居民利益基础上进行旅游开发，在社区活动、旅游活动中寻找契合点，妥善处理本地居民与外来人口的关系。

2. 产业关系协调问题

在特色小镇发展中，旅游与健康、体育、会议、手工艺生产等具有相近的产业属性，容易形成互相促进的产业融合结构。但有些金融、科技、高端制造等产业小镇，核心产业的发展与旅游之间有时存在冲突。这主要是因为旅游是通过人流带来的消费实现产业价值，而金融、科技、高端制造等产业主要是通过高端人才与核心技术创造价值，而高端人才希望的是安静、安全的生活环境，而旅游却使小镇环境杂乱，并且大量陌生人的到来，也为小镇产业的技术保密与小镇安保带来了不确定性因素。因此，是否引入旅游产业、如何引入旅游产业，开发方应根据产业特点，提前处理好产业关系。

3. 设施有效利用问题

小镇的设施既要为旅游人口服务，又要为常住人口服务。因此，在建设初期，应把握城市设施与旅游设施两者相互促进、相互融合的建设理念，把握旅游与常住人口的动态平衡，对设施进行合理布局与功能预设。此外，在一些存在矛盾的设施建设方面，可通过共建共享理念，提高资源使用效率。

特色小镇：乌托邦式的有机生命体系

在特色小镇火热的当下，业界更多聚焦讨论的是产业、地产、空间等单体要素，毋庸置疑，这些都是小镇发展过程中的关键核心部分。但作为一种综合发展模式，特色小镇绝不仅仅是发展一两个产业的问题，也不仅仅是构建一居所、二居所、养老居所的问题，而是一个完整生命体和生态系统的构筑问题。在城市竞争由资源竞争向整体生态系统竞争转变的当下，我们必须站在社会学的角度，以产业等单体要素的突破发展为基础，构建一个创新、生态、有活力的有机生命体，方能构筑支撑特色小镇发展的强大保障。特色小镇的终极形态就是生产、生活、生态"三生合一"的乌托邦式空间，是高效运行的社会生态系统。这一有机生态系统，就像是渗透在城市各领域、各角落的一张网，不同的系统，催生不同的发展机制与动力，形成强弱不一的城市吸附力，决定了城市未来的发展方向与可持续能力。

生态系统的构建，并不是多种功能的大糅合，而是强调各功能之间的有机与统一。绿维文旅将其称之为特立独行的、独一无二的、较高附加值的、产城融合的、宜居宜业宜游的、全要素全覆盖的立体生态系统。这一生态体系包含了自然生态、文化生态、生活生态、公共生态、产业生态五大部分。其中，产业生态是核心，是城市经济的直接来源；自然生态是基础，既是产业发展的基础更是人们生活的基础；文化生态是灵魂，文化传承与创新构成了城市的鲜明印记；生活生态是人与城市之间的交互，是城市独有的精神内涵；公共生态是支撑，包含了城市公共服务与公共管理。

一、有机生态体系是支撑小镇特色发展的核心

（一）特色小镇本身的复杂性决定了必须构建有机生态体系

特色小镇不是单一的产业园区，也不是景区、度假区，而是一个包含了生态、生活、生产的复杂的体系结构。特色小镇也不同于一般的建制镇，其对城镇本身所呈现出来的特色风格、风貌、风情、风尚要求标准较高。从社会主体上来看，特色小镇需要统筹兼顾政府、开发商、企业、居民、游客的需求及利益实现；从功能上来看，特色小镇需要实现生产、居住、休闲、旅游等各功能之间的有效呈现与衔接；从城镇发展的角度来看，特色小镇不仅要关注小镇产业及经济的发展，还要提升人们的生活幸福感以及整个城市精神特质及文化品牌的塑造。因此，特色小镇必须构筑一个包含自然、文化、产业、生活、公共服务以及政策、金融、运营等多元体系的生态系统，方能保障特色小镇全方位要求的实现。

（二）未来城市竞争要素的转变决定了特色小镇必须构建有机生态体系

随着我国由以工业化（对资源依赖程度较高）为带动的城镇化阶段逐渐转变为以智慧与知识产业（对人才及技术的依赖程度较高）为带动的智慧化社会，原来促进城市发展的自然资源要素、行政要素、交通要素等，都在逐渐弱化，相反依托于市场、根植于创意阶层所形成的创新能力，成为最主要的一种驱动力，同时也是一种核心竞争力。创新能力，一方面依托于大量的创新阶层，另一方面取决于城镇所形成的创新环境与体制机制。

多伦多大学 Richard Florida 教授，提出了"创意阶层"的概念，他将创意阶层分为 3 类：超级创意核心人群（Creative Core，如乔布斯）、专业创意人群（Creative Professionals，如律师、建筑师）和游侠式创新者（Bohemians，非专业出身，但却有独到视角与见解）。研究发现，吸引这些创意者的，并非当地的优惠税收政策，更多的是一种跟自己契合

的生活方式，他们很容易被"街头文化"这样的生活方式（包含现磨咖啡、时尚画廊、独立餐厅等多样元素）所吸引，从而聚集。

创新环境的营造与相应体制机制的建立，是孕育"创新"的土壤。拿西安、武汉、杭州三大城市的大学生毕业人数及就业人数来看，西安各大高校每年毕业学生大概 30 万人，每年吸纳毕业生就业的仅有 5 万人，大量毕业生外流；武汉各大高校每年毕业省的数量也在 30 万人左右，每年留在武汉工作的大学毕业生基本持平；而杭州每年大学毕业生的数量约为 26 万人，但每年参与就业的人数则在 45 万人左右，对年轻人的吸纳能力非常强。之所以呈现如此巨大的差异，究其本质，是由城市特质决定的。杭州拥有互联网、物联网、电商等高科技产业，拥有动漫、休闲等年轻创意人群喜欢的元素，拥有开放、自由、包容的城市精神，同时还拥有拼搏的精神……丰富的文化、多元的环境、包容的氛围，使得人们的不同想法能够产生碰撞、不同人之间的社交更加充分，从而产生 1+1>2 的效果，催生出更多的精彩创意。

二、特色小镇五大生态体系

（一）产业生态——特色小镇发展的核心

产业作为小镇的灵魂，其发展不是孤立的，也不是只吸引一两家龙头企业就能够带动的，它需要的是生态系统的构建，需要的是生态系统中各方的相互作用、相互支持。从国内外产业发展的经验来看，产业生态系统的构建需要政府和企业双方发力，一般包括三个层面：

一是政府层面的产业发展支持体系。即政府在明确重点产业集群的基础上，从产业发展角度结合市场规律，在税收政策、财政政策、土地政策、人才激励政策、产业配套设施建设等方面给予大力支持。

二是处于产业链上游的龙头企业的带动作用。类似于阿里巴巴这样的企业，不仅能够吸引围绕其发展的上下游产业链、相关产业链上的资源，还能一定程度上吸引竞争对手的聚集。

三是创业创新环境的营造。创业创新是带动产业发展及升级的新引擎，也是未来我国经济增长的红利所在。这一环境的形成除受历史环境及人文环境的影响外，还需要人才、孵化器等资源的加持。人才是创业创新的"第一资源"和核心推动力，人口尤其是以高校毕业生为代表的新生力量净流入越高的地区，创业创新能力越足；孵化器所提供的导师资源、风投资源是创业创新有效进行的服务保障。

（二）自然生态——特色小镇发展的基础支撑

自然生态是产业发展依赖的基础，也是人们生活的基础。无论是发改委鼓励有条件的小城镇按照不低于 3A 级景区的标准规划建设特色旅游景区，还是浙江省提出的特色小镇必须达到 3A 及以上标准，这样的要求除发挥旅游对产业和经济发展的带动作用外，很重要的一点就是要提升小镇的生态环境。我们认为，自然生态的构建需要从以下三个层面考虑：

第一，寻找生产、生活、生态之间的最佳平衡点。特色小镇的产业应走绿色、生态发展之路，生产、生活的开展应重点考虑环境的承载力，控制生产生活对环境的污染，保障生态的可持续发展。

第二，小镇规划要顺应地形地貌，融入山水林田湖等自然要素，严禁挖山填湖、破坏水系、破坏生态环境等对抗自然的行为。

第三，在城镇风貌营造上，小镇的建筑、景观、社区、产业设施、旅游设施等应与当地的山水风貌、自然环境、生物群落等相互协调，通过绿地系统、水系统、景观节点系统、环境治理系统等的构建，形成人工环境与自然环境相互协调、互促共进的格局。

（三）文化生态——特色小镇发展的灵魂

文化是小镇的灵魂所在，决定了小镇的风情、气质与精神。没有文化的小镇，就像是没有灵魂的人，无法形成独有的特色。由此，文化生态的构建是特色小镇发展的必然。可以从以下几个层面进行构建：

第一，文化定位。综合考虑小镇的总体定位、自然和人文资源、历史发展脉络、现有发展基础等，寻找到适合小镇、能够概括小镇内涵的文化主题。这一过程中应充分体现本地优秀传统文化，增加文化自信，严禁盲目崇洋媚外，乱起洋名。

第二，文化保护与传承。对于国家级特色小镇，国家明确规定要保护与传承本地优秀传统文化，保护小镇传统格局、历史风貌，保护不可移动文物，及时修缮历史建筑。不要拆除老房子、砍伐老树以及破坏具有历史印记的地物。

第三，文化活化。文化是无形的，很难看得见摸得着，也很难产业化，需要借助有效途径来进行活化、体验化、产品化。比如，将文化元素进行解构，并运用到城市家居、城市景观、城市基建等各个方面；借助于旅游，运用创意手段，打造场景化、情境化、游乐化、参与化的文化旅游产品，并延伸到文化创意产业，通过旅游强大的通道作用，将文化内涵传达出去；培养一批文化传承人和工匠，建设一批生产、传承和展示场所。

第四，文化更新。文化处在一个不断发展的社会环境中，除了自身的更新之外，也往往会受到外来文化、科技进步等的冲击。另外，我们所谓的传承传统文化，也并不是要一味地全盘接受，也不是一成不变。其中的精髓部分要不遗余力的保护并发扬光大，但同时也应结合现代人的需求与思维习惯。只有形成了善于接纳、善于融合、善于创新的文化更新体系，才能保持传统文化的生命力。

（四）生活生态——特色小镇的精神内涵

特色小镇不仅是我国经济发展的一个带动结构，也是人们美好生活方式的载体。如今，传统的吸引人们聚集的要素已经发生了变化，尤其是在财富积累达到一定程度后，人们更多追求的是一种架构在精神层面的生活方式。未来城市之间的竞争，更多的是一种生活方式的竞争。因此，对于小镇来说，要保障可持续发展与生长的动力，理想生活方式的营造必不可少。

特色小镇生活生态的营造包括硬件和软件两个方面。在硬件上要满足人们关于交通便捷、就近就业、生活便利的基本需求，在软件上除提供完善的生活服务外，最重要的在于生活方式的打造。国外有很多研究探讨了"生活方式与人才聚集"的关系。源于高层次人才对高品质生活质量和工作家庭平衡的追求，美国学者丹尼尔·阿尔特曼指出，通过提高生活舒适度，可以大大增强人才聚集效应。而美国佛罗里达曾经开展的一项"城市生活设施与创意人才居住选择"研究表明，体现特定生活方式的便利设施对需要高技能创意人才的企业来说，尤为重要。原因在于：高技能创意人才的收入较高，有能力享受高品质的生活。

在我国，一方面大城市的生活面临着房价高、压力大、交通堵、空气差等"大城市病"，人们渴望从中逃离；另一方面随着互联网与交通的快速发展，对于小城镇尤其是城市边缘的小城镇来说，在硬件水平上已经有了极大的改善，同时在生态环境、空气质量、生活节奏等高端人群越来越注重的方面有着大城市不可比拟的优势。想要在发达的一二线城市寻找简单纯净的慢生活已经不太现实，而小镇恰恰是这一生活方式的最好载体。

（五）公共生态——特色小镇发展的支撑

在欧洲一些国家，只有约 30% 的人口居住在大城市，而约 70% 左右的居民居住在小城镇。而小城镇的魅力除了就业、生态环境和生活方式外，居住在此的人能够享受到与城市相同的医疗、教育等公共资源与社会资源，也是很重要的一个保障。公共生态的打造就在于形成与小镇发展特征、小镇居民群体特征相适应的公共服务能力；形成"市场主导，政府引导"的城市运营体系，即以城市运营商为市场主体进行主导，而政府职能由主导转变为以引导、服务或监督为主；强化社区功能，打造 15 ～ 20 分钟社区生活圈，形成完整社区的概念。即在步行或骑行不超过 20 分钟的范围内，有能满足各个年龄阶层需求的交通、公共空间、艺术空间等公共设施与空间。

第八章　特色小镇的产业发展

特色小镇的七大产业
聚集模式及路径

特色小镇的发展过程也是产业的集聚过程，即某一特色产业在特色小镇区域内高度集中，集聚大量与产业密切联系的企业和相关支撑机构，带动产业资本要素在空间范围内不断汇聚。从特色小镇的产业聚集过程来看，伴随着资源开发、基础建设、生产基础、服务要素的不同，其产业发展也会有其内在的驱动因素和发展路径。绿维文旅将其划分为资源开发聚集型、产业链聚集型、园区整合聚集型、市场主导聚集型、依托物流聚集型、消费导入型、高端服务聚集型七种产业聚集模式。

一、资源开发聚集型——基于资源形成开发利用集群

（一）发展特点

依托于自然资源（煤、矿、电、水等）发展的特色小镇，最大的特点在于通过特色资源的挖掘、开发利用，发展开采业、初加工业，往往能形成很重要的能源、原材料生产基地或特色产品制造基地。比如浙江省青田石雕小镇，作为青田石雕的发源地和"四大国石"之一的原产地，围绕青田石的原料优势，发展石雕产业，现有石雕作坊1000余家，石雕从业人员3500多人。

（二）发展路径

过度依赖自然资源的小镇，产业结构相对单一，缺少持续发展力，互补性、网络性的集群特征很难形成。在产业发展上，最重要的是要在

满足绿色、可持续发展的前提下，随着资源开发的不可持续性和不确定性，通过"生态+""文化+"实现外延式跨界融合发展。

比如，东阳木雕小镇以木雕产业为核心，以文化旅游为切入点，不断推进与旅游业、建筑装饰的跨界融合发展，以打造"国际木雕艺术创作交流中心"为目标，坚持木雕红木产业、文化体验、旅游休闲"三位一体"，形成集创意、文化、旅游、休闲等多种功能于一体的特色小镇。

二、产业链聚集型——基于核心生产，整合上下游产业发展

（一）发展特点

基于产业链发展的特色小镇，本身会形成一个"微循环"，有一条较为完整的产业链，并围绕这个产业链形成特色。如：山东省临沂市的板材木业小镇，致力于板材收购、初加工、零部件生产、运输、销售等全产业链发展。

产业链聚集型特色小镇往往以工业生产为核心，前端带动采购和研发，激活创新，后端带动生产服务业，通过产业、技术、人才、资金、信息等多种资源的全面整合，形成生产要素的升级和生产能力的提升，构建产业支撑体系，形成特色产业集聚生态圈，进而实现特色小镇产业功能、创新功能、生态功能、文化功能、旅游功能和现代社区功能的有机融合。详见图3-8-1。

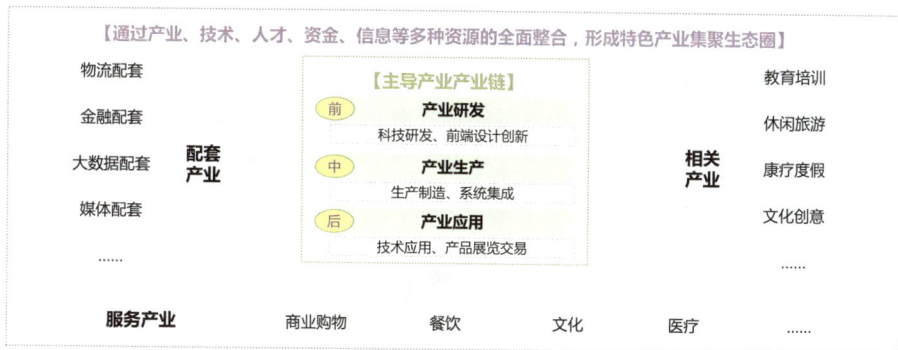

图3-8-1 特色产业链聚集发展模式

（二）产业聚集发展机制

第一，集中产业链构建，挖掘深加工潜力。产业链是建立在产业内部分工和供需关系基础上的，以若干个企业为节点、以产品为小节点纵横交织而形成的网络系统，以产业配套为支撑，营造了良好的产业生态体系。产业链可以分为两种类型：一种是垂直的供应链，另一种是横向的协作链。垂直供应链即产业上、中、下游关系，纵深发展能够使产业在分工协作、产品配套、原材料供应、技术服务等方面环环相扣，可把特色产业逐步做精做强，发挥核心优势。横向协作关系则是产业的服务与配套。

第二，以服务配套产业的发展为支撑。融合发展是特色小镇产业发展的重要路径，尤其是三产和二产的融合，促进了生产要素与生活要素、生态要素的有机联系。配套产业和服务产业将成为主导产业的支撑体系，这也是特色小镇真正区别于产业园区，拥有更多"小镇"内涵的关键。通过服务配套产业的发展使特色小镇具备更加完善的功能，能够满足当地居民生产生活的多样化需求。

三、园区整合聚集型——基于综合开发和集群型发展条件，强化运营服务和生活服务

（一）发展特点

园区型的产业发展不同于内源型的产业聚集（具有偶然性和长期性），因其多以政府为主导，往往站在区域战略发展高度，运用强大的资源及政策、资金、人才、信息等整合优势，在高效的管理体制下快速建立起产业集聚。综合化、集约化的土地利用和生产资源利用，以及税收、金融、外经贸、人才等优惠政策，构成了园区产业聚集发展的支持结构。

（二）发展路径

依托具备综合开发条件的园区来建设的特色小镇，其产业发展要坚

持创新促动、特色运营。第一，要实现由政府主导、综合建园向市场主导、特色发展的转变，要从园区综合型产业集群中确定产业的特色发展方向，并强化运营；第二，要推动形成科技研发、创意设计、金融信息、市场延伸等生产性服务业的公共服务平台，形成产业链、创新链、人才链、服务链；第三，以紧凑的空间形态为基础，完善公园、超市、社区、休闲娱乐等生活型服务业；第四，要重视价值挖掘，打造博览中心、主题公园等线下体验空间，提升品牌形象。

四、市场主导聚集型——基于市场商贸聚集效应，强化互联网服务和产品价值提升

（一）发展特点

在我国城镇化进程中，形成了很多依托专业市场发展壮大的小镇，这类小镇一般在农业、加工业、传统手工业等方面具备比较优势，但产业层次一般较低，传统的劳动密集型产业占主导，如农产品、纺织、鞋服、建材、设备、家具等，具有技术含量低、市场需求大的特点。其中农产品和手工艺品市场多依托产地资源和本地农户，形成初级产品的集散市场；传统制造产品的交易市场往往能延伸会展，吸引来自全国的个体经营户。

因此，市场主导小镇是以原料产地、加工基地带来的个体经营或中小企业聚集以及便利的交通条件为基础，以商业贸易服务聚集批发商、零售购买者，从而带动经济增长。经过几十年的发展，新时代下的产业发展要继续坚持商业服务的原则，并逐渐从传统商业向现代商业转变，向高端现代市场转型。

（二）发展路径

市场聚集带动的特色小镇在未来的产业升级路径上，第一，要借力"互联网＋"等新一代信息技术的渗透，继续强化商业和会展服务，实现互联网思维下市场服务的进一步升级。第二，依托市场基础，通过导入高端

技术要素，强化生产，提升生产效率或产品附加值。

互联网等信息技术的利用方面，往往以电子商务服务为切入点，形成电子商务服务的运营体系，具体包括：政府或核心企业搭台，成立并运营电子商务交易平台和电子商务公共服务中心；发展电子商务行业的运营培训和专业人才培养；加强村级/企业的"点状"服务中心；不断完善现代化的电子商务物流集散中心和配送体系。在此基础上，综合形成商贸物流产业、会展服务业、电商业的产业聚集结构。

高端技术要素的导入，是指基于市场延伸的加工业，以提升附加值为切入点，以消费市场为导向，通过技术的升级来提高生产效率。或者针对现有工艺和产品，研发技术含量高、市场竞争力大的产品，适时调整产品策略，形成产品与市场有效互动的格局。

五、依托物流聚集型——基于交通优势和仓储运输设施，依托互联网向智慧物流升级

（一）发展特点

依托物流基础发展的特色小镇，主要分为临近原产地或临近交通枢纽两种发展类型，但其发展根本还在于交通条件的带动。其往往围绕交通条件先形成物流龙头企业的集聚，以仓储和运输为主导功能和业务，也会吸引一些物流相关联的加工企业。

（二）发展路径

依托于物流聚集带动的特色小镇，在未来产业升级路径上，应依托信息化技术的发展，延伸聚集相应互联网、金融机构，完善除货、场之外的人才、信息、资本，形成"现代物流＋互联网＋金融"的现代物流服务产业体系。

现代物流产业将运输、仓储、装卸、加工、整理、配送、信息等方面有机结合，形成完整的供应链，主要聚集包括供应链管理企业、物流企业、物流金融保险企业、物流互联网企业、物流装备制造企业等多类

企业，提供集展示、交易、仓储、配送、结算、管理等一体化综合服务。未来将逐步向以规模化、网络化、智慧化为客户提供低成本服务的方向发展，甚至能实现无仓库的低耗物流服务。

六、外来消费聚集型——基于三产的消费聚集实现"带二产、促一产"的发展效应

（一）发展特点

特色小镇本就是新型经济和消费发展的纽带，一些产业及经济基础相对薄弱的小镇，可运用消费导入的途径发展产业，如文化休闲、旅游休闲等。这种模式往往依托当地的文化资源和自然资源，而且最好要靠近消费终端市场，绿维文旅将其称为"消费聚集带动的三、二、一产业发展模式"。即以三产发展为前提，人流聚集为重点，带动区域二产、一产联动发展的一体化发展结构。不同于有一定产业基础的小镇，其重点在于紧抓市场节奏、市场需求和消费动向，不断进行创新，并提供多元化服务，以旅游小镇体现最为明显。

旅游小镇以核心资源的分析挖掘为起点，通过对资源的特色化、产品化包装形成吸引物、吸引核，从而聚集人气，形成旅游引导的消费聚集，并转化为消费产业的就业供给侧聚集，最终形成旅游产业为核心的三产服务结构，进而引导加工产业发展，带动原产地农业转型，形成产业发展的可持续结构。在我国中西部经济欠发达地区，生态环境良好、地域文化鲜明，更容易依靠消费导入来带动产业发展。

（二）发展路径

旅游消费聚集模式，是以旅游发展带动其他与旅游相关的泛旅游产业的发展，形成产业融合新型业态，由游客聚集引导消费聚集，由消费聚集形成产业聚集，由产业聚集形成产业集群的过程，也是由三产带动区域二产、一产联动发展的一体化发展结构。如图3-8-2。

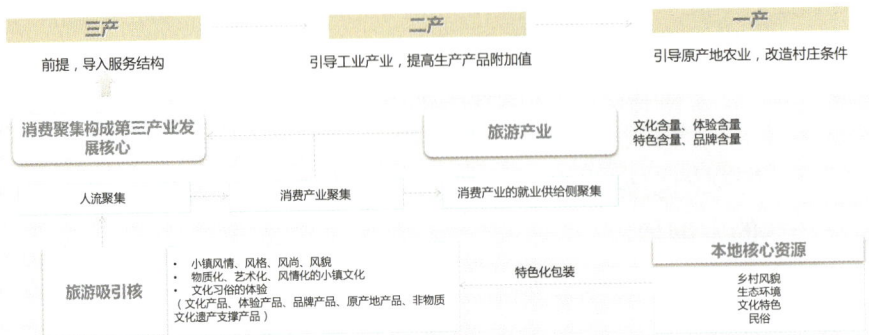

图 3-8-2　"三二一"的产业培育模式

第一，形成三产聚集中心。依托资源优势，以文旅产业为核心，形成具有很强旅游吸引力的产业业态聚集中心，如古镇、度假群、美食街，形成特色小镇的三产服务结构。围绕聚集中心，企业之间通过产品的交易、旅游项目的联合开发形成聚集体。通过培育产业间的融合，形成多元功能的延伸，不断发挥规模集聚效应，形成多元化旅游产品供给。

第二，引导工业产业，提升产品附加值。在旅游聚集的基础上，形成人的聚集，从而带来消费的聚集，消费产业的聚集带动以加工业为主的工业产业的发展，逐渐形成二产的发展体系。

第三，带动一产的转型和升级。随着产业链的延伸，加工业的发展对原材料产生了更多的需求，对农林牧副渔为主的一产的需求增加，一产也同时会根据三产、二产的需求进行转型和升级。

七、高端服务要素聚集型——基于科研、教育、金融，通过孵化驱动企业聚集

（一）发展特点

高端要素，即高级生产要素，是相对于传统基本生产要素而言的。劳动力、土地（资源）和资本等是维系国民经济运行及市场主体生产经营的基本生产要素。随着科学技术的进步和知识产权的发展，技术劳动力、

科技基础、知识产权等已成为现代社会生产中更重要的高端生产要素。依托高端要素发展的小镇一般布局在大、中城市周边，注重以创新资源为核心，以人才引进为重点，同时现代金融也是关键，最终基于高端要素实现孵化集聚。

（二）发展路径

有着高端要素聚集基础的小镇，其产业发展最重要的是要实现科技、知识成果的孵化转化。一方面要形成政策配套的衔接和有效集成，搭建公共孵化平台，根据需求针对性的完成信息推送和对接服务，形成集众创空间、科企孵化中心、商务生活配套等设施与一体的创新孵化基地。另一方面要加大金融资本的吸引力度，支持金融机构、创业投资机构等与专业科技企业孵化器合作，引入符合成果孵化特点的创业投资、银行信贷、融资路演等专业化金融服务，最终通过孵化服务驱动的企业聚集。

综上，无论哪种类型的特色小镇开发，都必须立足于本地，以市场化为原则，通过招商运营管理，形成市场口碑，扩大市场影响力和知名度，从而做大做强产业链，通过核心竞争力实现小镇的整体经济效益。

特色小镇业态创新的途径探讨

　　"业态"最早出现在第三产业中的零售业，是为满足不同消费者的特定需求，按照一定的战略目标进行相应要素组合，而形成的提供确定商品和服务的经营形态。

　　随着经济的发展、信息化的推进、市场需求的变化，业态不仅扩展到第三产业，与第一产业、第二产业的融合趋势也越来也明显，在产业融合发展的影响下，"业态"开始用作表征一切产业活动的存在形式或经营形态，成为产业发展层次和阶段的外在体现。因此，业态创新对特色小镇既有产业的升级、导入产业的培育和经济的增长将产生巨大促进作用，同时，特色化发展的小镇也成为新业态催生的孵化器。

　　创新业态的作用一方面体现在助力产业链的强链提升、补链细分上，另一方面体现在突破产业边界、促进产业相互渗透上。可以通过新技术运用、产业泛融合、市场新需求、新商业模式等途径实现产业业态的创新。

一、业态创新成为产业发展的重要抓手

　　业态是产业发展层次和阶段的外化体现，由业态创新所引发的产业变革已经成为经济发展的新动力。

（一）创新特色业态将开辟新的市场空间

　　特色小镇业态创新的根本是以形成消费吸引为基础。在产业升级的带动下，业态也将不断改良、创新、升级换代，从而满足新的消费需求，通过创新避免同质化发展，并给小镇带来新的机会点。所以要领先于消费者的步伐，不断探索，把寻找和洞察消费者真实需求当作制定一切创

新策略的依据。

在特色小镇产业发展中，特色新业态成为推动消费革命的主要动力和推动消费增长的强大引擎，成为转型升级的突破口。业态创新可开辟市场空间，源于其最终面对的是消费者，当产业或企业拥有了创新业态，就会拥有独特的竞争力优势，甚至推动市场的重新洗牌和新一轮的消费革命。

（二）创新特色业态促进产业结构转型

特色小镇的产业发展要完成产业升级转型和产业生态环境的创造，而新业态能成为实现产业转型升级的着力点，因为其往往能吸纳创业者、风投资本、人才等高端要素和资源集聚，进而促进产业链、创新链、人才链的产业生态环境的完善。

二、业态创新的途径探讨

基于基础资源或传统产业发展，业态创新应站在市场竞争的角度，从技术推动、产业联动、需求拉动、模式带动四个方面激励创新实现。特色小镇的企业主体必须培育互联网思维、树立市场经济意识，依靠新技术推动和新商业模式带动，实现新业态成长，为服务业快速健康发展提供持续动力。

（一）技术推动下的创新

1. 知识、科技为核心的突破创新

特色小镇发展中要鼓励和引导主体企业借助研发团队或研发机构，针对主导产业创新研发、创意设计等需求，搭建科技创新服务平台，积极开展颠覆性技术研发，特别是在某一产业领域前沿实现原创性突破，研发出全新产品，并围绕新技术衍生出新业态。比如，科技带动下所产生的网络游戏、文化旅游等新兴文化业态，催生了新的消费群体，带动了新的消费热点，推动文化产业发展迈上了新台阶。

前沿链接

浙江省科学技术厅专门出台了《关于发挥科技创新作用推进浙江特色小镇建设的意见》

为了充分发挥科技创新的支撑和引领作用，更好地服务和助力特色小镇建设，浙江省科学技术厅提出让科技创新积极参与到特色小镇的建设中，集聚创新人才，转化科技成果，打造创业平台，发展新业态、新模式和新产业。主要集中在两个方面：

（1）结合特色小镇建设，规划布局众创空间或星创天地。鼓励市县科技部门要加强与特色小镇建设单位的沟通和联系，立足特色小镇主导产业发展技术需求，主动谋划并建设众创空间（星创天地）。

（2）谋划设计并启动实施一批特色小镇科技项目。市县科技部门要结合特色小镇主导产业技术需求和建设规划，在产业技术创新、科技与文化融合、智慧旅游、产品创意设计和创意生态农业等方面主动谋划设计并启动实施一批科技项目。在"三生融合""三位一体"下，积极推广应用"互联网+"、大数据应用、智慧制造等先进技术和产品，构建适合新业态发展的运行环境，探索和创新一批适应市场机制的新模式，推进互联网技术与小镇主导产业的深度融合。

2. 互联网技术的运用创新

移动互联网、社交化技术的广泛应用，为创新和培育新业态提供了更多机遇，也已经产生了以服务外包、电子商务、互联网金融、网络物流、网络零售、网络游戏、在线教育为代表的新型业态。基于互联网技术支撑的新业态，多为新的服务模式，有着跨越空间距离和时间边界的特点，能在全球范围内成为拉动消费、带动产业升级的新动力。如带动公共服务、医疗服务、旅游服务等领域的大数据；利用信息化手段推动制造业的云制造等。

（二）产业泛融合下的创新

产业融合是指不同产业或同一产业不同行业通过相互渗透、相互交叉，最终融合为一体，逐步形成新的产业属性或新型产业形态的发展过程。目前产业界限越来越模糊，多种产业联动、融合的趋势也日益明显。服务业在国民经济和世界经济中的地位不断上升，逐步处于经济的核心地带，对产业融合的重要性日益凸显，服务业的强黏合功能，成为一切产业融合的关键。也正因为如此，产业融合下的业态创新多指基于一产、二产的发展，通过与服务业的融合所创新形成的新业态。

案例链接

浙江省诸暨袜艺小镇的袜业造梦工场（基于传统制造业和服务业融合的业态创新）

作为全球最大的袜子生产基地和中国"袜业之乡"的大唐镇，于2014年开始采取专项整治行动，淘汰低端产能，规范经营场所和经营行为，将原有的传统制造生产升级到智能制造，并大力创建了一个创意升级平台，即袜业智库，其中引进了纺织袜业研究院、淘宝大学、天津股权交易所诸暨服务中心、高伦新材料研发机构、袜业指数发布中心、WA空间艺术中心、博物院等项目，还有25所高校的研究生定期入驻进行创作、研究，成为聚集人才和信息的袜业"造梦"工场。

围绕"袜业智库"这一平台，又搭建了四大中心。一是与20多所院校战略合作，构建云端人才库，形成世界袜业创意设计中心；二是与西安工程大学校地合作，建成打样定制中心；三是依托纺织袜业研究院检测中心的职能，建成全方位检测中心；四是投资500万元筹建新产品发布中心,从源头上掌握袜业时尚的风向标。

通过袜业制造与文化艺术、创意设计的融合联动,大唐袜业以技术、品牌、质量、服务为核心的"供给侧改革",正在重塑袜艺小镇的产业形态和规模。大唐袜业正从低附加值的日用品变身为功能性的时尚单品,"袜业"正升级为"袜艺",在袜子产销量同比下降5.7%和4.2%的背景下,袜业的产出效益和财政收入却在不断增长。大唐镇也发展成了融"智能、商贸、旅游、居住"等功能于一体的"袜艺小镇"。

(三)市场新需求拉动下的创新

市场新需求对应的是市场消费空间,能获得市场认可的新业态,必然会带动经济的增收。新的消费方式和个性化需求是引发新业态的重要动力,也是促进供给侧改革的重点,根据马斯洛需求层次理论,随着社会的发展和人们生活水平的提高,影视娱乐、旅游文化、教育医疗等新的消费需求将出现井喷。

基于市场需求下的产业业态多为服务业态,依托服务业态带动生产,将有效提升传统产业转型升级。在特色小镇中起引导作用的政府要鼓励和支持主体企业迎合市场需求,力争满足新经济条件下消费者个性化、细分化的需求,不断开发出新产品业态和新服务业态,形成强烈的市场吸引力,从而带动产业发展。

案例链接

嘉善的巧克力甜蜜小镇(顺应市场需求延伸产业链)

巧克力甜蜜小镇成为基于释放消费需求,创新供给改革的典型示范。

一方面，过去我国巧克力市场需求完全依靠进口来解决，而"歌斐颂"巧克力品牌引入国内生产并探索开发自己的巧克力品牌，可以说是填补了我国巧克力市场空白，大胆的尝试和创造新的市场、新的消费！

另一方面，巧克力主要消费人群的平均年龄在 15~24 岁之间，这一阶段人群的感情需求特点最为明显，以甜蜜、爱情为主，巧克力甜蜜小镇正是看准了市场需求，在发展巧克力产业上创新了"巧克力 DIY、定制"的甜蜜体验业态，并紧密结合婚庆、蜜月游的朝阳发展，以及消费者的"私人定制""一站式服务"的市场倾向，从婚纱摄影的初步吸引延伸服务产业链，打造"一站式蜜月度假"新业态服务。

据了解，2015 年歌斐颂实现巧克力销售 1500 万元，其中 80% 以上来自婚庆板块。可以说产业本身及市场体验两大环节已经形成了良性互动，符合产业发展方向、符合市场导向、能满足社会消费需求，有特色、有生命、有效益，其实是一种针对市场的供给侧发力。

（四）商业模式带动的创新

从国家层面来看，业态的创新需要政府开展制度创新和营造商业运营模式创新的生态体系，完善市场的公平竞争环境，全面推动业态创新。鼓励有新想法、新创意的创业者或团队大胆突破，通过商业模式创新，推动产业新业态的出现。

当传统产业进入成熟期后，出现同质化、规模化竞争，导致盈利模式处于停滞时，新的变革需求和挑战实践下会出现新商业模式，多以提升市场竞争力为出发点，以产业转型为目的。创新的模式一般意味着打破常规，同时会对金融等关键资源的获取和拓展产生增强效应，为业务和收益的多样化创造条件，从而使竞争优势不断放大和提升。例如目前出现的基于众筹商业模式的众筹服务业态、基于社交商业模式的生产定制业态等。

第九章　特色小镇的空间规划

特色小镇的规划要求与规划体系

　　经过一年多的发展，各地方政府及开发商对特色小镇的关注已逐渐从是什么，转向了如何建设。规划作为特色小镇建设的前提与指引，其重要性越来越凸显。但特色小镇要求生产、生活、生态"三生融合"，涉及产业、居住、环境、乡村等各个领域，其规划既要极具地方特色，又要高度专业化、多元融合化，是一种复杂的、有针对性的综合规划。传统城市规划无法有效满足特色小镇的要求，加之特色小镇规划目前还处在探索阶段，没有形成体系，现在很多地方仍然以传统的大而全的城市规划手法，或园区规划手法，来指导特色小镇的建设，形成了错误的示范。因此本文，将以"创新、协调、绿色、开放、共享"五大发展理念为基础，结合国家及地方对特色小镇的要求，梳理特色小镇的规划要求，并结合绿维文旅多年来的规划经验，尝试构建特色小镇的规划体系。

一、特色小镇的规划要求

　　绿维文旅认为，特色小镇规划是在统筹产业发展、生活居住、生态保护基础上，运用新技术、新理念，结合产业运营与城镇运营，对城市空间进行优化提升，对城市土地进行集约运用，对城市环境进行保护性开发的建设指引性规划，是一种各要素高度关联的综合性规划。其重点是要处理好小镇发展与土地利用、产业发展、居住社区建设、生态环境保护、历史文化传承的关系。

（一）"多规合一"，一张"蓝图"到底

　　我国传统城市规划在实施中，由于管理主体的多元化，造成编制、审批部门和技术标准等存在一些差异。特色小镇规划作为各种要素高度关联的综合型规划，必须坚持"多规合一"。即在"信息及业务管理、

审查审批、批后监管"统一的协同推进下，以城市总体规划和土地利用总体规划"两规合一"为基础，统筹生产、生活、生态"三生空间"，协调住建、交通、水利、农业等部门，在没有新增规划的情况下，在一张底图上共同划定各类控制线，形成无缝对接的"一张蓝图"，统筹考虑，避免各部门之间的规划出现矛盾。

（二）以人为核心，服务于民生

新型城镇化是以人为核心的城镇化，不是简单的造城、造房子，而是要促使农民真正的转化为市民，享受到与城市居民同样的基础设施与公共服务。因此，特色小镇的规划要以居民的各种需求为出发点，一是通过完善、人性化的基础设施与公共服务设施规划，大到银行、商店、邮局、医院、学校，小到休闲小品、公厕、自动收费设施等，为居民提供便捷的服务；二是为居民打造完整的社区空间，形成 10 ～ 15 分钟社区生活圈，并通过公共交通，与工作区域实现有效联动，形成合理的就业半径；三是为居民打造多样化、分散布局的休闲空间，包括健身公园、露天营地、社区活动中心等。

（三）尊重现有肌理，保留传统记忆

特色小镇要想不落入"千镇一面"的尴尬局面，就要从自身发展基础上找突破，在尊重与顺应现状的基础上，结合现代化发展要求，实现规划创新，同时在情感上也保留一份对小镇过去的记忆。2017 年 7 月份住房城乡建设部发布的《关于保持和彰显特色小镇特色若干问题的通知》中，明确提出，特色小镇规划要与地形地貌有机结合，融入山水林田湖等自然要素，彰显优美的山水格局和高低错落的天际线；要尊重现有路网、空间格局和生产生活方式，在此基础上，下细致功夫解决老街区功能不完善、环境脏乱差等问题；在风貌上，新建区要延续传统风貌，体现地域特征、民族特色和时代风貌。

（四）传承历史文化，不断进行创新发展

经过上百年、上千年发展，沉淀下来的历史文化，既是小镇的文化核心，也是其特质与精神的集中体现。过去，在我国"运动式"城镇化

的推进过程中，大量的城市文化遗存被遗弃，高楼大厦入侵，导致城市本身特质逐渐消失，"特色化"无从体现。特色小镇在规划中，应将独有的历史记忆作为塑造特色与培育精神标识的核心，实现两方面的协调发展：

一是历史文化的保护与活化传承之间的协调。《关于保持和彰显特色小镇特色若干问题的通知》中提出，特色小镇的规划建设应"保护小镇传统格局、历史风貌，保护不可移动文物，及时修缮历史建筑"，同时应活化非物质文化遗产，"充分挖掘利用非物质文化遗产价值，建设一批生产、传承和展示场所，培养一批文化传承人和工匠，避免将非物质文化遗产低俗化、过度商业化"。

二是传统生活印记保留与现代化发展之间的协调。即在保留一些有价值的建筑、空间、环境、肌理的基础上，结合现代人的需求，推进设施现代化、规划人本化、生活便利化、服务完善化、环境生态化，实现基于功能需求之下的传统与现代的完美融合。

（五）产城一体化，实现职住平衡

产城一体化从城镇角度来说，是指实现产业发展与城镇发展的有效融合，即以主导产业为核心，根据其发展需求及集聚的人口特征，配置相关的服务配套；从居民角度来说，是实现就业、居住与生活的融合，即打造宜居宜业宜游的工作与生活空间。产城一体化包括五大要素自身的融合以及之间的相互融合，即产业要素、服务要素、生态要素、空间要素、交通要素。

产业要素是核心：产业集群化发展聚集的人口，构建了城镇化的基础；不同产业以及不同产业聚集的不同特征人群，对服务、生态、交通以及空间的需求各异，决定了小镇的发展方向及外部呈现。

服务要素是保障：包括生产性服务与生活性服务。生产性服务需围绕主导产业及核心企业的需求进行布置，一般呈现聚集式布局。生活性服务包括学校、医院、邮政等公共服务，以及银行、电信、超市等城市商业服务，其布局一般根据常住人口的需求，呈现多层次、完善化、组团式布局。

生态要素是基础：在现代服务业及智慧产业火速发展的今天，当产业已经逐渐摆脱矿产、电力等资源的限制时，生态要素已经成为驱动产业发展及人口聚集的一大重要因素，尤其是对于高端人群来说，生态环境优美的区域，有着极高的吸引力。生态要素除自身拥有的环境、气候等自然生态外，还包括后期规划的环境保护、生态绿地系统、人文景观风貌等。

空间要素是载体：空间是产业、居住、服务等功能之间的有效合理安排。根据主导产业对交通、周边环境、相关配套产业的要求，以及产业人口对居住、服务的要求，进行相对应的空间布局。反过来，合理的空间布局，又会对产业的发展产生促进作用。

交通要素是骨架：服务于产业的生产性交通决定了产业的发展空间，其关键一是要与外部道路形成便利的连接，二是要处理好与城市生活交通的关系。生活性交通应该形成多层次、立体化、网络型交通布局，方便人们出行，并倡导绿色交通、慢行交通体系。

（六）空间布局集约化，重点在于提升现有功能

传统的"摊大饼式、贪大求最"的做法，已经逐渐被社会所摒弃，"优化国土空间开发格局"是我国下一步深化改革的重要内容。特色小镇的空间布局应在统筹考虑产业基础、生产力布局、服务设施、人口分布、资源现状等因素的基础上，合理界定规模范围，坚持紧凑布局和节约集约利用土地，尽可能激活、提升原有城镇功能，增强现有设施的使用率，避免盲目的大拆大建与重复建设。同时还要注意各功能区之间的融合，适度对土地进行混合规划，尽量降低成本。

空间集约化，一方面是基于国土空间的优化及经济成本的控制，另一方面也是基于特色小镇本身的发展需求。著名经济学家周其仁教授指出，创新发生的关键是"密度"与"浓度"。密度是指企业在一定区域聚集数量的多少，而浓度指的是企业之间的相互交流与连接。只有来自不同领域，或处于同一领域不同产业链上的企业进行交流融合，才能诞生创意。因此，集约化、关联性强的空间布局，对于依托创新发展的特色小镇至关重要。这一方面需要借鉴国内外成功经验，进行适度超前的规划，另一方面还需要新技术的辅助，比如互联网技术、虚拟技术，可大大提升规划的科学性，通过虚拟世界的联通，弥补一些时间、空间上的分散割裂问题。

（七）基于城市运营，实现规划的经济价值

在新型城镇化战略背景下，特色小镇规划不是简单的基于功能实现的空间落地，更多的是站在城市运营的角度，通过科学、合理、经济、有效的空间安排及系统搭建，为城镇的整体有效发展、资源溢价、投资增值收益等奠定基础。因此，规划讲究的不单单是功能的落地，更重要的是要产生价值。比如，国外很多机场、地铁站，诸如波特兰国际机场PDX、日本新宿地铁站，通过土地混合利用策略，充分利用交通集散的人流，与饮食、超市、日用品商店等多种业态混合配置，将人流变为商流，既方便了旅客及办公人群，又带来了极高的商业价值。

二、特色小镇的规划体系

目前国家以及各省市对特色小镇规划的要求，没有统一的说法，各规划单位也没有形成定式，本着解决问题为出发点，绿维文旅对其规划进行了探索，提出了"一大顶层设计 + 四大'多规合一'理念下的规划 + 一大城市风貌与景观设计 + 四个专题研究"的规划体系。

（一）一大顶层设计

特色小镇的顶层设计，主要是通过系统、全面、深入的分析，统筹各方要素，解决特色小镇的发展定位、发展战略、发展模式与发展路径问题，从战略高度上，把控对特色小镇发展起着决定性作用的要素。总体上来看，顶层设计需要解决发展什么产业、实现什么目标、如何实现目标、需要什么产品与资源支撑、谁来开发、谁来运营、如何获得开发资金、如何收益等问题，即弄清楚"产业、钱、人"三大核心要点。因此这就需要一整套的全案策划来解决，包括开发策划、产品策划、运营策划、融资策划等。

开发策划：以旅游综合开发为模型，形成现金流流转、投资分期、开发运作计划制订。

产品策划：以创意文化为基础，以自然资源、文化资源及产业资源为核心，以市场为导向，包含两方面的产品内容：一是与特色产业相关，包括产业发展方向与模式的确定、产业集群的构建、产业项目的开发等；二是与旅游相关，包括旅游创意产品的开发、游憩方式的设计、旅游收入结构的设计等。

运营策划：即在进行市调及大数据研究，掌握市场规律的基础上，整合各种资源与渠道，通过一系列运作手段的设计，对小镇进行推广、经营并实现盈利。包括：市场定位、品牌定位、业态策划、IP 资源导入、收入模式设计、运营模式设计、营销策划、运营管理等。

（二）四大"多规合一"理念下的规划

特色小镇不仅要编制概念规划、总体规划，还要编制控制性详细规划与修建性详细规划，将战略思路与项目产品落到空间架构上，以指导小镇真正的落地建设。以上这些规划的主要内容，应与所在地的国民经济社会发展规划、城乡规划、土地利用规划和生态环境保护规划等进行充分对接，在符合小镇生态控制线、基本农田控制线、城镇增长边界控制线和产业区块控制线"四线"管控的条件下，提供以下问题的解决方案：

用地布局与安排：在全域范围内，统筹安排产业用地、建设用地、农业用地、生态用地、商业用地和其他用地，并充分考虑建设用地拓展需求；

功能分区：根据产业发展需求及居民工作、休闲、交通需求，落实产业、旅游、社区、文化功能，合理安排土地使用强度，科学进行空间布局，促进功能适度融合；

交通组织：统筹考虑外联与内联、产业与生活之间的协调发展，明确特色小镇主要产业路网及生活路网架构；

市政基础设施与公共服务设施配套：明确特色小镇给排水、电力电信、燃气、环卫等市政基础设施以及医院、学校、银行、电信等公共服务设施的层级、布局及建设要求；

人居环境规划：以主客共享为建设理念，营造彰显本土文化、生态环境优美、服务设施完善的小镇人居环境；

智慧系统及设施规划：基于互联网、物联网以及虚拟技术，构建智慧政务、智慧交通、智慧医疗、智能家庭等管理与服务体系，并合理布局智能设施。

（三）一大城镇风貌与景观设计

风貌与景观设计是塑造小镇特色的一大重要手段，在"精而美"的总体要求下，应运用生态化、游乐化、体验化、本土化等手法，通过对本土文化的挖掘、本土材料的运用、本体生态环境的依托、原有空间肌理的保留与改善，形成层次分明、错落有致的整体空间风貌；形成历史人文浓厚、个性鲜明突出的建筑风貌；形成自然与人文完美融合的景观风貌，塑造"一镇一风格"。

整体空间风貌：尊重当地的自然环境和地理气候，把握本地特色和本地发展的需求，依托已有的空间肌理与形态，确定整体风貌基调，进行重要空间形态设计，打造独特和纯粹的整体空间风貌；

建筑风貌：提炼本土化建筑元素与风格，在延续传统建筑形式、构件和风貌的基础上，植入现代审美与生活方式，运用创意化手法，强化建筑风格设计，明确与产业发展及现代化生活方式更加匹配的建筑风貌；

景观风貌：需在确定特色小镇文化基因的基础上，全方位渗入景观廊道、公共休闲空间、城镇标识系统、城市家具、重要景观节点等的设计中，营造独特的景观风貌；

重要场所风貌：小城镇里能够体现特色风貌的场所，主要包括滨水地带、休闲活动广场、巷道、绿地系统、慢行步道以及博物馆、展览馆等公共建筑。

（四）四大专题研究

产业研究：包括产业发展基础分析；主导产业筛选；主导产业发展逻辑分析；主导产业发展机遇及挑战分析；产业战略定位及目标；产业集群构建；重点产业建设项目；产业扶持政策及保障措施研究等。

文化研究：包括文化资源梳理；文化元素及特征提炼；文化发展战略及目标；文化创意方向及手法；文化建设项目；文化保护措施等。

体制机制研究：包括现有体制机制问题剖析；先进体制机制借鉴；本项目体制机制设计；管理机构建议；管理方式设计等。

智慧城镇研究：包括智慧政务、智慧服务、智慧旅游、智慧交通、智慧医疗、智慧教育、智慧营销七大智慧系统的研究。

特色小镇空间布局影响因素及形态分类

特色小镇的空间是内外部各种社会、经济、政治力量相互作用的物质空间反映，是各种因素综合作用的结果。特色小镇总体空间布局就是对各类用地进行合理功能组织，使其空间形态达到近期建设的科学性、远期发展的可持续性。本篇针对影响特色小镇空间布局的因素进行分析，同时总结出几种空间形态模式，希望对未来特色小镇的发展有一定参考作用。

一、特色小镇空间布局的影响因素

特色小镇空间布局影响因素多样，其中，直接影响因素包括现状布局、自然环境、土地资源条件、交通条件、产业因素、政策因素和社会职能因素等，间接因素主要包括土地市场因素、技术水平、人口因素等。

（一）现状布局

该因素的影响主要体现在以已经有现状布局形态的建制镇为依托的特色小镇。现状布局是不断发展演变而来的，综合反映了历史、政治、经济、交通、资源条件及科技发展对空间布局的影响。特色小镇的规划布局要充分考虑现状条件，并以此为基础，完善空间发展与产业要素的合理配置。

（二）自然环境

特色小镇的发展一般依赖于优越的自然条件。自然条件包括现状地形地貌、水文矿产、气候风向等因素，通常不能单独对小镇空间产生影响，而是通过与其他因素结合共同作用于小镇。自古以来聚落分布遵循顺应自然、区位择优的规律，因此地理自然对于小镇空间的形成与发展来说，是"有此未必然，无此必不然"的利害因素。自然环境会影响到工业、商业、居住与农业的空间布局，地形地貌（山体、河流等）会整体分割小镇，使其空间布局呈现相对分散的形态特征。

（三）土地资源条件

土地资源条件主要体现在建设条件上，是特色小镇空间布局的重要影响因素，储备的土地条件有不适宜建设、限制建设、禁止建设和可建设土地等分类，尤其是在平原盆地地区，现以耕地覆盖为主，基本农田和林地性质土地的禁止建设性影响着小镇的空间形态。可见良好的用地条件，是小镇建设发展的必要条件和影响其空间布局的重要因素。

（四）对外交通条件

对外交通作为特色小镇对外交流和内部交流的生命线，是一把双刃剑，对小镇的功能结构和布局形态有着直接影响。主要表现在对小镇用地扩展、功能组成、用地价值及吸引力、空间布局形式的影响。

（五）产业发展

特色小镇以产业建"镇"，不同主导产业结构、上下游产业链的发展，对小镇的空间布局有着不同的要求。例如，以工业型产业为主导的特色小镇，产业与空间相匹配，内部叠加多元化功能，能集聚、锁定高端要素，发挥出特色小镇的生产力优势；以文化型为主导的旅游小镇，多重功能的旅游、休闲区域相结合，一般空间格局较简单，商业集中布局，建筑风格也会受到地域文化的影响。

（六）小镇（社会）职能

小镇在上下级体系中往往承担着某种职能，在一定区域范围内的政治、经济、文化中具有自身的地位和作用，不同职能会直接影响小镇的规模、用地构成、居民活动半径、出行方式等。因此不同职能的小镇在功能组织和空间结构上都具有一定的差异性，一些不可预见的社会与经济因素也将成为小镇总体空间布局的决定因素。

（七）政策影响

特色小镇受政府引导运作，各个省份制定了有关产业发展定位、土地保障要素、集约利用条件等方面的发展建议，在一定时限和空间范围内，使小镇的空间形态呈现千差万别。

综上所述，影响特色小镇空间布局的因素是多样的，它们共同作用于小镇，形成千差万别的空间形态。

二、特色小镇的空间形态分类

（一）块状形态

块状形态是小镇常见的空间布局形态，尤其是在平原等地势比较平坦的区域范围内。该空间形态呈集中块状布局，主要是受现状布局、交通条件和产业要素等因素的影响。块状形态用地紧凑，生产与生活连片，形成方形、圆形、扇形等集中空间形态，内部路网呈较规整的网格状。

块状形态下，特色小镇形成单中心后带动周边区域发展。该形态便于集中设置市政基础设施、共享公服设施、合理有效利用土地，也容易组织内部道路交通。但容易形成"摊大饼"式蔓延，若小镇在发展过程中失去规划管控，将面临很多城镇问题。

（二）带状形态

特色小镇带状形态的形成主要是受自然条件、交通条件所限，依赖山体、河流、交通干线（公路、铁路分割）呈 U 型、S 型等长条带状蔓延，由主要道路承担各项生产生活交通功能。该模式的特色小镇一般规模不会很大，整体上使各部分均能接近周围自然生态环境，空间形态的平面布局和交通路网组织也较单一。同时面临着基础设施和公共服务设施服务距离过长的问题，因此需要分区建设次级综合服务区或服务中心，重点解决纵向交通联系问题。

（三）组团状形态

组团状形态主要呈集中组团状和分散组团状两种形式。其中集中式组团特色小镇的形成主要受自然环境、土地资源条件、交通条件、政策因素等所限，划分为几个独立式组团，由几条主要道路贯通、用地上是紧凑的，各地块的功能与空间布局有机联系，小镇生活与生产空间相对独立，组团之间由生态绿廊或交通纽带贯穿。该类型空间形态主要适用于"非镇非区"型且受外界影响因素较大的特色小镇。分散式组团状形态主要受政策因素影响较大，且这种模式体现出有机疏散的优势，但该模式空间较散，投资较大，不太适用于特色小镇3平方公里的打造。

综上，特色小镇的空间形态有其客观规律可寻，有的是因为所处地理区位和自然环境影响因素（山地、水系、河流、港口等），有的则是受城市规划、小镇性质或社会职能配置等非自然条件影响（交通、建设条件、政策因素、风景旅游区等）。前者在规划和建设上是不可能或难以改变的，后者是可控或可引导逐渐发生改善的。因此特色小镇的空间布局在遵照城乡总体规划的基础上，合理进行影响因子判定，促使特色小镇朝着理想方向发展是非常必要的。

特色小镇的基础设施与公共服务设施规划

一、基于高效的设施配置理念

（一）区别化——区别公益性与市场性

现在多数小镇存在现有设施利用率不高的问题。为了均等化，政府的大量投入却没有换来应有的效果，通常就是因为忽略了市场的作用，没有区分政府与市场的边界。因此，在公共服务设施的配置中，应该划分政府与市场的合理边界，鼓励经济基础较好的地区实现市场化调节。公益性设施主要包括行政管理、文化体育和公共交通等；偏公益性设施主要包括邮政金融、教育医疗和社会福利设施，而市场性设施主要为商贸服务设施。

（二）共享化——基于互联网实现设施共享

一些地方的公共服务设施往往根据均好性与服务半径，机械式的进行设置，由于忽略了市场作用与人口变化情况，导致很多设施虽然配置的质量与规模都较好，但使用效率不高。然而，基于互联网的设施共享模式，一方面在更大的区域里进行了公共服务设施的共享，另一方面将设施的使用时间极致细分，实现更多人、更多时间的共享，从而极大地提高了公共设施的使用效率。互联网时代，特色小镇公共服务设施的共享呈现出范围广、种类多、市场化的特点。

（三）智慧化——平台化运作

对于特色小镇的基础设施与公共服务设施，建议采用平台化的运营方法，将相关的设施与服务集中到统一的平台上进行管理运营，从而实现大数据支撑下的智慧安排、智慧服务、智慧提示、智慧选择、智慧管理等。比如，一些旅游小镇，运用互联网、云计算等高科技手段，对接游客的自主旅行方式，提供智慧化导游、智慧化营销、智慧化购物等服务。

（四）特色化——实现"私人定制"

特色小镇的公共服务体系最重要的是"特色化"思维，规划应当深度挖掘当地文化、生态元素，打造具有一定的景观性、文化性的公共服务设施，与整体环境氛围相融合。

（五）人性化——一切以人的需求为本

特色小镇的公共服务一定要以居民和游客为本，从体验角度，全面考虑不同人群的需求，把"爱"融入公共产品和服务，打造精神中心而非体量地标中心，打造服务中心而非权力中心，使其融合小城镇空间而非压制小城镇空间。这就需要打造便民惠民的公共服务设施，提供细致舒心的旅游公共服务和公共服务设施，提升居民和游客的满意度。

（六）生态化——与生态环境融为一体

特色小镇的公共服务体系不同于城市建设，应尽可能运用生态材料打造相关设施，与当地生态环境融为一体。

（七）实用化——基于需求，又适度超前

特色小镇的公共服务体系既需遵循适度超前的原则，又要充分考虑居民和游客规模，提高设施利用率，避免贪大求洋的浪费现象。

基于以上七大配置理念，本文从特色小镇公共服务设施规划体系构建、特色小镇市政工程系统构建两个层面来论述特色小镇的设施规划。

二、基于需求与分级的网络化设施体系构建

《镇规划标准》（GB 50188—2007）规定了满足建制镇生活的最基本的六大公共服务设施：行政管理、教育机构、文体科技、医疗保健、商

业金融、集贸市场，内容详见文末附表3-9-1。随着时代的发展，人们的生活方式也不断发生变化，自然也就对公共服务设施产生不同的要求。

特色小镇的功能不是要在上层行政范围内进行职能分工与产业转移，而是要求聚集优势产业进行全球化竞争，因此需要在原有国标《镇规划标准》基础上参照《城市用地分类与规划建设用地标准》（GB 50137—2011），进行公共服务设施项目的配置与提升，并且相关人均建设用地标准要符合小城镇的要求。具体而言，特色小镇应该按照公益性与市场性分为公共管理、公共服务设施与商业服务业设施。其中，公共管理与公共服务设施应当包括行政（或管委会）、文化、教育、体育、卫生、社会福利等设施，商业服务业设施应当包括商业、商务、娱乐、康体、公用设施网点等设施。总而言之，特色小镇需要在满足原来国标要求的六大类基础上，根据小镇自身的性质与规模进行强化与提升。

特色小镇公共设施的规模与能级应与服务需求相匹配，而并不是盲目的越大越好、越高越好。根据特色小镇的规模特点，一般按照服务半径和服务人口构建三级配套设施网络：片区级—街区级—社区级，对标居住区—居住小区—居住组团的三级网络，配套教育、医疗卫生、文化体育、商业服务、金融邮电、社区服务、市政公用和行政管理八类设施，并且根据特色小镇的性质和产业定位有针对性地增加相关设施。其中产业区配套设施重视生产性服务功能的引入，服务设施可有所侧重。

第一级为片区级，为整个镇区服务，结合轨道交通站点建设，是小镇与外界联系的重要窗口。特色小镇规模与居住区规模相当，相关设施指标可参考居住区级设置，应配置中学、医院、门诊、文化活动中心、综合食品店、综合百货店、餐饮、中西药店、书店、市场、其他第三产业设施、体育活动设施、街道办事处、市政管理机构（所）、派出所及其他管理用房。值得注意的是，特色小镇有对区域进行设施提升的要求，因此需要在对上一级别的服务设施现状进行梳理之后，有针对性地进行互补与提升，如增加酒店、会议中心等。

第二级为街区级，包括产业区的园区级和生活区的街道级，为综合性的配套设施。参照居住小区级公共服务设施标准配置，确定特色小镇街区级应配置托儿所、幼儿园、小学、卫生站、文化活动站（含青少年、老年活动站）、健身设施（含老年户外活动场地）、综合食品店、综合百货店、餐饮、其他第三产业设施、储蓄所、邮电所、社区服务中心（含老年人服务中心）、物业管理等类型。另外，针对产业园区，除完备的医疗、教育、商业设施之外，需有针对性地增加相关的园区管委会、警务室、食堂、茶楼、咖啡吧、停车库、人才公寓、健康服务中心、小镇图书馆、小镇职工之家、健身中心。

第三级为社区级，包括产业区的邻里级和生活区的社区级，以满足基本生活需求与有针对性的加强小型服务配套为主。参照《城市居住区规划设计规范》（GB50180—93）中组团级公共服务设施标准，确定小镇社区级应配置居民健身设施、居委会、居民停（存）车处、便民店等，以及根据产业需要，有针对性地加强服务配套，如咖啡吧、健身中心、银行网点、小超市等。

总而言之，在特色小镇的公共服务设施体系构建之中，需要与上一级别的配套服务设施进行互补，根据相关规模，参考《城市居住区规划设计规范》相关公共服务设施的配套标准进行配置，并且根据小镇的性质与产业定位有针对性地进行配套设施的强化与提升，共同形成完备的、高中低多层次的配套服务网络，等级明确、布局平衡，避免层级混淆和重复建设。

三、特色小镇的市政工程系统构建

小镇的市政工程系统包括给水工程系统、排水工程系统、电力工程系统、电信工程系统、供热工程系统、燃气工程系统、环境卫生工程系统、防灾工程系统、工程管线综合、园林绿化工程及道路交通工程等。针对特色小镇而言，除了常规的市政工程系统之外，还需要强化的是海绵小镇理念和道路交通、慢行系统、绿地系统等特色基础设施。

（一）海绵小镇

海绵小镇，是新一代城镇雨洪管理概念，是指小镇在适应环境变化和应对雨水带来的自然灾害等方面具有良好的"弹性"，也可称之为"水弹性小镇"。国际通用术语为"低影响开发雨水系统构建"。下雨时吸水、蓄水、渗水、净水，需要时将蓄存的水"释放"并加以利用。

　　海绵小镇遵循原则：海绵小镇建设应遵循生态优先等原则，将自然途径与人工措施相结合，在确保小镇排水防涝安全的前提下，最大限度地实现雨水在城镇区域的积存、渗透和净化，促进雨水资源的利用和生态环境保护。

　　海绵小镇设计理念：参照《海绵城市建设技术指南》，海绵小镇建设应强调优先利用植草沟、渗水砖、雨水花园、下沉式绿地等"绿色"措施来组织排水，以"慢排缓释"和"源头分散"控制为主要规划设计理念，既避免了洪涝，又有效地收集了雨水。

　　海绵小镇的配套设施：海绵小镇需要有"海绵体"。"海绵体"既包括河、湖、池塘等水系，也包括绿地、花园、可渗透路面这样的城市配套设施。雨水通过这些"海绵体"下渗、滞蓄、净化、回用，最后剩余部分径流通过管网、泵站外排，从而可有效提高城镇排水系统的标准，缓减特色小镇内涝的压力。

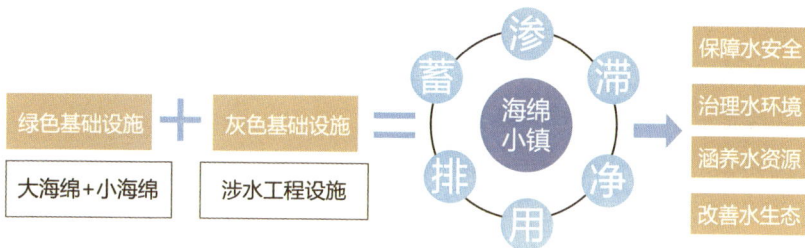

图 3-9-1　"海绵小镇"建设思路

　　海绵小镇四大工程：包括防灾减灾工程、水环境治理与生态修复工程、供水安全保障工程、城镇排水与污水处理工程。建设海绵小镇，关键在于不断提高"海绵体"的规模和质量。过去，城镇建设追求用地一马平川，往往会填湖平壑。参照《海绵城市建设技术指南》，海绵特色小镇建设过程中，应最大限度地保护原有的河湖、湿地、坑塘、沟渠等"海绵体"不受开发活动的影响；受到破坏的"海绵体"也应通过综合运用物理、生物和生态等手段逐步修复，并维持一定比例的生态空间。

（二）智慧小镇

智慧小镇在广义上指城镇信息化。即通过建设宽带多媒体信息网络、地理信息系统等基础设施平台，整合城镇信息资源，建立电子政务、电子商务、劳动社会保险等信息化社区，逐步实现城镇国民经济和社会的信息化，共享信息化资源。

智慧城镇应用情景： 包括政府热线、数字城管、应急系统、平安城市、数字环保、数字物流、数字职教、智能交通、数字巡检、数字农业、数字医疗、数字社区、数字校园、数字商务、数字监控、电子政务、数字执法等。

智慧小镇整体框架： 智慧小镇需要打造一个统一平台，设立城镇数字中心，构建三张基础网络（通信、互联、物联），通过分层建设，达到平台能力及应用的可成长性、可扩充性，创造面向未来的智慧小镇系统框架。

应用层： 应急指挥、数字城管、平安城市、政府热线、数字医疗、环境监控、智能交通、数字物流……

平台层： IT 能力、CT 能力、城市数据中心。

网络层： 通信层、互联网、物联网。

感知层： 手机、视频电话、呼叫中心、无线网关、云计算、PC、Internet、摄像头、RFID、传感器网络。

（三）特色小镇道路交通

城镇干道的空间布局形式，包括方格网式道路系统、环形放射式道路系统、自由式道路系统和混合式道路系统等四种。方格网式道路系统是最常见的道路系统，适用于地形平坦的城镇；环形放射式道路系统最初是几何构图的产物，多用于大城市；自由式道路系统，没有一定的格式，变化很多，非直线系数较大；混合式道路系统，常见的是"方格网＋环形放射式"，还有一种是链式道路网，是由一两条主要交通干路作为纽带（链），如同脊骨一样联系着较小范围的道路网而形成。常见于组合型城镇或带状发展的组团式城镇。

对于特色小镇而言，根据现状地形地貌特点和特色小镇用地布局结构，常采用环形放射式道路系统、自由式道路系统、链式道路系统，也易形成有特色的空间。另外，在特色小镇中常采用公交引导开发的 TOD 模式，鼓励公共交通，低碳环保。

（四）特色小镇慢行系统

战略方面，在特色小镇规划中，不论是从城市尺度和肌理，还是用户基础的角度，慢行交通一直都是交通发展的核心。慢行交通作为零污染、可持续的交通方式，既灵活多变、可达性强，又极大限度地保证了生态环境的完整性。因此，"以人为本"、大力发展慢行交通应作为特色小镇交通发展的战略之一。

规划方面，由于步行和自行车交通可达距离的局限性，慢行交通需要小尺度的街区承载，因此在城市规划和城市设计阶段，对街道尺度、街道立面都应有所控制，形成一个开放的、安全的、适合慢行的空间尺度和环境。在交通规划阶段，应以街道肌理为基础，合理布局慢行交通系统，包括慢行网络、慢行设施等。

城市设计方面，公共空间的打造是重点，决定了慢行是否有一个适宜发展的环境。建筑高度控制、天际线控制、开敞空间系统规划、建筑色彩设计及指引等都是城市设计的主要内容，而且关系到慢行出行的体验。

以建筑高度控制为例，道路宽度与两侧建筑高度的比例 D/H 是常常被用来描述步行者舒适度的指标（详见图 3-9-2）。当 D/H < 1 时，形成具有亲切感的街道空间，纵深狭长的空间具有较强的前进性和流动感，容易形成繁华热闹的气氛。但当 D/H 过小，小于 0.7 时，形成的建筑空间会具有压抑感，处理不当会造成紧张感。当 D/H=1~2 时，空间逐渐开敞，尺度较为均衡，通常还能够满足采光通风需求。同时可以通过在街道上布置绿色植物、增加交往活动空间等缓冲作用，使得步行空间仍然具有亲切感与较为热闹的气氛。当 D/H > 2 时，街道空间逐渐宽敞，亲和力减弱，人在街道中显得渺小、孤独，人对街道两侧建筑立面细节的感知逐渐减弱。小镇商业性街道、历史传统街道及巷路宜取 D/H < 1，内部

一般道路可取 D/H=1~2，入口主干路及内部的交通性主干路，可取 D/H ＞2，但也不宜过大。

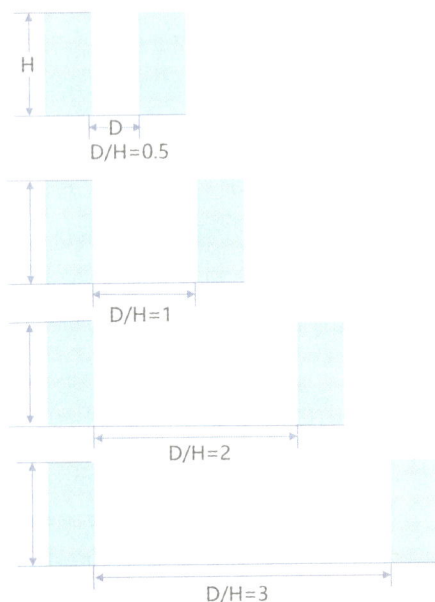

图 3-9-2　小镇 D/H 控制指标示意

（五）特色小镇绿地系统

特色小镇绿地系统布局的总目标：保持城镇生态系统的平衡，满足城市居民的户外游憩需求，满足卫生和安全防护、防灾、城市景观的要求。

特色小镇绿地系统规划布局原则如下。①整体性原则。各种绿地相互连接成网络，城市被绿地楔入或外围以绿带环绕，可充分发挥绿地的生态环境功能。②匀布原则。各级公园按各自的有效服务半径均匀分布。不同级别、类型的公园一般不相互替代。③自然原则。重视土地使用现状和地形、史迹等条件，规划尽量结合山脉、河湖、坡地、荒滩、林地及优美景观地带。④地方性原则。能使物种及其生存环境之间迅速建立食物链、食物网关系，并能有效缓解病虫害。

特色小镇绿地系统空间布局形式：包括块状绿地布局、带状绿地布局、楔形绿地系统布局、混合式绿地系统布局四种形式。①块状绿地布局：

使绿地成块均匀地分布在小镇之中，方便居民使用，但块状布局形式对改善小镇小气候条件的生态效益不太显著，对改善小镇整体艺术风貌作用不大。②带状绿地布局：多利用河湖水系、小镇道路、旧城墙等线性因素，形成纵横向绿带、放射状绿带与环状绿地交织的绿地网。带状绿地布局有利于改善和表现小镇的环境艺术风貌。③楔形绿地布局：利用从郊区伸入小镇中心由宽到窄的楔形绿地组合布局，将新鲜空气源源不断地引入镇区，能较好地改善小镇的通风条件，也有利于小镇艺术风貌的体现。④混合式绿地布局：是前三种形式的综合利用，可以做到小镇绿地布局的点、线、面结合，组成较完整的体系。其优点是能够使生活居住区获得最大的绿地接触面，方便居民游憩，有利于小气候与小镇环境卫生条件的改善，有利于丰富小镇景观的艺术风貌。

表（附）3-9-1　《镇规划标准》公共设施项目配置

类别	项目	中心镇	一般镇
一、行政管理	1. 党政、团体机构	●	●
	2. 法庭	○	—
	3. 各专项管理机构	●	●
	4. 居委会	●	●
二、教育机构	5. 专科院校	○	—
	6. 职业学校、成人教育及培训机构	○	○
	7. 高级中学	●	○
	8. 初级中学	●	●
	9. 小学	●	●
	10. 幼儿园、托儿所	●	●
三、文体科技	11. 文化站（室）、青少年及老年之家	●	●
	12. 体育场馆	●	○
	13. 科技馆	●	○
	14. 图书馆、展览馆、博物馆	●	○
	15. 影剧院、游乐健身场	●	○
	16. 广播电视台（站）	●	○

（续表）

类别	项目	中心镇	一般镇
四、医疗保健	17. 计划生育站（组）	●	●
	18. 防疫站、卫生监督站	●	●
	19. 医院、卫生院、保健站	●	○
	20. 休疗养院	○	—
	21. 专科诊所	○	○
五、商业金融	22. 百货店、食品店、超市	●	●
	23. 生产资料、建材、日杂商店	●	●
	24. 粮油店	●	●
	25. 药店	●	●
	26. 燃料店（站）	●	●
	27. 文化用品店	●	●
	28. 书店	●	●
	29. 综合商店	●	●
	30. 宾馆、旅店	●	○
	31. 饭店、饮食店、茶馆	●	●
	32. 理发馆、浴室、照相馆	●	●
	33. 综合服务站	●	●
	34. 银行、信用社、保险机构	●	○
六、集贸市场	35. 百货市场	●	●
	36. 蔬菜、果品、副食市场	●	●
	37. 粮油、土特产、畜、禽、水产市场	根据镇的特点和发展需要设置	
	38. 燃料、建材家具、生产资料市场		
	39. 其他专业市场		

注：表中●应设的项目；○可设的项目；—不设的项目。

第十章　特色小镇的创意设计

特色小镇风貌的打造思路

一、特色风貌在政策和评审中普遍被关注

国家层面在推进特色小镇、小城镇建设方面一直强调小镇的风貌要有特色，2016 年 7 月份三部委《关于开展特色小镇培育工作的通知》中，从和谐宜居环境角度提到整体格局和风貌要有典型特征。2016 年 10 月国家发展改革委《关于加快美丽特色小（城）镇建设的指导意见》中重点提到加强历史文化名城名镇名村、历史文化街区、民族风情小镇的独特风貌的保护。2017 年 3 月住建部对特色小（城）镇建设又提出突出特色风貌、避免千镇一面。

2017 年 8 月，住建部发布的第二批全国特色小镇的评审意见中，"整体风貌""特色风貌""保持和彰显小镇特色"等评语被反复提及，其中"提升镇区特色风貌塑造"出现次数最多。

二、风貌成为特色小镇的特在"形态"

特色小镇在发展中一定要充分体现其特色"形态"，包括独特的风格、风貌和风情。风格体现了小镇的性格和个性，风情是以历史文化、生活方式、风俗习惯等软环境为基础形成的文化价值，而风貌的确定既要遵循生态基础，又要以历史文化为导向，以小镇的地形地貌为依据，形成"小而美"的个性化、传承化"形态"。因此本文将从风貌着手探讨小镇特色形态的设计思路。

风貌泛指一个地方的地质风貌与文化特质。地质风貌是某一地区具有的地形、地质、地貌，例如戈壁高原、沼泽丘陵，而人文特质是指某一群体的社会活动。两者互为表里，差异化的地质风貌孕育了其独有的文化特质，而文化特质则呼应表达了差异化的地质风貌，两者交织繁复，孕育差异化风貌。

三、特色风貌的打造思路

特色小镇的风貌设计过程中，如何寻迹"特"之属性至关重要。需要按图索骥、由表及里的寻找其独特之处，要通过搜集、整理、摸索、提炼来实现。

确定小镇总体风貌定位之前，需要秉承场地精神，从场地出发去探讨，主要涉及场地资源和场地空间两个方面。场地资源包括一定地域环境内具有的物候类种和历史人文，决定小镇的具象风格和内在属性；场地空间是小镇所在地场域环境的直观呈现，决定小镇的总体形态和肌理结构。

（一）资源调查和评价是小镇风貌设计的基础和具象表达

资源涉及自然和文化等类型，需要梳理资源结构体系，论证优势资源，提炼出当地具有代表性的风貌特质元素。其过程依据调查归类、筛选比对、提炼组织三个步骤为基准展开。

1．资源归类

依照基础资料或实地勘察，调查山体、水系、生物等自然生态环境特质，梳理生态本底条件；索迹历史沿革、宗教信仰、民俗节庆、传统技艺等人文要素，明确历史人文特色条件；进一步区分为气候类、地理类、生物类、历史类、宗教风俗类五类资源进行梳理，并初步判断侧重类型，为小镇风貌设计提供基础判断。

2．资源筛选比对

在资源筛选比对之前，要先明确自然生态和历史人文两类资源的关系，进而分别明确两者的意义。二者是孕育与印证的关系，前者孕育了后者，后者印证了前者。

（1）自然生态类资源庞杂。

自然生态类进一步划分为气候类、地理类、生物类。三者决定了基本自然特征。其中气候决定了生物种类，地理则影响了生物特征，生物则印证气候及地理特征，使得局部环境展现出独有的特征，具有可辨别性。

筛选比对分为两个层面，一是大区域范围的外部类型比对，二是局部环境下的内部差异比对。

大区域范围的比对集中在气候和地理层面，首先判断气候类型，其次在同一气候类型下，地理特征的不同会产生迥异的局部气候，依照两个层面分批次筛选出可代表局部环境的特征。

局部环境的比对则集中在地理和生物层面，地理特征划分为陆地和水体两类，陆地按照空间类型分为高原、平原、山地、丘陵、盆地等，按地貌类型分丹霞地貌、喀斯特地貌、风蚀地貌等；水体按照线性和斑块性分河流、湖泊等。不同的地理类型孕育差异化的动植物群落，以此互为印证组织梳理出资源的特征特质。

（2）历史人文类资源通过时间轴寻找最具代表性的历史时段，找寻历史背景下的意义，包含历史事件、人物故事、情景传说、宗教风俗、遗迹等非物质文化遗产和物质遗产。

历史事件、故事、传说依其独特性、代表性、故事性等特性，在整理中需着重关注。整理比对具有代表性的历史时段或者故事，为小镇风貌注入"性格"特征，增加故事演绎性，为特色风貌的主题打造提供素材。

宗教风俗是一种非常普遍的社会文化现象，在宗教形成的初期，宗教与风俗视为一体，伴随着社会的发展二者逐步分离，但其中仍然具有共通处，二者都具有稳定性、群众性、社会性、民族性和地域性，拥有得天独厚的开发条件。塑造独特的信仰气质与浓郁的生活气息，成为小镇特色风貌的内在因素。

遗产类或完整保留历史形态，如具有较强历史延续性的古村落古城镇，或本身具有特色的优势条件，诸如村落肌理结构、建筑风貌形态、标志性建筑、原生的生活方式等。分析比对古村落古城镇的空间特征和时代特征，成为小镇特色风貌的外表承载。

3. 资源组织

按照分布特征将自然生态和历史人文按照基础资源与优势资源分类评估，提出风貌特色塑造过程中的优势条件与存在问题，综合评价资源特色。

在明确其资源特征的基础上，将基础资源与优势资源竖向打通糅合，以场景化、喜剧化、故事化、主题化手法组织区域风貌要素，为小镇风貌设计定调。

（二）场地空间决定了小镇的总体形态与肌理结构

特色小镇不同于大城市，城镇与周边自然环境是有机联系、相互作用变化的整体性存在，以几平方公里的空间（控制在 3 平方公里左右，其中建设用地面积控制在 1 平方公里左右）为界线，划分为内、外场域空间的设计。

1．外部场域形态的设计思路

外部场域空间是承载小镇的大地理环境，决定着小镇的总体形态，如山麓河流等地形地势，受小镇发展依托的同时，也限制、引导小镇的总体形态。例如拈花湾灵山小镇，依山就势、太湖之滨，其西侧受水域限制，依托于水展开岛链设计，东侧顺应山坳而上形成曲回婉转的波浪界线。详见图 3-10-1。

图 3-10-1 拈花湾灵山小镇的外部场域空间分析

2．内部场地肌理设计思路

内部场地空间也称为原始肌理，是小镇设计生成的实质，包括高差、坡度、水系等天然形成的肌理，也有聚落、道路、农田、荷塘等人为生产生活形成的人工肌理，两者交织形成场地原始肌理。在设计过程中要尊重原始肌理条件，才能保证设计具有较高的场地契合度，在场地原生性上延

179

续生成规划肌理。如拈花湾灵山小镇的内部肌理设计，水系渗透形成的岛链和山体褶皱形成的波浪界限成为原始肌理，在此基础上小镇规划肌理形成环岛团状肌理与向山体方向延伸的带状肌理。详见图3-10-2。

图 3-10-2　拈花湾灵山小镇的内部场域肌理分析

3. 总体形态与空间肌理咬合，一脉相承

内、外两个空间设计要形成咬合联系，外部大场域环境决定小镇总体形态，内部原始肌理生成小镇规划肌理，内、外空间要具有一体性与延续性。规划总体形态和规划肌理一脉相承，同时也是对原有场地空间关系、肌理形态的继承，使得小镇"长在"场域环境内，满足风貌设计所需的基础框架。

（三）由资源定调叠加场地分析的基础框架，得出小镇风貌定位

在风貌设计过程中要区分资源与场地的出发点和目的，资源是对区域范围内元素要素进行梳理组织，而场地则是建设范围内数据模型的分析构建，将资源定调叠加在场地空间，完成契合，引导出特色形象支撑特色风貌。

特色小镇特色风貌的设计方法

特色小镇的风貌设计要基于资源评价、场地空间分析及风貌定位，重点从整体色彩规划控制和景观风貌设计方面完成特色化构建。色彩规划设计总体调控小镇的风貌，引导风格和形式，上承地域原生特色，下启小镇环境空间设计。而环境空间设计则在形象上匹配原生风貌，在功能上承载小镇集散，具体展现差异化风貌。

一、小镇特色风貌打造基础——色彩规划控制

色彩作为地域文化的一部分，是最容易被感知的特色视觉元素，也是最有效的讯息传达媒介，同时色彩具有极大的包容性，小镇中任何事物都不能存在于色彩之外，因此，色彩足以担当展示自然风采、传承历史文化的载体，构成调控小镇风貌的基础。

（一）色彩提取主要途径

小镇色彩主要分为自然色、气象色、传统色、流行色四种类型。

自然色，就是在广泛的地域环境里能够采集到的色彩，如土地的黄色、植被的绿色、山地的淡绿等；气象色不是简单的提取，而是以气候特征入手，利用人对雾、雨、雪等现象的感知，通过气氛匹配，呈现不同的视觉效果，由此在设计中需要考虑其常规性或特色性；传统色是与地域文化密切相关的色彩，多取材于当地的建筑、服饰、物产、食物等，能直观的呈现地域文化特色，在色彩选取的类型中，需优先考虑；流行色则可取材于本地色彩，也可以是增加的互补色彩，具有时效性，在色彩设计中不可大面积铺设，可起到点缀的作用。

（二）色彩在小镇中的运用方法

首先，要对提取到的色彩元素进行统一排列和整理，进一步通过分析色彩关系，确定色彩体系，把握城镇的主辅色及点缀色系并组成色谱。其次，确定城镇色彩控制范围，分为主控区、协调区和调控区，分系统、分层面、分区域的制定色彩设计方案并编制《色彩控制技术导则》。

主控区具有历史延续特性，区域内应严格保留其原有色彩管控，辅以修复完善，力求保留原生风貌。协调区在空间上要延展主控区色彩，原则上力保在街区风貌、建筑风格、建筑高度上与主控区统一，在不影响整体风貌的前提下，可进行适当的建设或装点。调控区则在肌理结构和空间网络下协调建设。

二、小镇特色风貌塑造——景观风貌设计

特色小镇的景观系统按照空间范围和开发程度的不同，可分为生态景观、田园景观和镇区景观，空间上呈现了从外部环境到关联环境、核心环境的层次关系，开发上呈现了从保护为主、保护开发结合，到开发为主的层次关系。

（一）生态景观——保护为主，突出重点

生态景观是小镇景观风貌的基底，对其进行梳理和控制利于小镇的可持续发展。生态景观包括山体、林地、水体等地貌元素，在设计的过程中应秉承保护和突出重点的原则。

（二）田园景观——保护与开发相结合，点线面设计

田园景观一般处于镇区的边缘衔接地带，以田园为载体，以农耕、荷塘等农产元素为肌理，是带有生活资料供给功能的景观，在生产农业物质产品的同时，还可生产农业审美产品，人工性较强，属于生态"撕裂地带"。

田园景观的设计，一方面要注重对生态的修补性和维护性，以达到生态因子的渗透和衍生。另一方面，因其具有生产性，也承载着农耕文化，

所以要挖掘其农耕文化和田园生活文化。

田园景观设计应以"观"为主，以游辅之。观光的内容是农作物、花卉等景观，可运用大地景观的设计手法，先成规模、大体量的进行面状景观铺展，再以色彩和形态等进行种植设计，构建道路（线）和节点（点）有序串联的设计结构。

（三）镇区风貌——开发度大，协调是关键

镇区景观是小镇聚落演化的见证，是地域文化传承的体现。其景观特征具备民间性、文化性、重复性等特质，在设计过程中要融合以上基本特质，形成代表性强、辨识度高的地域特征，将抽象符号转化为可被感知的视觉体验。

1. 保护或改造特色建筑风貌

建筑风貌是镇区风貌的重要元素，对建筑风貌的合理控制和引导，是维护镇区风貌的必要手法。特色建筑的构建在于对本土建筑的研究和保护，应本着"保护为主，修建为辅"的原则，依照价值评估、功能判定、环境组织、结构维护四个步骤依次实现建筑的保护性整治，并从风貌及功能方面完善特色风貌建筑。

（1）建筑价值评估。

对建筑进行综合价值评估是小镇建筑风貌进行设计的基础。通过资料搜集及实地勘察，从历史角度出发，从社会、文化、艺术、美学等多维度对建筑做出评判，评估其保护价值，并建立评判标准进行分级，继而提出保护建议、改造原则及改造细则。

（2）建筑功能判定。

综合判别其功能类型及达标条件，为进一步的设计提供基础支持。如：从功能方面判定建筑在历史环境中的功能，诸如宅院、庙堂、厂房等；从空间布局入手，判别其日照采光、自然通风、隔声隔热等基本功能。

（3）建筑环境组织。

在建筑评估的基础上，首先从建筑立面、造型和体量等方面，对其基本面貌与周边环境的协调度进行评估，判断是否与周边自然、人文环

境相匹配、相协调，进而提出保护或改建的建议；其次，判断建筑周边场地环境的安全性，主要涉及是否有洪水、滑坡、泥石流等地质灾害隐患；再次，评估建筑的配套功能，是否有绿化组织、交通组织及停车场设置，用以满足建筑与小镇交通体系的连接。

（4）建筑结构维护。

通过实地考察、测绘，判断建筑的结构体系、地勘基础、荷载分布、年限及损伤等基本结构情况，综合评估建筑的安全性和耐久性，在维护建筑结构时尽可能使用原有材料或接近原有材质的纹理，确保特色和统一。

2．处理景观与建筑的协调关系

镇区风貌设计范围除建筑风貌外，还有街道与广场，两者是镇区最能让介入者留下生动而具体记忆和感受的场所。处理好街道、广场与建筑的关系也是镇区风貌设计的重要关注点。

（1）街道与建筑的关系。

街道和建筑是互相依存的，街道作为线性空间，是封闭而延续的，作为镇区风貌的"动线"感知，联络镇区的各个功能板块。街道与建筑的协调主要体现在比例和尺度感上，街道空间受制于建筑体量，由此建筑关系决定街道比例，不同的比例形成不同的空间感觉，进而匹配不同的功能和铺装类型。街道的宽度与建筑高度的比例建议在1:1到2:1之间，使其形成宜人的尺度感，构建积极良好的游览感受。

（2）广场与建筑的关系。

广场作为斑块空间，是镇区功能系统的驱动板块。斑块要分层次的分布在镇区中心及端点处，与街道叠加出网状结构，构成镇区集散界面。广场与建筑的关系呈现"张弛"感，两者互为补充，灵活空间。

3．强化景观界面元素设计

景观界面主要通过多层次观赏植被、多元功能设施的设计来实现。

（1）划分空间。

在景观界面设计中，按照功能可划分为通行空间和休闲空间。通常情况下，利用植被进行划分。在通行空间界面，利用乔木的序列感来划分，但不得影响两个空间的连通；在休闲空间界面内，采用灌木或花卉等绿植进行闭合区块划分，形成休闲空间内的休憩结构。

（2）景观设施强化空间和功能补充。

景观界面上的设施主要包括灯具、垃圾桶、标识招牌设计和座椅等指引和服务类设施。

功能类设施一般布置在通行空间和停留空间的分界线上，既能强化分界功能又能服务两侧空间。标识在街道与街道衔接的节点部分呈点状分布；灯具呈线性分布，需要注意与乔木植被的协调；垃圾桶可与灯具组合间隔分布。座椅设计一般在停留空间内与建筑对应分布；招牌设计堪称建筑的"第二立面"，不仅具有提示功能，也会对建筑与街区风貌产生二次影响，在设计过程中，与建筑风貌相协调的前提下，可尝试不同的风格。

第十一章　特色小镇的开发运营

特色小镇的综合开发与运营体系

特色小镇飞速发展的一年多时间内，在政府、企业、投资商、运营商等各方角色的创新推动下，涌现出了许多成功案例。仔细分析，会发现他们有着不同的开发主体，采用了不同的开发模式与运营模式，也有着自身特色的盈利点。这一方面取决于小镇本身所拥有的资源与产业特色，另一方面也在于开发主体手中所掌握的牌。本文将承接《特色小镇孵化器——特色小镇全产业链全程服务解决方案》中所提出的"双产业、三引擎、五架构"，以特色小镇的发展实践为基础，继续深化开发主体、开发模式、开发流程、运营体系等方面的研究。

一、特色小镇的三大创建体制

特色小镇的开发主体无外乎政府与企业，但特色小镇作为一种综合性强、复杂度高、资金投入大、架构体系复杂的项目类型，不是任何一个主体可以单方面撬动的，需要两者各自依托自身的优势资源，合力而为之。虽然国家一直在强调特色小镇要坚持"政府引导、企业主体、市场化运作"的原则，但鉴于我国目前的行政体制、经济发展阶段、企业发展水平等因素，很多小镇对政府的"依赖"程度还比较高，无法完全实现"政府引导"。由此，我们根据主导者的不同，将特色小镇创建体制划分为政府主导型、企业主导型、PPP 政府企业合作型。

（一）政府主导型

特色小镇的灵魂是产业，但产业的培育与构建非常复杂，需要较长时间、较多资金的投入，这对于大多数企业来说很难承担。另一方面，产业的发展需要公共政策、优惠举措及土地指标方面的大力支撑，而这一切资源都掌握在政府手中，因此，对于大多数小镇来说政府的强势介入不可缺少。但政府主导，并不意味着政府包办，"政府主导，企业主体，市场运作"是这一类创建体制成功的关键。这一模式需要政府拥有相当的财政基础与运营能力。其优点是政府有绝对的控制权，有利于当地政府部门之间的工作计划落实和协调，有利于特色小镇资源的整合和统一建设，能有效推动基础设施建设的快速进展。劣势则是政府财政压力大，以及要面对后期运营的大批量投入。

目前，浙江省大部分小镇属于这一类型。根据社会各界对浙江特色小镇的考察，每一阶段政府都有着不同的作用。初创期，政府发挥主导作用，重点在于政策制定、统筹规划及部分建设资金的筹集上。建设启动期，政府依然发挥主导作用，一方面需要进行前期基础设施和重要公共服务设施的建设，另一方面需要依托政府强大的背书，通过政府的先期投入来引导社会资本共同参与小镇建设。建设中后期，可结合 PPP 模式，引入社会资本参与经营性设施的建设，激发市场活力，避免政府举债。运营期，政府应起引导作用，简政放权，以提供优质公共服务为主要职责，企业转型成为主体，进行市场化运作。

（二）企业完全主导型

企业完全主导型目前在特色小镇中的占比还比较少，有的是由一家龙头企业主导，有的是由多家龙头企业共同推动。这一创建体制对主导企业及小镇的产业类型有着较高的要求，并不是所有小镇都适合。首先，主导企业需要具备足够大的规模、足够知名的品牌、足够强的资源整合能力及上下游企业聚集能力，最好是能够位于产业链的偏上游；其次，市场化程度高、接近于市场消费端的产业更适合于这一种模式，比如旅游产业、体育产业等。目前，产业运营端的企业以及具有强大资源整合能力的平台公司，在这方面具有比较大的优势。而一直表现比较活跃的房地产企业，由于国家的政策限制以及自身在产业运营方面的短板，却很少能发挥作用。

这一创建体制的优势在于，由一家或几家企业从头到尾主导，能够保证建设、投资落到实处，同时也最大化发挥了市场配置资源的作用。核心企业来调配多方企业资源，包括导入核心项目、支撑项目、联动项目等产业资源，提供小镇产业内容；调配资源，为小镇引人、引智、引资；

进行小镇前置运营规划的编制，承担规划设计咨询、投融资服务、PPP咨询建设、工程建设、招商运营推广等职能。政府在这一过程中，主要提供政策扶持及公共服务。比如浙江嘉善的巧克力甜蜜小镇，前期主要是由歌斐颂集团全权开发建设运营的，后期在政府的推动下，与绿城集团旗下的浙江蓝城建设管理有限公司达成战略合作，结合其蓝城农业、蓝城健康等优势资源，进行深度优势互补。这是典型的企业完全主导型案例。

（三）政企合作型

以政企合作为基础的 PPP 模式，是国家目前比较支持的一种特色小镇创建模式。在 PPP 模式下，作为社会资本方与政府签订排他性的整体委托开发协议，独家进行一级、二级的联动开发。企业整体运作类似于中介服务，通过整体操盘，整合地方政府、资金、技术、高新产业等各方资源，进行小镇的规划建设和运营管理服务。政府则提供行政方面的服务和管理，并从企业融资、税收优惠、技术改革、科技创新等政策层面上，对开发企业以及进驻企业给予全力支持。这一模式对于企业来说，可以实现低成本拿地，同时也要求企业具有强大的产业运营能力；对于政府来说，可以减轻债务，同时也能借助企业的力量，实现特色小镇的市场化运营，弥补自身的不足。

目前，以华夏幸福为代表的企业对这一模式做出了很好的实践探索。从华夏幸福与各地政府签订的"特色小镇 PPP 项目合作协议"来看，政府主要负责重大事项决策、政策支持、项目监管、土地供应等职责，华夏幸福主要提供合作区域内的"九通一平"等基础设施建设、公共设施建设、土地整理投资、产业发展服务、规划咨询与设计、物业管理、运营维护等工作。基础设施、公共服务设施、土地整理相关投入成本和投资收益由政府按照投资总额的 115% 进行回购；规划咨询与设计服务由政府按照成本费用的 110% 支付；当年产业发展服务费，政府按照入区项目当年新增落地投资额的 45% 支付（不含销售类住宅项目）；物业管理、公共项目维护及公用事业服务等，政府按照市场价进行付费。在合作期满后，通过政府购买一体化服务的方式移交政府，社会资本退出。详见图 3-11-1。

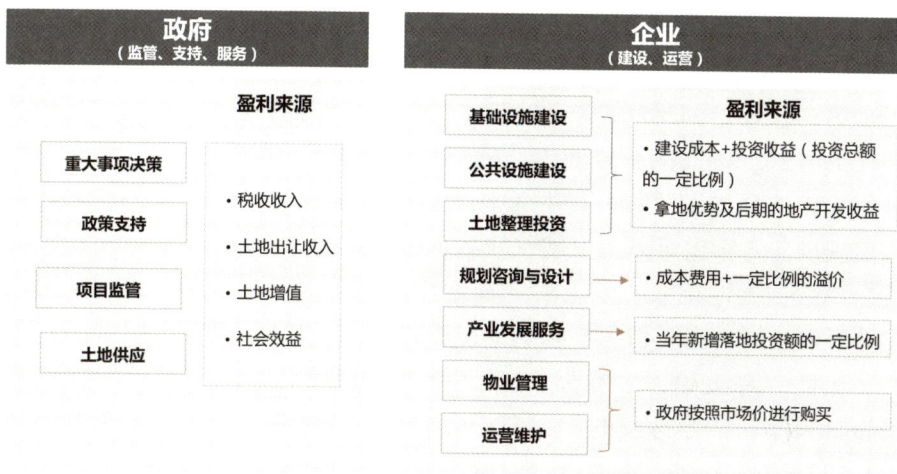

图 3-11-1　政企合作型中各方的责任及盈利来源

二、特色小镇的六大开发流程

根据所采用的创建体制、企业所掌握的资源的不同，特色小镇的开发流程也并不完全一致。但大体上可以分为选址、土地获取、规划编制、开发建设、对外招商、孵化运营六个阶段。鉴于企业主导将成为未来的主流创建体制，以下将从企业的角度构建小镇的开发流程。详见图 3-11-2。

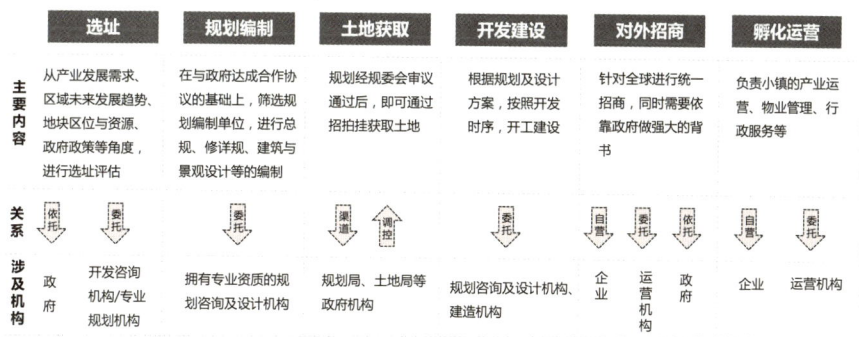

图 3-11-2　特色小镇的开发流程

第一，选址。从产业发展需求（产业主要是由企业所拥有的资源决定的）、区域未来发展趋势、政府政策支持等角度，结合地块本身所拥有的区位、资源、交通等条件，进行综合评估，确定地块四至范围。在这一过程中应充分考虑政府的意愿，如果有必要，可委托开发咨询机构或专业规划设计机构给予指导。

第二，规划编制。在与政府达成合作协议的基础上，通过招投标或委托的方式，寻找拥有专业资质的规划咨询机构和设计机构，编制总体规划、修建性详细规划、控制性详细规划、建筑景观设计等方案。建筑与景观设计方案也可以在土地获取后再进行编制。

第三，土地获取。以上法定规划经规委会审议通过后，即可通过招拍挂获取土地。由于特色小镇的建设量较大，一般会分期获取土地。

第四，开工建设。在发改委立项，获取开工许可证后，根据规划及设计方案，按照开发时序，向社会招标，开始开工建设。规划咨询及设计机构可作为施工监理。针对旅游等非标准化项目的建设，建议采用EPC模式，保证方案的可控。

第五，对外招商。若企业自身有运营能力，则自行对外招商，若经营能力较弱，则可委托专业的运营机构。同时应依托政府强大的公信力、市场号召力以及所拥有的资源，实现前期招商的快速推进。

第六，孵化运营。由企业自身或委托的专业运营机构，进行小镇主要是产业的孵化运营。包括产业服务、物业管理、公共项目维护及公用事业服务等。

三、特色小镇运营的"3335"结构

特色小镇的运营不管是政府主导还是企业主导，一定要基于市场化运作机制。我国目前缺少专业化的特色小镇运营机构，浙江的梦想小镇、云栖小镇等都是通过政府下派的管委会来统一管理。但是政府在这一过程中，实现了充分的放权，以"服务者"自居，充分调动企业的积极性，不干涉市场行为。

（一）特色小镇的三大运营原则：降低成本、营造开放环境、实现可持续发展

1. 立足于降低营商成本

小镇内部要为其市场主体与创业企业提供低成本空间，构建出一个降低营商成本的实体经济发展引擎。在降低劳动力、公共服务、消费、

信息获取、管理等成本基础上实现要素的聚集。因此不能房地产化，房地产化之后会拉高多方面的成本。尤其是在房屋租金高涨形势下，对其他各种特色产业只会形成挤出效应，而不会实现聚集效果，特色产业也将难以实现发展。要深化投资便利化、商事仲裁、负面清单管理等改革创新，打造有利于创新创业的营商环境。

2. 立足于营造创新开放的人文环境

特色小镇应是多维度生态系统，要在不断地对外交流与推进拓展中，实现自我的升级更新。这一生态系统的主体——创业者和企业家可以通过企业沙龙等方式，不断地进行理念沟通、管理沟通、经营沟通，从而达到"产业社区"内的思想互通与业务畅通。特色小镇不仅要在硬环境上满足进驻企业及其职业人群的多元需求，而且要在软环境上营造创新创业、奋发奋进的良好氛围。因此要避免走"产业园区模式"的老路，产业园区从运作到管理大多都是封闭的，在这一点上就很难实现。此外，特色小镇内还可以通过"技术"与"艺术"、"生产"与"娱乐"跨界的方式，创造各种用户与产品的互动体验机会，激发各类创新的火花。

3. 立足于长远可持续发展

特色小镇的成功运营，应在生态、产业、社会、空间等方面进行可持续开发的探索。针对盲目审批、粗放生产、低效竞争、监管缺位等运营环节出现的种种弊端，必须同时依靠政府与市场"两只手"的作用。充分发挥政府"有形的手"的调控作用，加强对小镇内企业的市场监管和社会管理，开展生态建设和环境保护，引导小镇建设、企业发展走上科学化、规范化、生态化的道路。积极发挥市场调节"无形的手"的作用，让特色小镇内、外企业开展良性的自由竞争。若想借助"政府之手"享有扶持政策和收益，同时不被"市场的手"无情推开，就要做好规划、运营、招商和管理的各个环节工作，并要知悉四大关键问题：政府鼓励哪些产业，相关行业的政策落实有哪些；产业的市场前景如何，是否存在产能过剩风险；本地主导产业的发展条件与基础是什么，竞争对手是哪些；如何与当地政府或管委会达成合作关系。此外，在业态管控方面，融入"三生融合"理念，合理布局生产、生活、生态空间，以人为核心，区分各种工作性质与工作氛围，践行绿色发展理念，树立小镇形象品牌。

（二）特色小镇的三级运营结构：政府、管委会、平台公司

1. 政府

在特色小镇的培育过程中，政府的职能定位应适度转型和调整观念，更好地处理管理与服务间的关系。其主要有两点：一是要制定好规则，根据市场规律，明确政府与市场的关系；二是要维护好规则，根据合约上的内容，通过法律的方式来运行。政府不是单单的土地供应，而是要在后期持续地为小镇投入各种资源。首先，地方政府根据当地形势，通过政策疏解，下放权力，切实为企业做好服务，而不是仅仅提出硬性要求。其次，政府要为小镇作好宣传，为企业做好背书。再次，政府要有一定的宽容度，允许实践和探索。

2. 管委会

管委会这类机构的存在，主要是因为目前我们的行政机制和市场机制没有办法完全接轨。小镇管委会隶属于区县一级的政府，所以便能调配县层面的行政资源，提高其所管辖地区的行政服务效率。管委会并没有任何行政审批权限，其主要的职责有两点：一是落实政策，二是提供服务。

3. 平台公司

特色小镇要选择合适的企业担任平台公司的角色，若由一个企业来主导，则最好为某一行业内具有实力的龙头核心企业或终端品牌企业，一般要具备整条产业链的撬动能力。尤其要抓住产业价值链"微笑曲线"的两端高利润环节，即研发设计和品牌营销服务，进行重点配置和服务对接。此外，平台公司通过互联网形成各类服务平台（需求信息、融资服务、政府资源、专家服务、成果信息等），充分聚集和优化配置平台资源，能促进域内企业升级转型，能推动政府的高效治理，能帮助小镇对接外部资源，形成互补的业务关联。

（三）特色小镇的三大运营内容：产业运营、旅游运营、生活服务运营

从运营内容上来看，特色小镇的运营包括特色产业运营、旅游运营及生活服务运营三大体系，详见图3-11-3。

特色产业运营是特色小镇运营的关键。主要作用，第一，通过全天候的贴身管理服务，实现企业与政府各部门之间的有效对接，从而简化

	贴身管理服务	产业服务	金融服务	活动服务	商务服务
产业运营	·注册登记、各项审批、营业执照年检、纳税申报等 ·帮助企业向政府争取政策等	·引进生产性服务企业、研发企业、产业孵化平台等机构	·各大银行、保险等金融机构建立良好的合作关系 ·建立VC类/PE类基金、投资公司 ·成立担保公司	·组织行业研讨会、产品展销会、产品设计大赛等活动 ·以龙头企业为带动，成立产业联盟	·优化办公环境，加强休闲、娱乐、餐饮、商务等配套设施的服务

	旅游营销	品牌培育	景区管理	信息服务	安全管理	数据统计
旅游运营						

	一般性生活服务	高端定制服务	其他服务
生活服务运营	·休闲、娱乐、商业、餐饮等	·高端医疗、商业俱乐部、国际学校等	·职工子女入学、户口迁移、租赁房屋等服务

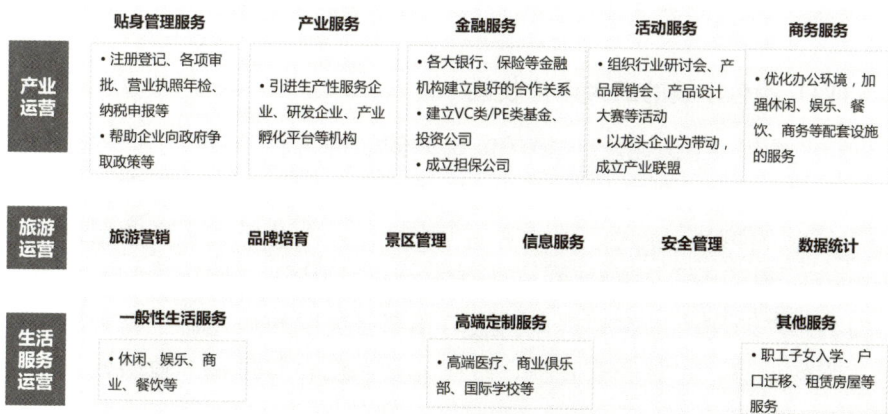

图 3-11-3　特色小镇的三大运营体系

手续，提高效率。比如帮助企业进行注册登记、各项审批、营业执照年检、纳税申报等服务，并帮助企业向政府争取政策等；第二，根据企业以及产业发展的需求，不断优化产业结构，尤其是加大对生产性服务企业、研发企业、产业孵化平台等机构的吸引，构建产业生态体系，促进产业健康发展；第三，通过与各大银行、保险等金融机构建立良好的合作关系，或自身建立 VC 类 /PE 类基金、投资公司等，直接参与企业的投资，或成立担保公司，对接外来资本，为企业融资提供担保服务，从而全方面解决企业融资难的问题；第四，组织行业研讨会、产品展销会、产品设计大赛等活动，以龙头企业为带动，成立产业联盟，通过行业之间的充分交流，不断塑造自身的产业品牌；第五，优化办公环境，加强休闲、娱乐、餐饮、商务等配套设施的服务，为产业人员提供良好的工作氛围。

旅游运营，一般由市场化的运营机构负责，与特色产业运营是两套体系。以杭州的梦想小镇为例，杭州未来科技城（海创园）管委会是杭州梦想小镇产业的管理和运营单位，杭州梦想小镇旅游文化发展有限公司是杭州梦想小镇的景区管理和运营单位。旅游运营主要包括小镇的旅游营销、品牌培育、景区管理、信息服务、安全管理、数据统计等。

生活服务运营，主要包括两块结构。一是为小镇居民提供休闲、娱乐、商业、餐饮等一般性生活服务，并根据常住人口的特征，提供高端医疗、俱乐部等定制服务；另一方面是对接城镇体制，为产业落户人口及其配偶子女提供职工子女入学、户口迁移、租赁房屋等服务。

（四）特色小镇的五大运营收益

企业建设特色小镇最关键的就是如何实现盈利。特色小镇的盈利来源主要有两部分：地产增值和产业增值。地产增值是指依附在土地溢价基础上的一种盈利模式，通过建设生产仓储、办公研发、商业居住等房地产物业并以出租、出售方式供入驻企业与镇内人口使用，同时提供物业服务。产业增值是在开展运营服务和享受关联政策基础上实现的产业运营服务收益、配套经营收益、政府补贴、税收奖励和产业投资等五个方面。

1. 产业运营服务收益

小镇整合产业资源，引进各类中介服务机构，向入驻企业提供工商注册、融资信贷、法律咨询、人才外包、资质认证、技术中介、管理咨询、知识产权服务、网络通信服务等全套的产业服务，或通过自主建立公共服务平台，为企业提供针对性的技术服务、市场营销服务、金融信贷服务、管理咨询服务等，并适度收取服务佣金，作为平台服务还可以通过BPO（商务流程外包）等形式获取长期、稳定的收益。详见表3-11-1。

表3-11-1　产业运营服务体系

服务体系	服务内容			
投资进驻服务	工商登记、环保\消防审批、项目备案、建设手续、房屋确权等			
常规服务	证照年检、纳税申报、部门协调、车辆月票等			
金融服务	股权融资（VC/PE服务、IPO服务）	债券融资（银行贷款、担保服务）		
行业服务	资质服务、公共实验室、检测服务、成果转化等			
业务流程服务	研发/生产（专利服务、技术转移）	市场拓展（营销支持、会议会展）	人力（派遣、猎头、培训）	物流（第三方导入）

服务体系	服务内容		
选址服务	市政配套（九通一平、园林绿化）	载体服务（厂房建造装修、物业管理、设备租赁）	招商政策（优惠、奖励、补贴、挂牌）
职工生活服务	户口迁移、子女教育、房屋租赁、高端医疗等		

2. 配套经营收益

围绕产业，配套餐饮娱乐、酒店住宿、教育医疗、咖啡书吧、会议商务、会展博览、互动体验等生产、生活服务项目，以招商或自持等方式，形成稳定的运营收益。

3. 政府补贴

特色小镇通常要建设若干公共服务平台及配套服务设施，以营造良好的园区环境和产业氛围。为了鼓励园区改善创业环境和提高服务能力，所在区域政府应适当拿出财政资金，按照"专项资金、专款专用"的原则，以项目补贴、贷款贴息等形式给予资金扶持。

4. 奖补及补差

企业通过与政府"一事一议"的谈判，确定各项优惠条件。这在发达地区都有很多创新探索，如企业享受税收增值部分的让度，政府分阶段分比例按照最终实施效果进行返还；或企业享受周边地价增值的分成。

5. 产业投资

如果小镇的产业基础非常突出，作为企业可以围绕其做股权投资。在小镇建立或控股专业性的产业投资机构，如天使、VC 或 PE 等，以此开展项目投资，或者利用小镇内部孵化器对进驻的潜力型企业开展多种形式的股权投资，实现企业成长并获取长期收益。

各地特色小镇的开发运营各有侧重，收入来源比重各有不同，总之，特色小镇正在由地产收益向综合收益发生着改变。在新形势下，多条运营线的展开，已经使特色小镇的收益除来自土地一级、二级开发外，还包括产业项目运营收益、二级房产的运营收益及城市服务的运营收益等。特色小镇的运营机构要不断寻找新的盈利方式，探索出更多新的路径。

特色小镇的选址影响因素体系

　　绿维文旅认为，特色小镇是一个综合发展结构，一般涵盖产业园区、景区、消费产业聚集区和城镇化发展区四大功能区。因此，其选址不同于传统地产、产业园区、新城和旅游开发区，需要更加综合地考虑各功能与现有条件之间的关系，根据不同类型小镇的发展核心需求，协调各要素之间的关系，分析不同选址方案对特色小镇未来发展的影响，进而决定最优方案。本文将根据特色小镇的四大功能需求建立特色小镇的选址评价体系，并针对不同类型特征对选址的具体要求进行分析。

一、选址评价体系建立

　　特色小镇的发展基于特色资源，但其具体地块选择需要综合考虑四大功能的发展需求。首先需要具备能够支撑特色产业体系发展的基础，并且符合相应的总休规划和土地利用规划，具备建设发展所需的基础条件。其次需要综合考虑影响特色小镇发展的宏观因素，如地区经济发展情况、区位条件、交通条件、政策条件、人力资源条件、文化与自然资源条件、周边旅游与产业资源等。除此之外，特色小镇应具有充足的发展空间，与城镇建成区的空间关系以及城镇未来的发展方向也深刻影响特色小镇的发展。特色小镇建设对周边不利影响的最小化，以及生态环境对特色小镇的影响也应纳入选址考虑范围。由此，我们构建了特色小镇选址的综合评价体系。如表 3-11-2 所示。

　　在具体的选址操作过程中，需要针对不同类型的特色小镇所强调的功能特性，赋予评价体系中的影响因子以不同权重，组成量化评价体系，进行评分，最终根据分值，综合考虑政府意愿、开发主体实力等因素，确定最佳选址地点。

表 3-11-2　特色小镇选址的综合评价体系

一级指标	二级指标		指标解释
经济基础及未来发展空间	地区经济发展情况	地区经济规模	地区经济的综合容量和范围，包含人口、用地、资产、市场规模等
		地区 GDP	衡量地区总体经济状况
		地区产业结构	地区一、二、三产在经济结构中所占比例，除一定程度上代表经济发展状况外，可用于衡量特色产业在地区的重要程度
	可建设条件	地质情况	地质条件
		地形地貌	地形和地貌条件
	发展空间	发展备用地	特色小镇的发展备用地是否充足
	城市发展方向	城区空间主要发展方向	特色小镇是否位于城镇的主要发展方向
基础区位与交通条件	区位条件	经济区位	地区周边的市场潜力，与主要经济区、城市群的区位关系
		地理区位	自然地理发展条件及经济地理区位
		旅游区位	地区与旅游板块之间的关系，关系到与周边的竞合关系
	交通条件	最近机场距离	与最近的机场通勤距离，包括机场层级
		最近高铁站距离	与最近的高铁车站通勤距离
		高速公路距离	高速公路出入口的距离
		长途汽车站等公共设施覆盖情况	城镇是否有长途车站与主要城市相通

（续表）

一级指标	二级指标		指标解释
资源条件	文化与自然资源条件	地区历史文化资源独特性	地区历史及文化资源的能级
		地区民俗及特产资源独特性	地区民俗及特产资源的能级
		地区自然资源独特性	地区自然环境的独特程度
		地区一般旅游资源丰富度（山、河、海、湖等）	地区可供旅游开发的自然资源情况
	周边旅游与产业资源	周边A级景区数量	地区周边2小时的A级景区数量
		地区游客情况	地区游客总数以及人均消费
		周边相关产业资源情况	周边的特色产业相关资源情况
	生态环境	生活、生态环境质量	周边生态、生活质量情况
产业发展条件	特色产业资源情况	发展情况	特色产业目前的产能、销售收入、企业数量等发展情况
		产业链完善度	特色产业的产业链完善程度，所聚集的上下游企业
		产业独特性	特色产业在全国的知名度以及行业地位
		研发能力	产业的研发能力
		特色产业文化情况	特色产业与当地文化的结合情况
		产业关联度	特色产业与地方其他产业的关联程度

（续表）

一级指标	二级指标		指标解释
产业发展条件	人力资源条件	高等院校和研究机构情况	地区是否有高等院校以及特色产业相关的研究机构可供合作
		高等人才聚集度	特色小镇发展所需的高等人才在地区的聚集情况
		劳动力资源情况	支持特色小镇发展的人力资源在地区的聚集情况
政策及上位规划	政策条件	地区产业发展方向	各层级政府是否将特色产业作为主导发展方向
		政府产业引导激励政策	是否有引导政策、激励政策、产业基金等措施促进特色产业发展
		特色小镇支持政策	政府是否在土地、产业、财政等方面支持特色小镇建设
		特色小镇创建政策	政府对特色小镇的创建、建设、审核、验收等是否有明确清晰的政策要求
	符合当地规划的情况	总体规划	符合当地的城市总体规划
		土地利用规划	符合当地的土地利用规划
周边影响因素	与现状建成区的空间关系	与城区的距离	与镇区或城区的距离
		城区各功能空间布局	与现状居民区、商业区等主要功能区之间的位置关系是否有利于发展
		现状基础设施分布	现状基础设施的覆盖情况
		拆迁与改造	建设所涉及的拆迁量
		影响因素	周边是否有污染工厂等不利因素
		现状服务设施分布	现状配套服务的覆盖情况
	周边影响	环境影响、噪音影响、气味影响等	特色产业及特色小镇是否会对周边功能造成不利的影响

值得注意的是，量化体系除用于确定特色小镇的选址外，也是对地块的综合评价，在后续规划设计方案中，应针对相应的优势和劣势制定发展战略。

二、不同类型特色小镇的选址因素研究

根据绿维文旅对特色小镇产业发展模式和路径的研究，特色小镇的产业聚集模式可分为自然资源聚集型、产业链聚集型、园区整合聚集型、市场主导聚集型、依托物流聚集型、消费导入聚集型、高端服务聚集型七种类型。不同产业发展模式和路径，对各种因素的敏感度不同，现就各种类型所偏重的影响因素进行具体分析：

自然资源聚集型：此类小镇基于特殊的自然资源，形成开发型聚集效应或资源型产业集群效应。其选址主要依赖特色资源的独特性，应根据其产业类型的不同选取主要影响因子。例如旅游型小镇主要考虑文化与自然资源条件、周边旅游资源、区位条件等。而产业型则主要考虑自然资源条件。另外市场区位与交通条件对此类小镇也有一定的影响。

产业链聚集型：此类小镇基于上下游产业链整合的模式，常见于制造业小镇。特色产业的产业链完善度以及产业关联性是此类小镇的首要因子，其次应考虑地区经济发展情况和政策条件。充足的人力资源条件和未来发展空间也是较重要的因素。

园区整合聚集型：此类小镇基于产业的综合型开发和集群型发展条件，较一般的产业型小镇应强化运营服务和生活服务。政策条件和人力资源是较重要的因素，此外与原有镇区的空间关系、基础设施和服务配套以及发展预留空间都应纳入考虑。

市场主导聚集型：此类小镇基于市场商贸聚集效应，一般通过互联网服务和强化产品价值获得发展，因此地区经济发展情况、区位条件、交通条件和政策条件是此类小镇的重要选址影响因子。

依托物流聚集型：此类小镇基于交通优势和仓储运输设施的物流延伸形成聚集效应，主要依赖于地区特色产业和经济发展情况、交通条件，以及充足的发展空间。

消费导入聚集型：此类小镇基于消费聚集效应，需要充足的人流带动发展。地区经济发展情况、区位条件、交通条件、文化与自然条件、周边旅游资源、与建成区的空间关系等影响客流的因素是其主要选址影响因子。

高端服务聚集型：此类小镇基于技术、人才、金融等条件形成高新产业的聚集，其选址主要依赖地区经济发展情况、高等院校和研究机构情况、高等人才聚集度、生态环境等因素。

特色小镇的创新 IP 资源

特色小镇除了产业的特色之外，还需要打造自己独特和直观的形象名片。对于特色小镇的开发来说，IP 的导入是推动其落地建设的重要抓手，是支撑其健康发展的关键内容，是盘活其现有存量资产的重要手段。鉴于此，绿维文旅对特色小镇的 IP 资源进行了详细的梳理与分类，从产业 IP、项目 IP、运营 IP、服务 IP，以及绿维八大 IP 等方面对重要的 IP 资源进行了列举与简介。详见表 3-11-3~ 表 3-11-4。

一、产业 IP

表 3-11-3　产业 IP 资源

IP 类型	细分领域	部分 IP 资源
旅游产业	开发建设	华程天工、乡关共同社、行知合一、九源智业等
	特色产品服务	冰雕：北京冰世界体育文化发展有限公司、北京星辰冰雕制作公司、哈尔滨名刀雕塑有限公司、上海申沪冰雕厂、上海玩雪人冰雕艺术有限公司、广州创亿冰雕、北京盛堂逸品品牌设计有限公司等 娱乐设施设备：上海源珅多媒体、北京酷鸟飞飞科技、上海鸣响科技（仿真：VR、灯光节、冲浪板、雨屋、风洞等创意娱乐体验，展览营销和娱乐设备租赁）、东莞市环宇（声光水电火影视新媒体等高科技结合当地旅游资源）、上海俊马文化传播有限公司、湖南浏阳花炮燃放艺术有限公司、北京市熊猫烟花有限公司（全国连锁）、浏阳市达浒花炮艺术焰火燃放集团有限公司等 住宿服务：中国饭店协会、中国旅游饭店业协会、香港酒店业协会、特色文化主题酒店会员联盟、中国旅游协会民宿客栈与精品酒店分会、全国各地民宿协会、首旅集团、华住集团等 技术服务：龙为科技机器人（国内最大的大型机器人研发制造服务商）、国科盛机器人、悉见科技等

（续表）

IP 类型	细分领域	部分 IP 资源
旅游产业	旅游营销	中国铁道旅行社集团列车冠名、蓝标集团、利欧股份、分众传媒、聚众传媒、合众传媒、浙江稻香微旅游、括盛世长城国际广告有限公司、麦肯 光明广告有限公司、智威 汤逊中乔广告有限公司、上海奥美广告有限公司、上海灵狮广告公司、北京电通广告有限公司、美格广告有限公司、链景旅行有限公司、上海萨米国际等
	特色产品资源	舞美大师、音乐大师、演艺专家、非物质文化产承人、手工艺者等演艺专家、非物质文化传承人等
休闲农业	农业技术、农业平台	丰祥园（农业土壤改良技术）、农产联休闲农旅服务平台等
	特色农业产品	新疆新东湾生态（天山雪菊＋洋甘菊）、创意果园、丽江雪山花海、中国低碳产业投资中心自然营、现代教育农园之五色农业、北京小毛驴市民农园、芸农庄城市人沙漠体验、广西北海田园生态农业园（苗木＋休闲娱乐）、丽江鸵鸟等
体育产业	研发服务	上海澳帝姆（ODM）营地规划设计公司（房车营地规划）、势至体育等
	投资运营	美林集团、中奥体育、众合资本集团、北京体银、江苏畅游体育、北京悦球体育、中体极限追踪、亿氪体育、秦皇岛乔氏台球、维宁体育、上海航通广告有限公司等
	体育产品服务	房车服务：中国露营网、21 世纪房车网（北京露营者房车展）、四川天骄房车、途居露营、星河露营、泰合云道、成都兰博旅游、露营天下、露云娜美、途居露营、四川快捷叁壹捌汽车旅馆、河南乐之旅（国内最专业最完善的自驾游生态圈）、武汉东南旅行社武汉龙腾天下汽车服务有限责任公司、北京行天下汽车俱乐部、成都都江堰因地哥自驾车旅游营地（中法合作）、"桃花深处"汽车营地、汝阳大虎岭户外运动基地、云南滇池睡美人房车俱乐部等户外运动服务：北京登山协会、中国科学探险协会、中国户外探险联盟、天涯户外俱乐部、北京极致探索等运动装备服务：苍鹭户外用品、PDC 贝迪（中国）、桂特过山车等运动场所：道境体育等体育医疗：上海合恩医疗科技有限公司等
	赛事媒体	体育传媒、北京懒熊体育、北京环宇盛景、日光域控股、澳洲虎体育、掌播体育、北京优全智汇、大连永冠体育等

（续表）

IP 类型	细分领域	部分 IP 资源
文化创意产业	创意生活方式、文化创意、创意建材、创意设计等	三匚创意秀（创意生活消费领军企业）、铮舍素生活（素生活家居品牌，素生活方式引领者）、中国脸、水晶石、杰恩设计、雷拓国际、七设汇世界砖瓦网、矿山直通车、全家等
地产 IP	地产建造	秦明加德低碳住宅、虹之汤（专业温泉设备）、木乐康（专业树屋建造）等
	特色地产	阿那亚、大叔的生活方式、摩码公寓（中国首家新新青年公寓服务商）、喜瑞都酒店 公寓（中国 城市公寓 O2O 运营平台）等

二、项目 IP

表 3-11-4 项目 IP 资源

IP 类型	细分领域	部分 IP 资源
综合项目 IP 综合旅游项目	小镇特色主题项目	宝石小镇、紫薇小镇、九色玫瑰小镇、3D 画艺术小镇、光影小镇、体育小镇、健康小镇、温泉小镇、诺丁山小镇、中加生态城、中铁生态城、伟光汇通古镇等
	文旅项目	黄河谣文旅综合体、幸福公社成都匠人村等
12 业态项目 IP	餐饮集群	袁家村小吃、武汉户部巷、北京王府井小吃街、区域美食等
	餐饮招商	楼外楼、上海老饭店、湘临天下、醉云喃、新疆大厦品悦大巴扎等
	互联网餐饮	杭州文盛千科技有限公司等
	食 特色主题餐厅	九十九顶毡房、七只猴主题餐厅、云雾私房菜、最强王者-LOL 主题餐厅、风波庄武侠主题餐厅、木马童话黑暗餐厅、1981 服饰主题餐吧、西游记主题餐厅、军用快餐等
	创新型餐饮	机器人餐饮、空中餐饮、便厕餐饮、海底餐饮、森林餐饮、冰雪宴、高山悬崖餐厅、深海餐厅等
	国际型餐饮	爵士美食、米其林餐厅、北欧美式、地中海餐厅、拉斯维加斯美食等

（续表）

IP 类型	细分领域	部分 IP 资源
12 业态项目 IP	度假酒店	香格里拉、开元酒店、凯宾斯基酒店、丽思卡尔顿、安缦颐和酒店、海润酒店、喜来登、雅高、"麦语云栖"休闲度假酒店、喜瑞都酒店•公寓等
	民宿客栈	德懋堂、浮点·禅隐民宿（万浮尘）、花间堂精品度假酒店、山里寒舍、隐墅、余姚四明 山月里民宿、西安印象南湖民宿、首旅寒舍、皇家驿站、水浒客栈、北京长城脚下的公社、原乡里、久栖连锁客栈、春熙坊老成都客栈、北京瓦厂精品酒店、黄山徽堂壹号客栈、登巴国际连锁客栈、空空客栈、无锡拈花客栈等
	主题住宿	冰雪酒店、爱情酒店、海洋酒店、音乐酒店、古堡住宿、童话酒店、机场酒店、水上酒店、树上酒店、窑洞酒店等
	创新型酒店	机器人酒店、空中酒店、便厕酒店、潜水酒店、森林酒店等
	互联网住宿平台	途家、途远原乡度假、如家云上四季、Airbnb、最美民宿网、民宿头条、游多多客栈等
	邮轮、游艇、航空飞艇、热气球等休闲交通项目	秦皇岛游轮旅游、长江游轮、渤海轮渡、北京皇家御河游船、秦淮河游船、北部湾邮轮、千岛湖邮船、航空飞艇、中航空旅低空飞行、仙踪行乐园等
	特种交通设备	奇思妙享自行车、三特索道等
	大型主题景区	西游记主题公园、诺丁山主题街区、泰国清迈（林业＋林中游乐——树屋、木屋、林中吊桥、绳索、帐篷露营地）、石家庄森林河灯光秀主题公园、大连圣亚海洋馆、蓝调山庄等
	小型主题乐园	鲜花迷宫、爱情星座主题馆、创意果园、迷你世界、航天体验馆、VR 主题公园、胜道博岳卡丁车、玉麒麟乐园等
	主题公园	长隆欢乐世界、常州中华恐龙园、呀诺达、嬉戏谷、同乐山旅游 IP、迷你世界、森林河灯光秀等

注：住、行、游为纵向分类栏。

207

（续表）

IP 类型	细分领域	部分 IP 资源
12 业态项目 IP	游 亲子项目	儿童乐园：星期 8 小镇、菜鸟儿童梦工厂（儿童主题商业 +APP 贝儿健儿童乐园）、童话山、奇乐谷、奇乐儿、开心哈乐、同乐山、好开始儿童乐园、玉麒麟乐园、彩色熊猫剧场、小童猫 BP2017A、贝哆芬儿童城、菜鸟益趣、儿童 AR、VR 体验沃尔玛、水晶宫海洋嘉年华、欢乐儿童魔方、成长湾、YiQu 鸟、嘻游纪亲子水世界、朵朵童世界、洛嘉儿童乐园等 儿童户外探险：乐园君昂童子军、神勇童子军、乐野儿童主题营地等 室内综合游乐：彩色熊猫剧场、卡丁车等
	购 手工纪念品、民间工艺品、礼品等	新疆和田玉、钧瓷、景德镇陶瓷、宜兴紫砂、四大名绣、手工银器、平泉砂器等
	娱 综合娱乐体验	华侨城娱乐体验馆、国瑞城机器人表演、龙为科技机器人（国内最大的大型机器人研发制造服务商）、国科盛机器人、枫花园汽车电影院、大玩家超乐场、海南嘉年华娱乐、娱乐中国租赁、圣诞集市、北京欢乐冰雪嘉年华、英国缤纷嘉年华、以诺视景（主题娱乐产业的创意与集成）暴风旗下的暴风魔镜 /VR/ 澳洲 VR 旅游 APP/ 暴风体育等
	音乐演艺	放羊娱乐集团旗下：音乐集市、放羊工社、放羊音乐节、杀出重围（谭维维和沙宝亮）、EDM 音乐节（EDM 小镇）、明星空间、明星城际跑、场景物联网等
	实景演艺	印象系列、又见系列、太极传奇、禅宗少林音乐大典、礼魂、民俗实景演出（如火把舞等）
	非遗演出	水晶乐坊女子弦乐（特色水晶弦乐演奏）、舞龙演出团队、学明艺术团、泼水节游乐、女娲皮影、山语水语（文禅）盛古雨禾、中国北京嘉凡杂技武术表演团、功夫者等
	演艺秀	上海丝芭女子偶像团体演艺秀、迪士尼舞台剧、澳洲彩虹（剑河仰阿莎水幕灯光秀、达卡 Hatirjheel 湖大型水秀、澳门光影节 - 光之秘宝、星光文旅灯光秀、云涯文化悉尼之光、桥面瀑布水幕 - 贵州黄果树旅游景区）等

（续表）

IP 类型	细分领域		部分 IP 资源
12 业态项目 IP	娱	综艺	央视发现之旅《我爱畅游》、央视发现之旅《美丽中华行》、大业传媒《奔跑吧兄弟》户外真人秀等
		马戏团	太阳马戏团、俄罗斯皇家环球大马戏、欧洲大马戏、北方驯兽团、五国大马戏、安徽马戏等
	商	商务旅游、会议会展、奖励旅游等	世博会、中国国际数码互动娱乐展览会、CES、体博会、云栖大会、服装节、糖酒会等
	养	健康养老	四圣心源（医养技术服务运营平台）、蓝卡健康（健康医疗新模式）、生命公社、壹零后、爱相伴、亲和源、友松国际、不老生活、易享生活（社区养老与健康服务运营商）、和顺雅居、美心优护、幸福颐养、庄达创龄等
		美容美体	中国瑜伽联盟、上海方伽文化、景丽瑜伽、丽美加、婵院瑜伽、元泉瑜伽（国际连锁）等
		互联网平台	中国养生网、养老网、中国招商引资信息网等
		生命健康金融服务	中国人寿、中国平安、康泰人寿、新华人寿等
	学	研学旅行	儿童夏令营：小海燕夏令营、开心冬夏令营、游学假期夏令营、爱加壹国际教育、小飞人篮球夏令营等 青少年国学教育：曲阜国学院、安徽九华书院、小夫子国学馆、武汉童学文化、汇贤雅国学馆、华夏国学馆、亿相文化、武当道学、太极禅院等 禅养：太极禅院（极禅由马云、李连杰先生共同发起创办）、山语水语游学旅行（旅游产业＋文化产业）、武当问道 休闲游学：上海东方绿洲研学基地、环球悦时空（爸爸去哪儿嘉年华）、葫芦兄弟、阿凡提、熊出没、鲍尔历险记、超能太阳鸭、炮炮兵、疯狂的麦咭、贝肯熊、愤怒的小鸟、黑猫警长、大闹天宫等

（续表）

IP 类型	细分领域		部分 IP 资源
12 业态项目 IP	学	教育培训	拓展培训：中国拓展训练协会、鼎峰拓展、北京众心拓展、东林拓展、南京指南针、深圳七维卓越拓展训练、明阳天下拓展、上海西点军事拓展、军途拓展培训、EDM 与香港英皇的音乐影视培训学校等 特色主题培训：妙学巧记教育培训、爱加壹国际教育、亲子本宝、红舞鞋少儿形体舞蹈教育、首师大小脚丫青少年拓展、悦球青少年高尔夫教育、莫干山民宿学院等
		互联网研学平台	知鸟游学、中国游学网
	闲	休闲运动	乡创酷玩（耄耋时尚秀、古法文身、梵音饕餮、碰碰球、皮划艇等）、深圳市战地游乐、深圳市军搏游艺、挑战魔鬼洞、深圳旱地滑雪、卡宾滑雪、辽宁冠翔滑雪场、大运河冲浪、高派模拟高尔夫、瑶昆室内高尔夫、飞扬击剑、泥浆足球（泥浆赛事与足球的融合）、笼式足球、骑酷单车、AFC 体能运动馆、雪山之王（跨界整合体育运动、艺术、娱乐等领域打造雪山产品）、中体飞行、爱心飞翼、深圳千钧（自由搏击）、北京狂跑者、大运河体育文化公园冲浪项目、山西小牛动力（致力于冰雪运动及创新体育）、广州汇迪泳池、广州汇乐水上游乐等
		赛事活动	中式 8 球来力杯、约跑马拉松活动、中国铁人三项联赛等
		健身会所	威尔士健身、青鸟健身、美格菲健身、浩沙健身、英派斯健身、金仕堡健身等
		休闲商业	梁克刚艺术场馆、乐裁、北京锐而威等
	情	特色活动	千人婚礼、青春不散场、毕业旅行、从你的全世界路过、罗密欧与朱丽叶、致青春、我们相爱吧、奔跑吧、5.20、七夕节情侣特惠旅行、马尔代夫巴厘岛双人游、希腊爱琴海等
		互联网平台	百合网、珍爱网、世纪佳缘、有缘网、悟道、名猫空间等
		情感服务	摩卡婚礼策划馆、薇薇新娘婚纱摄影、般若堂国际宗教文化传媒有限公司等

（续表）

IP 类型		细分领域	部分 IP 资源
12 业态项目 IP	奇	文化探奇	藏地密码、漠河找北、寻秘贵州、唐诗之路、徽杭古道、3D 立体画等
		体育探险	北京九岩体育、飞跃南极洲、全球潜水、沧州勇士拓展、小勇士探险乐园、深圳卡尔探险、磐石探险、西藏圣山登山探险、亚马孙探险乐园、飞亚达—让普通人可以飞檐走壁、飞越丛林户外探险乐园—世界顶级户外运动体验、登山探险、海底探险、森林探险、溯溪等
		猎奇体验	古堡吸血鬼、丧尸城、鬼屋、藤木医院、动画电影体验（还原场景）、盗墓体验、真人密室逃脱、失重体验等
节事项目 IP 特色主题节事赛事展会		主题文化节	千竹美食文化节、健顺文化节、火乡文化节、美库啤酒美食文化节、泼水节、宝山国际艺术节、潍坊风筝节、贵州西江国际民俗展演周等
		主题音乐节、灯光节	音乐节：格莱美音乐节、草莓音乐节、长江音乐节、紫川二次元音乐节、米漫音乐节、明星音乐会等 灯光节：海船长环球国际灯光节、国际彩灯文化节、夜空彩虹灯光节等
		主题会展	特色可移动欧洲风格木屋节庆展会、国际机器人教育大赛、热气球巡回赛·热气球节等

三、运营 IP

表 3-11-5 运营 IP 资源

IP 类型	细分领域	部分 IP 资源
运营 IP	运营商	中青旅、港中旅、华侨城等
	商业运营、房产运营、会议运营等	驿盟园区平台、二次元界、VR、AR、智美新媒、本艺 TV 等
	营销平台	会点网（会议营销与交易增强平台）、联拓天际大交通及旅游产品交易平台、摩德（互联网虚拟景区信息服务平台）、智宅宝、笔中展览、九龙辰全、筑家易、炫房 VR、无忧见地等

四、服务 IP

表 3-11-6　服务 IP 资源

IP 类型	细分领域	部分 IP 资源
服务 IP	社区教育、社区商业、装修服务、创意家居、社区金融、母婴服务、绿色食品、物业管理及其他社区生活类服务等	金牌管家（智能化物业服务）、乐生活（服务模式创新）、家生活科技（物业移动互联网信息化平台）、中正物业、好停车（互联网车位预约、错时停车）、乐宜嘉（轻智能、快时尚、全环保、悦体验，80、90后拎包入住）、新世纪智慧家居、爱彼此、充智安、塞纳春天、无忧良品、驿盟园区、天泉草业、东南既有建筑增设电梯、华乐思教育、清山环境科技、亨瑞海外服务、速聘、慢客会（美居服务）、嘉佣坊、炫房 VR（VR 引擎开拓房地产及家装应用）等
	家庭医生服务	华大基因、蓝卡健康、丽美加（互联网美颜、美体、美心体系）、友松（点对点全程保姆式的安养服务）、日医集团服务（养老介护）、四圣心源医养投资（慢病健康管理系统和中医特色医养结合）、亚太 EAP 中心（职场心理）、知妈堂（孕妇心理）等

五、绿维八大 IP

表 3-11-7　绿维八大 IP

IP 名称	细分领域	简介
醉舞流光	娱—演艺秀	一个夜间啤酒狂欢广场：依托地方风情，丰富夜间旅游产品与游憩方式，打造特色狂欢夜，引爆夜间休闲聚集。一般选址在缺少引爆项目的景区，缺少夜间娱乐活动的景区。
绿维城市海景水上乐园	游—水乐园	"绿维城市海景"人造海滨浴场以营造热带海滨风情为主，是中国最早最大的人造海滨浴场。一万平方米水域面积的超大人造海浪池，可制造两米左右最近似海浪波的海浪，让海浪冲刷掉所有的烦恼和夏日焦躁，放松身心，尽情地享受着这份惬意。提供浴场和水上乐园从投资策划、规划设计、可行性研究、土建施工、安装、调试及售后，到指导运营的一站式服务，目前已成功打造了"北京绿维城市海景水上乐园""山西晋城绿维城市海景水上乐园""河南濮阳绿维城市海景水上乐园"等。

（续表）

IP 名称	细分领域	简介
绿维稻草大地艺术园	游—艺术观赏	以稻草为原材料，以乡村为载体，用艺术的手段，将稻草打造成为融合观赏、娱乐、教育等功能于一体的艺术化乡村旅游产品，让乡村成为艺术的舞台。
绿维绿梦工场	游—儿童游乐园	绿梦工坊是以覆土建筑为载体，将儿童职业体验馆、巧克力乐园、动漫艺术馆、科技游乐馆、奇幻嘉年华、魔幻剧场、哈哈世界等项目植入其中，构建不同的主题场馆，寓教于乐，在游玩中增加亲子感情，打造一个以室内体验型游乐为核心功能的亲子游乐园。
绿维洛宝贝乐园	游—儿童游乐园	洛宝贝是漫奇妙公司动画片《奇趣俱乐部》《洛宝贝听故事》《洛宝贝爱科学》《洛宝贝之麦田奇书》中的主要角色，以洛宝贝为主角的动画片迄今已将近1500集，洛宝贝动画片在央视播出期间，其乐观向上、助人为乐的形象和可爱天真，清新甜美的气质就获得了观众们的认可。乐园以洛宝贝为品牌形象，打造以智能拓展训练，策略益智闯关，多媒体场景互动，创意角色扮演的游乐空间。
绿维飞行体验舱	游—室内综合游乐	飞行体验舱是一种能独立经营的，能真实呈现全景飞行影像，赋予观看者身临其境飞行感、娱乐感的旅游体验类产品，它能抓住体验经济下游客的猎奇、寻求刺激的心理，有效的提升景区形象，聚人气，挑收益，是技术业界领先的投资小、运作灵活的优质旅游体验产品。绿维光影侠飞行体验舱的基础款投资在300万～500万元之间。
绿维儿童探索乐园	游—室内综合游乐	包含石林咸鸟、石林探秘（儿童考古区）、丛林探险、神秘画廊、远古声音、石壁攀岩、趣味滑梯、洞穴穿越以及石林科普等娱乐项目，让儿童在大自然中实现成长与自我突破。
宠萌乐园	游—宠物会展	萌宠乐园是指以线上线下宠物经营为营销途径，集养殖、展示、交易、观赏、游玩、休闲、娱乐为一体的多领域产业整合的综合性的宠物乐园。

特色小镇多元化融资解决方案

特色小镇的概念是在国家推进新型城镇化的总体战略部署下产生的，旨在真正实现以人为导向，以地域特色为基础、以产业为依托的城镇化。目前，全国多地出台特色小镇支持政策，社会资本纷纷探求介入特色小镇的路径，但特色小镇依旧面临融资困难的问题。本文立足于特色小镇的发展现状，基于特色小镇融资困境，为当前特色小镇整体的建设和运营寻找多元化融资解决方案。

一、困局：特色小镇融资困境

特色小镇作为国家城镇化发展新战略和产业升级新形态，如能全面落实，将会对我国经济发展和转型产生重大的促进作用。

金融资本更是特色小镇建设的重要支撑力量。资金是项目持续发展的血液，资金短缺、金融支持工具的缺乏等限制因素，将会制约特色小镇的建设和长远发展。在特色小镇的建设过程中，以政策主导的融资工具远远不能满足特色小镇建设中的资金需求，特色小镇建设将持续面临融资困局。

（一）特色小镇建设需要大量持续的资金投入，后续资金难以保障

资金规模问题是制约城镇化发展和特色小镇建设的瓶颈。特色小镇建设过程中涉及基础设施项目融资，资金需求量动辄数亿元甚至数十亿元，资金占用时间由几年到几十年不等，融资时间长，融资规模大，大大增加了融资难度。即使前期投资方承诺资金规模，也难以保证资金到位时点，资金链断裂极易发生。

全国特色小镇建设的融资需求为万亿元数量级，目前来看，融资成果与需求相去甚远。以旅游小镇为例，作为特色小镇的重要模式之一，

主要依托于旅游基金运作。然而截至 2016 年，全国旅游基金总值仅为 1819 亿元，且很多资金尚未到位，旅游小镇的建设和完善进程受到严重制约。

（二）政府资本杯水车薪，难以撬动大量资本

过去，土地收益一直是地方政府获得建设资金的主要来源。而在逐步减少政府对土地财政依赖的当下，政府资金难以应付小镇建设需求。一方面，政府资金有限，项目建设后续资金无法保障；另一方面，在政府债务高企的情况下，政府主导特色小镇建设心有余而力不足。

（三）特色小镇项目预期回报率低，加大社会资本介入难度

从需求特征来看，特色小镇内部的产业融资需求多来自初创企业，面临未来收益的不确定和无资产可以抵押的困境，加之项目评价标准仍不完善，没有公允的估值体系，增大了利用 ABS 等金融创新工具进行市场化融资运作的难度。

此外，从项目回报来看，对于特色小镇内基础设施建设项目，一方面收益率偏低，难以达到社会资本的期望回报率；另一方面项目周期偏长，一般长达数十年，大多社会资本难以承受，这进一步加大了社会资本的进入难度。

（四）法律机制不健全，专业人才匮乏，增加融资阻力

政府和个人间权利义务划分清楚是融资顺利进行的前提。在当前国内的法律大环境下，可能存在强势政府夺取私人利益，社会资本进入谨慎，或者寻租行为盛行，降低融资效率的情形。加之法律和金融等复合型人才缺乏，进一步增大小镇融资的阻力。

二、探寻：金融资本应如何介入特色小镇？

从近三十年中国城镇化的推进进程来看，如果把资本比作水，城镇化建设就是一个蓄水池的运作体系。从经济体的财政、金融政策出发点与落脚点来看，每个经济体都需要一个蓄水池，这个蓄水池起着调节流量的作用，也是打开决策层财政金融政策运作空间的重要要素。

　　过去中国的城镇化过于注重基础设施建设、房地产开发，导致本来应该重视的地域特色在千篇一律的造城运动中消失。当前提出的以人为本、保护环境的城镇化内涵发展模式本质上是对过去模式的"纠偏"，特色小镇的整体运营即立意于此。乐观地看，这一定程度上也为民间金融资本参与特色小镇建设提供了有利条件。

　　简单地说，特色小镇的建设必将摆脱过去城镇化推进过程中以政府出资或垫资为主的"地方债"融资模式，通过打破传统融资渠道，引入社会资本。在资本运营层面，特色小镇项目要实现自收自支，政府更多地要以监管者身份去协调运营过程中出现的市场过度逐利等负面问题，最终实现区域特色城镇化的整体推进。

三、破局：特色小镇的八大融资模式

　　根据以上种种特征，特色小镇开发融资宜以股权融资为主，债权模式为辅。下文简单罗列特色小镇融资的八种模式。

（一）贷款模式

　　对于相对成熟的特色小镇项目，利用已有资产进行抵押贷款无疑是最常见的融资模式。根据贷款主体和资金来源的不同，银行贷款对特色小镇建设的支持可以分为政策性银行对基础设施等非营利项目的支持和商业银行以及投资银行对小镇内特色产业为代表的营利项目的支持。

　　政策性银行的支持方式主要体现在政策和贷款门槛上。中国农业发展银行早在 2015 年就推出了特色小城镇建设专项信贷产品。中长期政策性贷款主要包括集聚城镇资源的基础设施建设和特色产业发展配套设施建设两个方面。2016 年 10 月 10 日，《住房城乡建设部中国农业发展银行关于推进政策性金融支持小城镇建设的通知》（建村〔2016〕220 号）进一步明确了农业发展银行对于特色小镇的融资支持办法。住房城乡建设部负责组织、推动全国小城镇政策性金融支持工作，建立项目库，开展指导和检查。

　　为了对特色小镇建设融资提供全面支持，中国农业发展银行进一步争取国家优惠政策，提供中长期、低成本的信贷资金。支持范围包括：以转移农业人口、提升小城镇公共服务水平和提高承载能力为目的的基

础设施和公共服务设施建设，如土地住房、基础设施、环境设施、文教卫设施、商业设施等。各省级住房城乡建设部门、中国农业发展银行省级分行应编制本省（区、市）本年度已支持情况和下一年度申请报告（包括项目清单），并于每年 12 月底前提交住房城乡建设部、中国农业发展银行总行，同时将相关信息录入小城镇建设贷款项目库。

商业银行贷款和风险投资机构的帮助主要体现在对特色小镇内创业企业的贷款支持。特色小镇内往往云集大量创业企业，创业企业的融资是特色小镇融资的一项重要的独立课题。风险投资机构和商业银行看好特色小镇内创业企业的发展，为其提供了大量条件优惠的融资。不少金融机构在特色小镇内推出更为优惠的利率和高效的信贷审批。

浙江的湖州丝绸小镇、美妆小镇等相继获批之后，面对特色小镇建设的融资需求，吴兴农村合作银行给予信贷政策倾斜，对符合贷款条件、属绿色金融的项目和主体在贷款调查、授信审批、资金落实等方面开通"绿色服务通道"，优先受理、优先审批和优先发放，要求一周内完成新增授信审批，两天内完成贷款发放，贷款周转两个工作日内完成。同时对贷款利率给予优惠下调以降低融资成本。建行浙江省分行也曾安排意向性融资 700 亿元，重点支持浙江省特色小镇项目建设，同时支持优质企业发展，为引进高层次人才提供金融便利。

各大银行通过与地方政府合作，在特色小镇的贷款融资中已经起到重要的作用。截至 2016 年上半年，农发行浙江省分行支持浙江省特色小镇建设项目 8 个，贷款金额 160 亿元，充分发挥了政策性银行在城乡一体化建设中的支柱作用，助推特色小镇"扬帆起航"。中国建设银行也统筹安排年度信贷投放总量，加大对小城镇建设的信贷支持力度。对纳入全国小城镇建设项目储备库的推荐项目，予以优先受理、优先评审和优先投放贷款。

此外，对于初创企业融资时缺少可供抵押的资产，政策性融资担保机构也倾向于提供便利。同时，国家发改委通过国开行、农发行向邮储银行定向发行长期债券，成立专项基金，助力特色小镇发展。特色小镇专项建设基金实质上是一种长期的贴息贷款，也将成为优秀特色小镇的融资渠道。

不可回避的是，受制于项目质量不佳、缺少成熟和可验证的商业模式，以及政策瓶颈，很多民间资本都对特色小镇感兴趣，但却敬而远之。

在这种局面下，特色小镇项目公司可以努力使得所运营项目纳入政府采购目录，则可能通过政府采购融资模式获得项目贷款，并获得延长贷款期限及可分期、分段还款的优惠，这对现金流稳定的项目有明显利好。如果进入贷款审批"绿色通道"，也能够提升获得贷款的速度，同时侧面起到吸引社会资本的作用。

（二）发行债券

由于特色小镇项目公司往往成立时间较短，没有历史评级，发行债券会受到一定限制。

在满足发行条件的前提下，特色小镇项目公司可以在交易商协会注册后发行项目收益票据，可以在银行间交易市场发行永（可）续票据、中期票据、短期融资债券等债券融资，也可以经国家发改委核准发行企业债、项目收益债和专项债券，还可以在证券交易所公开或非公开发行公司债。详见图 3-11-4。

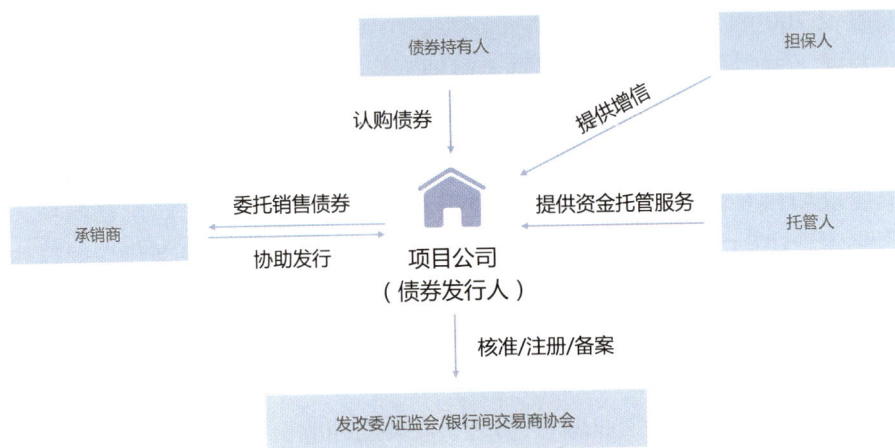

图 3-11-4　债券 C 产品结构设计

如果满足发行条件，特色小镇项目公司发行企业债往往可以获得政府的全面支持。2017 年 6 月，铜陵市出台《关于扶持特色创新小镇建设的若干政策意见》，重点从五个方面提出了若干条具体扶持政策措施。其中，从信贷支持、融资担保、PPP 合作等方面提出了支持的具体政策措施，包括 3 年内新发行企业债券用于特色小镇公用设施项目建设的，按债券当年发行规模给予发债企业 1% 的贴息，贴息资金由市级财政和项目所在地财政各承担 50%。

（三）融资租赁模式

融资租赁又称设备租赁、现代租赁，是指实质上转移与资产所有权有关的全部或绝大部风险和报酬的租赁。融资租赁集金融、贸易、服务于一体，具有独特的金融功能，是国际上仅次于银行信贷的第二大融资方式。详见图 3-11-5。

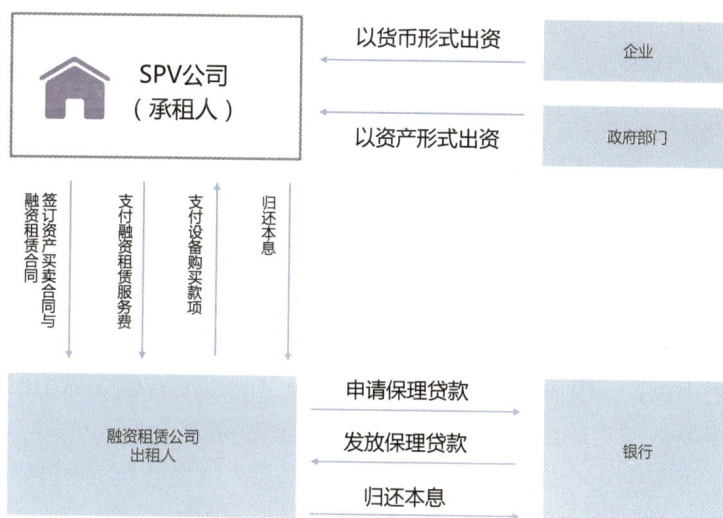

图 3-11-5　融资租赁模式设计

在特色小镇项目建设中必然需要购置高成本大型设备，融资租赁是减轻资金压力的重要工具。2015 年 8 月 26 日，国务院常务会议指出，加快发展融资租赁和金融租赁是深化金融改革的重要举措，有利于缓解融资难、融资贵的问题，拉动企业设备投资，带动产业升级。以其兼具融资与融物的特点，出现问题时租赁公司可以回收、处理租赁物，因而在办理融资时对企业资信和担保要求不高。融资租赁属于表外融资，不体现在企业财务报表的负债项目中，不影响企业的资信状况。

融资租赁实质上是转移与资产所有权有关的全部或绝大部风险和报酬的租赁，有三种主要方式。①直接融资租赁，可以大幅度缓解特色小镇建设期的资金压力。②设备融资租赁，可以解决购置高成本大型设备的融资难题。③售后回租，即购买"有可预见的稳定收益的设施资产"并回租，这样可以盘活存量资产，改善企业财务状况。

（四）基金模式

（1）产业基金及母基金模式。特色小镇在导入产业时，往往需要产业基金做支撑，这种模式根据融资结构的主导地位分三种类型。

第一种是政府主导，一般由政府（通常是财政部门）发起，政府委托政府出资平台与银行、保险等金融机构以及其他出资人共同出资，合作成立产业基金的母基金，政府作为劣后级出资人，承担主要风险，金融机构与其他出资人作为优先级出资人，杠杆比例一般是1:4，特色小镇具体项目需金融机构审核，还要经过政府的审批，基金的管理人可以由基金公司（公司制）或PPP基金合伙企业（有限合伙制）自任，也可另行委托基金管理人管理基金资产。这种模式下政府对金融机构有稳定的担保。

第二种是金融机构主导，由金融机构联合地方国企成立基金专注于投资特色小镇。一般由金融机构做LP，做优先级，地方国企做LP的次级，金融机构委派指定的股权投资基金作GP，也就是基金管理公司。

第三种是由社会企业主导的PPP产业基金。由企业作为重要发起人，多数是大型实业类企业主导，这类模式中基金出资方往往没有政府，资信度和风险企业承担都在企业身上，但是企业投资项目仍然是政企合作的PPP项目，政府授予企业特许经营权，企业的运营灵活性大。

在很多地方，特色小镇已经成为地方政府的"金名片"。浙江省级政府产业基金早已探索组建特色小镇（联动）基金，意向规模100亿元（其中省产业基金出资10亿元）。为产业类小镇输送金融"血液"，提升产业资源要素运作效率，形成特色小镇之间资源要素协同合作生态链，引导创新要素与产业小镇深度耦合反应，推进好项目落地生根，助力省产业转型升级。

产业基金的重点投向往往是特色小镇重大产业类、招商引资类等示范带动作用强的政府意图型项目；以及具有高成长性、核心竞争力的创新性企业，支持产业类特色小镇培育若干产业龙头企业，推进一批充满活力的中小型企业上市，助推地方经济转型升级。

（2）股权投资基金模式。参与特色小镇建设的企业除了上市公司外，还有处于种子期、初创期、发展期、扩张期的企业，股权投资基金会始终伴随这些企业的成长。对应的股权投资基金可分为天使基金、私募股权基金 (PE)、创业投资基金 (VC)、并购基金、夹层资本等。

天使基金、私募股权基金 (PE)、创业投资基金 (VC) 的角色定位很明确：以特色小镇的优质企业为标的，投资于培育战略性新兴产业、新业态、新模式，对非上市企业进行权益性投资，最终通过上市、并购、管理层回购、股权置换等方式退出。

除天使基金和创业投资基金之外，并购基金和夹层资本也是很重要的参与者。

并购基金是专注于对目标企业进行并购的基金，其投资手法是，通过收购目标企业股权，获得对目标企业的控制权，然后对其进行一定的重组改造，持有一定时期后再出售。

夹层资本，是指在风险和回报方面，介于优先债权投资（如债券和贷款）和股本投资之间的一种投资资本形式，通常提供形式非常灵活的较长期融资，并能根据特殊需求做出调整。而夹层融资的付款事宜也可以根据公司的现金流状况确定。

（3）城市发展基金。城市发展基金是指地方政府牵头发起设立的，募集资金主要用于城市建设的基金。其特点如下：牵头方为地方政府，通常由财政部门负责，并由当地最大的地方政府融资平台公司负责具体执行和提供增信；投资方向为地方基础设施建设项目，通常为公益性项目。详见图 3-11-6。

例如，市政建设、公共道路、公共卫生、保障性安居工程等；还款来源主要为财政性资金；投资方式主要为固定收益，通常由地方政府融资平台提供回购，同时可能考虑增加其他增信。

（4）PPP 融资模式。PPP(Public-PrivatePartnerships) 模式，即公共部

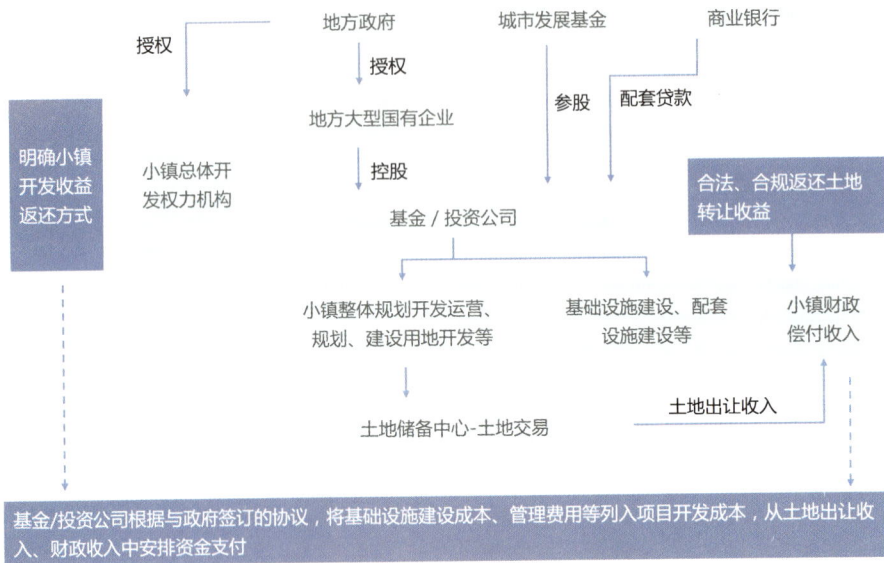

图 3-11-6　城市发展基金模式设计

门与私人企业合作模式，是指政府、营利性企业和非盈利性企业基于某个项目而形成的相互合作关系的形式。通过这种模式，合作各方参与某个项目时，政府并不是把项目的责任全部转移给私人企业，而是通过对项目的扶持，实现参与合作各方的利益，同时共同承担责任和融资风险。

PPP 模式是一个完整的项目融资概念，是政府、营利性企业、非营利性企业基于某个项目而形成"共赢"为理念的合作方式。

在特色小镇的开发过程中，政府与选定的社会资本签署《PPP 合作协议》，按出资比例组建 SPV（特殊目的公司），并制定《公司章程》，政府指定实施机构授予 SPV 特许经营权，SPV 负责提供特色小镇建设运营一体化服务方案。

PPP 合作模式具有强融资属性，金融机构与社会资本在 PPP 项目的合同约定范围内，参与 PPP 的投资运作，最终通过股权转让的方式，在特色小镇建成后，退出股权实现收益。社会资本与金融机构参与 PPP 项目的方式也可以是直接对 PPP 项目提供资金，最后获得资金的收益。

（五）股权或产品众筹模式

众筹是基于众包和微金融发展起来的一种新型融资方式，通过网络众筹平台广泛地向群众募集资金。众筹的低门槛投资金额、突破投资地域限制的特点和灵活的表现形式，为中小微企业和个人的创意项目提供了融通资金的作用。

特色小镇运营阶段的创新项目可以用众筹模式获得一定的融资，众筹的标的既可以是股份，也可以是特色小镇的产品或服务，比如某特色小镇三日游产品的众筹。众筹具有低门槛、多样性、依靠大众力量、注重创意的特征，是一种向群众募资，以支持发起个人或组织的行为。股权众筹是指公司出让一定比例的股份，平分成很多份，普通投资者通过出资认购入股公司，获得未来收益。

（六）收益信托模式

特色小镇项目公司委托信托公司向社会发行信托计划，募集信托资金，然后统一投资于特定的项目，以项目的运营收益、政府补贴、收费等形成委托人收益。金融机构由于对项目提供资金而获得资金收益。详见图 3-11-7。

（七）资产证券化（ABS）

资产证券化是指以特定基础资产或资产组合所产生的现金流为偿付支持，通过结构化方式进行信用增级，在此基础上发行资产支持证券（ABS）的业务活动（详见图 3-11-8）。特色小镇建设涉及大量的基础设施、公用事业建设等，基于我国现行法律框架，资产证券化存在资产权属问题，但在"基础资产"权属清晰的部分，可以尝试使用这种金融创新工具，对特色小镇融资模式也是一个有益的补充。从旅游行业来看，不管是以门票为基础资产，还是以项目公司为基础资产，都具备做资产证券化的条件。从准入条件来看，很多现金流良好的景区能够满足资产证券化条件；从融资成本来看，资产证券化融资过程中只涉及原始权益人、特殊目的公司、投资者、证券承销商等主体，中间费用较少，融资成本远低于信托、基金等。

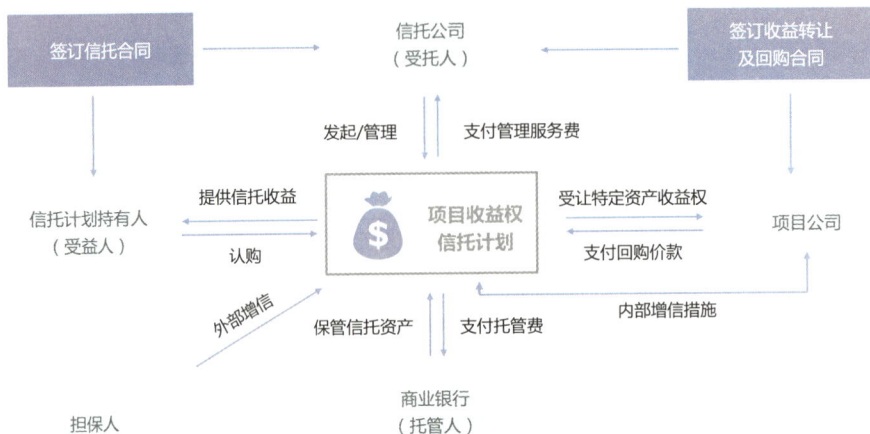

图 3-11-7　收益信托模式结构设计

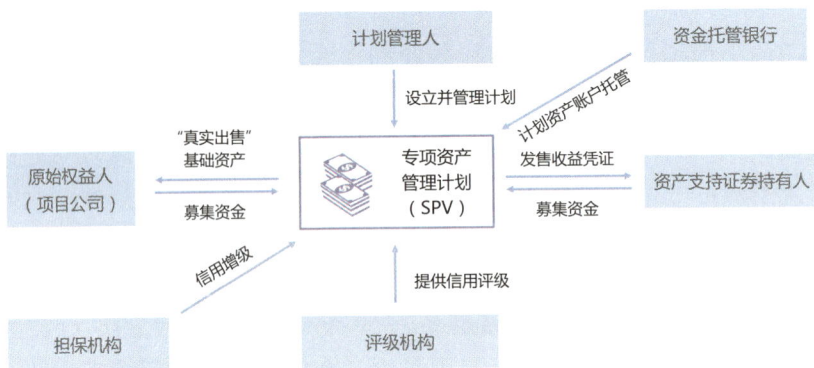

图 3-11-8　资产证券化模式结构设计

（八）供应链融资模式

供应链融资是把供应链上的核心企业及其相关的上下游配套企业作为一个整体，根据供应链中企业的交易关系和行业特点，制定基于货权及现金流控制的整体金融解决方案。

供应链融资解决了上下游企业融资难、担保难的问题，而且通过打通上下游融资瓶颈，还可以降低供应链条融资成本，提高核心企业及配套企业的竞争力。

在特色小镇融资中，可以运用供应链融资模式的主要是应收账款质押、核心企业担保、票据融资、保理业务等。实际操作中，融资模式往往根据小镇建设不同阶段和产业发展不同阶段，结合其他融资模式组合使用。

四、创新：特色小镇的多元化创新融资模式

（一）资本退出路径明晰的"PPP+资产证券化"模式

特色小镇必然需要解决特色产业的问题，第一是因地制宜确定主导产业，产业确定以后要把产业生态做好（如基金小镇需要人才端、客户端、技术端、市场端等）。第二需要金融平台来推动产业发展，不仅仅是招商，未来更多的是引资和招商权。特色小镇的建设是一个巨大的市场，一定会出现很多有价值的市场主体。前文提到，发展小镇的特色产业，最大的问题就是投资周期长，运营时间长，回收慢，但是未来价值可能会很大。这个矛盾必须借助创新金融工具来解决。

以旅游特色小镇为例，一开始往往需要建立 PPP 基金。但是做 PPP 基金很难解决 PPP 运营回报的问题，所以需要有公司来参与。而这些公司是以产业基金为支撑的，往往能够通过股权、IPO 实现价值最大化，最后通过景区的资产证券化来解决 PPP 基金的退出和回报问题。

要通过 IPO 来实现股权投资的回报，往往要用创新金融和产融结合这样的理念和工具来解决问题。所以特色小镇的收入模型已经不仅仅是租金或者地产收益，它一定是地产收益＋投资收益＋服务收益的结合。

最后通过资本市场解决资产证券化和股权基金的退出问题。原来的单一物理空间的开发能力要向多方位转变，规划也不再是简单的建筑规划，而是复杂的顶层设计，其中包括金融投融资的规划、现金流的规划、产业的规划，另外还有政府资源的协调整合能力等。

（二）融资、营销、运营属性兼具的"互联网＋融资"的模式

在"互联网＋金融"大行其道的情况下，普惠金融也是一个重要的融资方向。在特色小镇融资过程中，可以通过运用互联网有效地积聚社会资金，提高资金运用效率，同时，互联网融资本身也是热门事件，可以

起到免费的宣传作用。

"互联网＋融资"并不限于互联网众筹，"互联网"在其中起到的作用也绝非单纯的渠道拓展。特色小镇作为大型开发项目，必须全面接触资本市场，融资、经营管理、市场推广甚至获得专业的运营团队，都可以通过"网络路演"目标人群。通过网络路演接触有实力的风投，已经是创业项目融资的重要渠道。

通过互联网路演融资，可以获得投资者广泛关注，让风投对项目前景一目了然，促进项目融资，便于项目和企业的资本运作。在项目走向成熟期时，互联网路演可以让项目经验透明化，便于进行收购、兼并等资本运作。

从产业链来看，特色小镇的建设与运营过程全面覆盖政策解读、信息互动、项目撮合、规划设计、产业导入、运营推广、金融配套、投资消费以及数据共享等。在整个过程中，用"众筹、众建、众销、众创"的理念，深度触网，广泛与政府、企业、机构、媒体合作，建立新的生产方式，打通特色小镇全产业链，覆盖规划设计、开发运营、产业招商、投资消费全环节，以创新的"智力众筹、能力众筹、信用众筹"方式，汇聚有意向的企业开发特色小镇。

随着特色小镇建设的开展，"互联网＋金融"对其显示出的融资支持力度将有进一步扩大的潜力。

（三）政府、村民、资方共赢的 BOT 融资模式

BOT 模式（build-operate-transfer），即建设—经营—转让，是一种利用民营资本兴建基础设施的融资模式，BOT 模式本身并不新颖，只是由于近年来古镇项目繁多，在古村落、古镇的开发与基础设施建设中，这种模式可以很好地解决土地使用权移交过程中的利益分配问题。

BOT 模式的运作模式如下：以村庄开发为例，农村宅基地使用权通过土地使用权人向投资商、开发商等民间组织授权，开发投资者对村庄宅基地上的建筑物和构筑物等投入资金，发展农家乐等旅游开发项目，改造建成后，投资人有偿经营一段时间，到期后将宅基地使用权交给原所有人。

以某个以农家院集群的古村落开发项目为例，基本内容包括：作为

准政府组织机构的村庄宅基地统一管理主体——大平安村委会，将宅基地的使用权授权该项目的投资方，由投资方提供资金在宅基地上进行开发建设，建造完成后投资者进行有偿的经营管理，来获取一定收益。在特许经营期之前，原来农户的收入除政策补贴外，农户还可参与经营活动，获取一定的收益，等到特许经营期之后，将宅基地使用权交还村委会。通过这种方式，村集体节省了建设开发的资金，村民也可从中获取一定的报酬，BOT 模式在村庄宅基地项目中运用的途径是具有合法性的。

这种运作模式，不仅可以盘活存量土地，也可以带动村庄旅游和经济的发展，是一种助力农村经济可持续发展的新路径，也是依托于产业的特色小镇建设的重要融资工具。

第十二章　特色小镇的潜力类型

类型 1：智能智造小镇——制造到智造的重要升级载体

制造业是国民经济的主体，是立国之本、兴国之器、强国之基。打造具有国际竞争力的制造业，是我国提升综合国力、保障国家安全、建设世界强国的必由之路。新中国成立尤其是改革开放以来，我国制造业持续快速发展，有力推动了工业化和现代化进程，综合国力显著增强，有效支撑了世界大国地位。然而，与世界先进水平相比，中国制造业仍然大而不强，在自主创新能力、资源利用效率、产业结构水平、信息化程度、质量效益等方面差距明显，转型升级和跨越发展的任务紧迫而艰巨。

近年来，我国以工业机器人、数控机床、可穿戴装备、互联网、云计算为代表的智能技术研发取得了突破性地进展。然而，核心装备依赖进口、缺乏行业龙头企业和领军人才、发展模式不成熟的问题仍然严峻，主要原因是促使基础研究成果转换为产业化应用的中间力量薄弱。智能制造小镇是促进产、学、研各主体和生产要素聚合，并打通制造业与人工智能产业链条的一剂良药。

一、智能制造小镇的内涵解读

智能制造小镇一般依托区域良好的制造业发展基础，通过"智能制造"核心理念聚集制造业与人工智能所需的各类高端要素资源，以推动制造业的数字化、网络化、智能化发展为产业目标，集科技研发、智能生产、智慧服务、应用服务、生活社区等功能于一体。

智能制造小镇通过聚集技术、人才、资金等资源，推动智能技术、智能设备研发并广泛应用到制造业全过程，是实现"中国制造"向"中国智造"升级的重要空间载体。

二、智能制造小镇的产业发展架构

（一）智能制造产业的政策支持

2015 年国务院发布的《中国制造 2025》，部署全面推进实施制造强国战略。这是我国实施制造强国战略的第一个十年行动纲领。根据规划，通过"三步走"实现制造强国的战略目标，其中第一步，即到 2025 年迈入制造强国行列。"智能制造"被定位为中国制造的主攻方向。

作为我国制造强国战略的核心抓手，智能制造受到社会各界的高度重视。自《中国制造 2025》发布以后，在 2015—2017 年两年间，国务院又先后出台了《积极推进"互联网＋"行动指导意见》《关于深化制造业与互联网融合发展的指导意见》，三大政策都对我国智能制造的未来发展做出了详细规划，并指出智能制造是我国实现制造业转型升级的重要契机。中国人民银行等五部门还联合发布了《关于金融支持制造强国建设的指导意见》等政策文件。工信部等部委也出台了《智能制造发展规划（2016—2020 年）》《智能制造工程实施指南（2016—2020 年）》等多项政策，并于 2016 年展开智能制造试点示范工作。

（二）智能制造的含义

智能制造，是将自动化、信息技术、人工智能等新型科技的研发成果，应用到产品设计、生产、企业管理等各个制造环节的先进制造体系。

智能制造是制造业转型升级的必经之路。应用自动化技术，制造企业能够利用生产机器人、数控机床减少或取代人工操作，提高生产效率、降低生产成本；人工智能技术的应用，有助于制造企业的产品实现可识别、可定位、可管理的智慧化升级；互联网、数据采集技术的应用，有助于制造企业实现人和设备的互联化、智能化管理，同时，企业、人和机器的大数据服务能够提升制造企业的决策效率和精准度。

（三）智能制造小镇的产业体系

依托于传统制造业，通过技术创新要素聚集和成果的转化应用，智能制造小镇最终形成的是集智能制造核心、技术创新要素聚集、智慧服务平台、产后应用及服务于一体的产业体系（详见图 3-12-1）。研发机构及企业的技术创新成果通过技术运营商、方案供应商应用到智能制造企业中，基于信息技术的智慧服务，为技术创新主体和智能制造主体提供支撑服务，智能制造技术及产品的转化会延伸出线下应用 / 体验、会展推广、物流等对接市场的服务。反过来看，市场的反馈也促进智慧服务平台的数据完善，智造企业也会对技术的需求提出反馈，从而促使技术研发进一步提升。

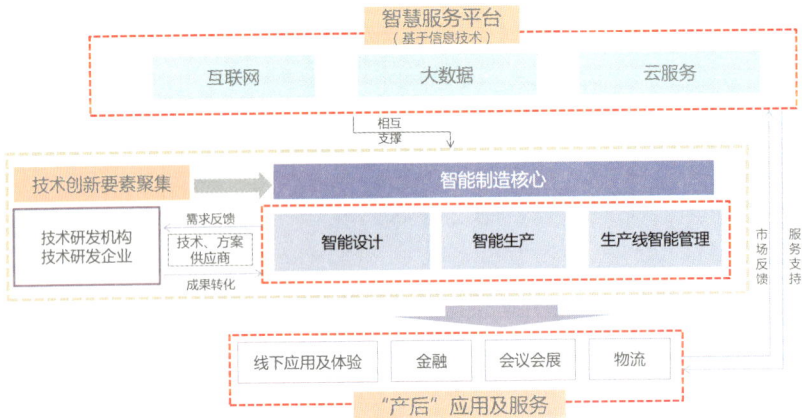

图 3-12-1　智能制造小镇产业体系

三、智能制造小镇的打造要点

结合我国智能制造发展规划和特色小镇建设要求，智能制造小镇的核心产业可以聚焦于机器人、无人车、虚拟 / 增强现实、可穿戴设备、新一代芯片等智能装备的生产，打造研发、生产、应用、推广交易为一体的产业链；也可以关注汽车、食品、服装、家电等自动化生产和个性化消费需求较高的传统制造业，通过推进人工智能技术、设备的研发和应用，促进传统制造业的智能化生产和产品高端化升级。其打造要点主要包括创新要素集聚、智造平台运营和智能应用推广三个方面。

（一）聚集创新技术和要素

"智能制造"的关键是创新，创新是产业转型升级的第一推动力。因此，政策引导上，要重视区域的创新能力。创新是一项系统性工程，涉及政府、科研机构、制造企业、金融机构等各要素主体。

政府应在制造业基础条件良好、转型升级需求迫切的地区，通过试点示范、研发补助、产业支持资金、项目专项基金等政策红利，引导国内外领先的科技企业和龙头制造企业的研发中心入驻，围绕智能制造装备和工业互联系统的发展，重点培育自动化、传感、数控、可视化、云计算等智能制造的支撑技术，并以此为基础，通过住房补贴、创新基金等相关福利，吸引技术和制造相关的高端人才前来就业和创业。

（二）强化智造服务平台运营

在小镇的运营阶段，政府也要完善制造产业的发展规划和产业转型支持政策，设立智能制造的政务服务平台，遴选智能制造标杆企业并推广可复制的发展模式，为小镇的技术创新和产业提升提供方向性的引导。

此外，小镇的开发主体应整合技术、装备、资金、管理等各类资源，搭建起智能制造的产业孵化服务平台，为制造企业提供设计、研发、生产所需的技术支持、装备供给和智能制造的整体解决方案，同时提供投融资对接、管理咨询、人才引进等中介服务，以完善的市场化服务体系促进人工智能技术的广泛应用，加速新型制造企业的培育和传统制造企业的创新。

（三）推广方面，强化4.0智造产品的应用体验

小镇的开发主体应积极组织培训、会展等交流活动，为企业嫁接技术、人才、资金等智能制造资源，也可通过智造产品展示、智能技术交易提高小镇的知名度。

此外，应挖掘核心产业的旅游基因，强化4.0智造产品的应用体验，开发智慧工厂参观、智能生活体验、智能装备试用、智慧产品购物等特色旅游吸引物，并建设具有地域特色的休闲活动空间，实现制造产业与旅游的双引擎发展。

类型 2：科创小镇——构建创新创业生态系统

　　"大众创业，万众创新"和"产业转型"是近年来从顶层政策到各类社会产业主体都十分关注的热点话题。2015 年国务院发文推进"双创"，中国政府报告提出制定"互联网＋"行动计划，各类以信息技术产业为主的创业主体不断涌现，传统产业园区也逐渐向众创空间转型。2017 年 12 月国家四部委发布的《关于规范推进特色小镇和特色小城镇建设的若干意见》中，也明确提出特色小镇的产业高端化，以及集聚人才、技术、资金高端要素的要求。

　　科创小镇能够有效集聚高新技术和创业人才、发挥科技龙头企业引领作用，是产业园区转型瓶颈的破题良方，也是响应国家政策、促进我国产业结构转型升级的重要引擎。

一、科创小镇的内涵解读

　　科创小镇，是以创新活动为核心形成的产城发展空间。一般是以科技园区、创客空间、孵化基地、研究基地为依托，聚集高端科研院所、研发机构、创业公司、孵化器等多元主体，通过协同创新及孵化形成的功能复合、空间节约、便利高效的特色小镇。从产业内容上来看，科创小镇汇聚了互联网、大数据、云计算、人工智能等新时代信息技术，是区域高新技术产业升级和传统产业向科技化转型的重要载体；从功能上来看，科创小镇集科研、文创、孵化、投融资、商务、展览、培训、居住、旅游、休闲娱乐等功能于一体，能够同时满足企业入驻、创客创业、居民生活、游客旅游度假的需求。

　　这类区域内集聚了高端科研院所、研发机构、企业总部、创业公司、孵化器等多元创新主体，同时具有空间紧凑、功能复合、商业发达、公交便利等特征，表现出与传统郊区创新空间不同的结构特征。

二、科创小镇的发展架构

科创小镇的发展，以促进科技、信息创新为核心，聚集产、学、研等创新主体，以创业孵化和资源共享为重点，形成全程创业孵化链，并以开放化的共享社区为配套，构建"创新＋孵化＋社区"的创新创业生态系统。如图 3-12-2 所示。

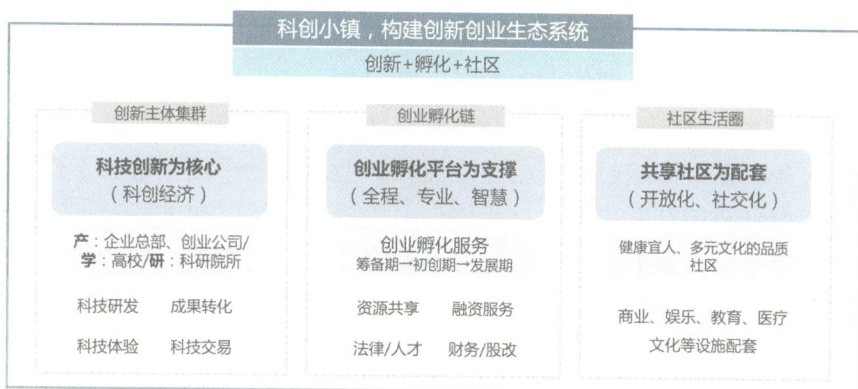

图 3-12-2　科创小镇的发展架构

科创小镇一方面，要为创新企业和创业人才提供优质的资源共享空间和完善的服务平台；另一方面，也要通过特色发展、文化创意、商业零售来拓展其休闲、生活功能，吸引和留住更多创业人群。

三、科创小镇的打造要点

在发达国家，科创小镇是高科技产业竞争力的重要载体。例如，Google、微软、NASA 研究所等顶尖高科技公司总部聚集的山景城小镇，Facebook 总部所在的聚集纳斯达克半数以上风投基金的门罗帕克小镇，都是电子科技王国——美国硅谷的重要组成部分。这些成功的科创小镇都具备量质俱优、引才留人的特质。

借鉴这些科创小镇成熟的运营经验，可以看出科创小镇不是简单的园区项目，不管是政府主导还是企业牵头，都不能把小镇与创业者的关系定格在租赁或买卖办公场所上，而是要针对入驻企业和入住人才，强调政策供给的创新、孵化平台的服务和生活社区的配套。

政策供给创新上，政府要在科创小镇的筹备阶段起到主导作用，通过专项基金、融资扶持、人才引进、财政补贴等一系列政策，快速聚集科创小镇建设所需的资源要素，为创新主体和创业人才的吸引提供基础。在小镇的持续运营阶段，政府也要不断释放政策利好，完善政务服务平台和科创项目的进驻机制，发挥引导者的角色，推动企业、人才的快速发展。

孵化的平台服务上，科创小镇要有完善的创业服务体系。科创小镇的开发主体应设置小镇内部的服务运营机构，积极导入并整合孵化所需的金融、财务等各类要素，联合政府、龙头企业、创业领军人才和各类专业服务中介，搭建起适合创业企业和产业发展的市场化服务平台，为创业者提供政策补贴申请、技术培训、投融资对接、人才招募、法律财务咨询等专业完整的创业服务，为小镇企业的最初创建、持续经营、创新突破提供有效的支持。

社区空间的打造上，科创小镇在空间上要坚持开放化、社交化的理念。为创业者打造环境优美、舒适便捷的社交和资源共享空间，形成"处处能共享、处处能交流"的氛围，促进人才之间和同业企业之间的思维交流和协同创新。同时，科创小镇要完善教育、医疗、交通等基础设施，丰富大众的多元生活、文化商业需求的业态，实现从传统园区向生态社区生活圈的升级。

类型 3：旅游小镇——构建多元化外来消费聚集

　　旅游小镇作为推动中国旅游业二次创业以及推动城市化进程的重要途径，在国家政策层面得到了大力支持，在实践中也得到了快速推广。2014年中共中央、国务院发布的《国家新型城镇化规划（2014—2020年）》指出，旅游小镇作为促进产业提升、加速产业融合、实现扶贫扶农、推动新型城镇化发展的重要途径之一，成为新的发展趋势。在特色小镇概念出现之前，各地也都在推动小城镇的建设，其中不乏旅游小镇、休闲小镇的身影。

　　旅游小镇是指以开发当地具有价值的自然或人文景观为基础，以整体景区化为核心特质，以休闲核心为增长极，以旅游产业综合发展为目的的一种有效的自然成长、政府支持与市场化运作相结合的一种就地城镇化模式。它是旅游产业多样化消费的聚集形态，可形成多样化的盈利能力，是促进产业多元融合的延伸基础，是旅游产业中观光、休闲、度假相互支持的融合模式，在特色小镇发展形势下普遍被关注。

一、旅游小镇的特征

（一）景区化特征

　　旅游小镇本身就是一个文化气息浓郁，环境优美的景区，是观光旅游的载体。依托其空间布局形成的"N街N景、一街一品"，形成的游线结构，都具有非常强的游乐性。从文化底蕴上讲，旅游小镇是文化旅游的重要载体，城镇风貌及建筑景观均体现了一定的文化主题；旅游小镇所拥有的特殊文化，能转化为旅游小镇独特的形象特征。从旅游的角度讲，旅游小镇具备食、住、行、游、购、娱、商、养、学、体等旅游要素。

（二）休闲产业聚集特征

旅游小镇的主导产业是旅游服务业、休闲产业。围绕主导产业，小镇还将形成宾馆服务业、商品零售业、娱乐休闲业、餐饮服务业、会议会展业等。以产业为核心，旅游小镇的产业人口构成主要为旅游人口及旅游服务人口，其中，旅游服务人口主要为小镇常住居民。

（三）城镇化特征

从城镇化的角度讲，旅游小镇是围绕休闲旅游，延伸发展出有常住人口、完善的城镇公共服务配套设施的小城镇。它有居民，有产业，形成居住社区，并在此基础上形成安全保障管理体系。

旅游小镇的服务设施配套主要围绕游客的吃、住、行、游、购、娱展开，有演艺场所（如影剧院、演艺广场等）、餐馆、商业步行街、休闲会所、养生健身中心等。除此之外，还有为小镇常住居民服务的公共设施，如医院、学校、银行、行政管理办公楼等。

旅游小镇还承担着旅游集散与夜间休闲功能，其交通规划必须处理好人车分离、停车集散与游线组织的关系。

（四）综合发展特征

本书所提出的旅游小镇概念，突破了传统的建制村镇概念，在规模布局上，围绕几十亩、上百亩或者千亩的景区核心区域，以圈层结构向外延伸形成城镇聚集形态，延伸发展范围可以达到几平方公里或者数十平方公里。它专注于在合宜的尺度内构建旅游吸引物，强调的是以休闲核心为增长极的各个发展阶段。整体规模应当达到一般小城镇的水平，从宜居的城市规模、人口密度来说，总面积不宜超过 25 平方公里，总人口不宜超过 5 万人。

旅游小镇围绕休闲业态、餐饮、演艺等多重聚集的休闲集散核，以集散广场或中央公园为核心，形成公共服务圈、居住圈、外围村落等圈层式结构。从经济发展的角度来说，旅游小镇以旅游业为支柱型产业，并以旅游为引擎，通过"食、住、行、游、购、娱、商、养、学、情、奇、体、宗、农、创、村"等元素的建设，带动小镇餐饮、居住、商业、交通等一系列产业的发展，进而促进小镇经济的综合发展。

旅游小镇在以上基本特征基础上，可分为景区型、休闲型、城镇化型等类型。城镇化型的旅游小镇包括建制镇和非建制镇两种，非建制镇旅游小镇的基础设施、城市设施、政府的管理建设相对滞后，而建制镇则过分强调政府职能与城镇功能。旅游小镇在进行开发建设时，应在政府的支持下，和市场有机结合，并根据小镇类型的不同进行各有侧重的打造，以形成小镇发展的就地城镇化结构。

二、旅游小镇的成长模式

旅游小镇的开发建设，通过创造创意旅游产品，实现核心吸引力的打造，形成吸引核结构。旅游小镇在形成核心吸引力后，将实现旅游服务人口、度假人口、常住人口与旅游休闲消费的规模化聚集，进而实现休闲业态的聚集、泛旅游产业的聚集。在此基础上，形成住宅地产、度假地产、养生养老地产等居住发展结构，城市化基础设施建设，以及学校、金融、医疗等社会公共服务配套，行政管理配套等城市化发展结构。详见图 3-12-3。

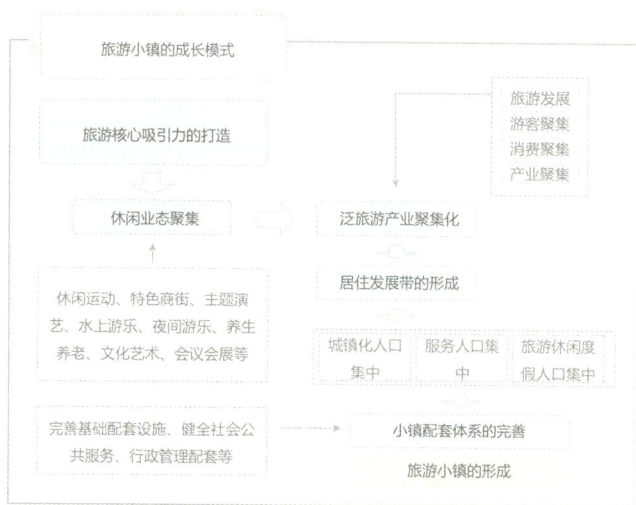

图 3-12-3　旅游小镇成长模式

（一）核心吸引力的构建和游客量是旅游小镇开发建设的前提

1. 核心吸引力的打造是吸引人流、提升土地价值的关键

旅游吸引核是面向市场需求，创新整合开发核心资源，在旅游小镇的开发建设中形成的一个或多个具有核心吸引力的旅游休闲项目。对旅游吸引核的打造，特色旅游产品设计是关键，如观光景区、主题公园（乐园）、特色街区、滑雪场、高尔夫球场、温泉养生中心等，以及三国文化、孔子文化、当地的民俗风情、名人等文化资源，当地的特色产业资源等。这些特色旅游产品作为整个景区吸引力的重点和核心，与小镇本身构成一个景区，构成一个整体吸引核。

旅游小镇一定要有独特的吸引核，对游客产生吸引，从而实现游客搬运。核心吸引力的打造是吸引人流、提升土地价值的关键所在，是旅游小镇发展的最基本要素。这需要对旅游产品有深入的研究与创新能力。

2. 游客量决定旅游小镇的规模

游客量与游客停留时间决定着旅游小镇的规模，有多少游客量就有多大规模的小镇。一般来说，每年 30 万人次的游客量可以做小镇。游客量在某种意义上意味着旅游搬运，搬运来的是巨大的消费，游客量带来的消费构成了旅游小镇最重要的支撑。

（二）休闲聚集是旅游小镇成长的关键

休闲聚集核是为满足由核心吸引物带来的各种休闲需求而创造的综合休闲产品体系，是留住游客的关键。休闲聚集核实际上是在泛旅游产业构架下各种休闲业态的聚集。其通过旅游核心吸引力的打造，形成游客聚集，进而形成包括主题酒店群、特色商街、主题演艺、水上游乐项目、滑雪场、马球场、温泉 SPA 等休闲聚集。尤其是以夜景灯光、夜间活动、夜晚休闲为核心的夜间集散结构和夜间核心业态结构。旅游小镇是一个留住游客过夜的地方，只有夜间过夜才能形成人气，才能形成常住人口，才能形成持续发展的城市化基础，所以夜间的生活基础以及休闲聚集结构的打造是小镇发展的关键。

（三）泛旅游产业集群是旅游小镇发展的主要形式

旅游小镇的休闲产业聚集模式，是由休闲产业业态的多样化而形成

的多种聚集。这种聚集主要是依托吃、住、行、游、购、娱等业态，形成旅游休闲多元发展结构。业态多样化形成业态聚集，业态聚集形成产业聚集，包括养生养老产业、会议会展产业、体育运动产业、文化创意产业、医疗卫生产业、教育培训产业等。所以旅游小镇的产业模式是多样化产业聚集模式，休闲业态聚集带动的泛旅游产业聚集是旅游小镇产业发展的基本模式。

（四）居住发展带的形成是旅游小镇的核心基础

通过旅游小镇的休闲业态聚集形成泛旅游产业聚集，泛旅游产业聚集除了产业本身价值外，休闲聚集下的商业物业延伸出一系列产业和产业带动的产业地产，如住宅地产、度假地产、养生、养老地产等，形成旅游小镇的居住发展带。发展带包括原有城镇居民居住、农民城镇化居住、产业人口聚集居住、外来游客居住、外来休闲居住（第二居所）、外来度假居住（第三居所）等。其中常住人口的形成是旅游小镇的核心基础和成长条件。

（五）城市配套体系完善是旅游小镇成长和建设的必要支撑

城市配套体系是旅游小镇必须具备的城镇化支撑功能，如服务于休闲旅游人口及当地常住人口、第二居所人口、外来度假人口的金融、医疗、教育、商业等产城一体化的服务配套设施，以及政府管理、行政中心等一系列的公共配套和旅游休闲配套等。城市居住配套体系的完善、城市基础设施的完善、社会公共服务的健全，形成了旅游小镇的基本架构。

三、旅游小镇的发展架构

旅游小镇是一个景区，有风貌、有特色，还能起到示范作用。旅游小镇也是消费产业聚集区，是由消费聚集形成的产业园区。旅游小镇还是新型城镇化发展区，需要解决人的城镇化。绿维文旅提出了旅游小镇构建的 12 个重要方面，也可依据其成长模式，概括为"吸引核 + 聚集核 + 地产延伸"。详见图 3-12-4。

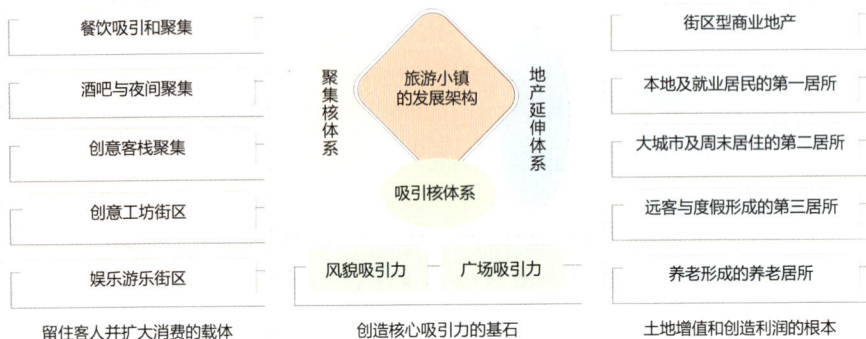

图 3-12-4　旅游小镇发展架构

（一）吸引核体系

第一，风貌吸引力。旅游小镇一定要有风情，风情首先要有风貌，再加上人的活动、业态的结构，共同构成具有特色的小镇，所以风貌吸引力是第一要点。

第二，广场吸引力。旅游小镇一定要有文化广场，我们称之为"文的载体"。文化广场可设置激光水秀、灯火晚会、演艺等吸引人的活动，让游客留下来后，进行夜间休闲。

（二）聚集核体系

第一，餐饮吸引和聚集。特色餐饮会成为游客聚集的动机和吸引核。

第二，酒吧与夜间聚集。形成了特色的关键。

第三，创意客栈聚集。创意型的、艺术性、个性化的客栈，特别受游客欢迎，留客能力非常强。

第四，创意工坊街区。中国的手工业物质文化遗产、非物质文化遗产、手工艺品等各种各样的活动形成了大量的工坊。这些工坊有其区域价值和特性，可形成小镇的文创感受、互动体验区。

第五，娱乐游乐街区。包括演艺、洗浴、养疗等服务业态，用以满足各种消费人群的需求。

（三）地产延伸体系

第一，街区与商业地产。一般将其称为"N 街 N 景"，N 个主题街区共同构成街区结构，在每一个街区的结点上形成小型广场、博物馆、特色景观，构建出整个城市风貌的支撑性核心结构。

第二，就业与本地居民的第一居所。由于有发展机会，就有了本地居民的安置，进一步有一批就业人员进来，形成第一居所。

第三，大城市与周末居住的第二居所。比如北京周边，第二居所的规模就非常大。

第四，远客度假带动形成的第三居所。

第五，养老形成的养老居所。

四、旅游小镇的理想模型

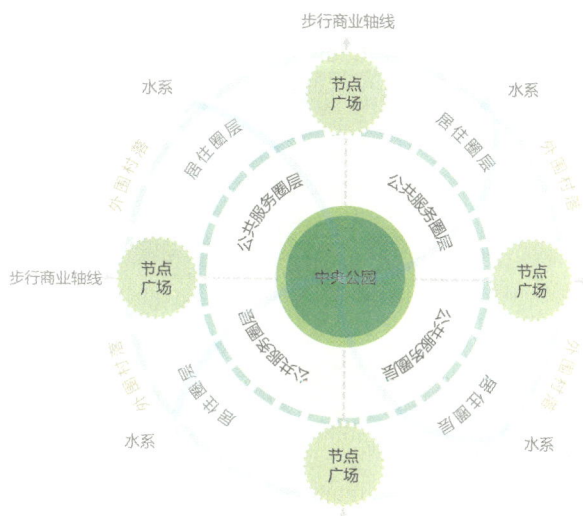

图 3-12-5　旅游小镇理想空间模型

　　田园城市是一种理想化的城市形态，在其指导下，可以构建一个理想化的旅游小镇模型，但是具体的设计方案受制于地形地貌、城市现状，甚至于文化风俗等现实条件。绿维文旅在这一理论基础上充分考虑旅游小镇构成要素，提出了旅游小镇理想模型，并将其列入旅游小镇规划设计的方法体系之中。

旅游小镇的理想模型，大体可以概括为：宜人的小镇尺度；以文化广场、夜间演艺为核心；商业轴线连接公共中心与居住区；大片的景观绿地穿插于城市之中；步行街区连接中心与节点广场；有富于活力的滨水岸线；城市外围是合院式的村落。详见图3-12-5。

旅游小镇的构成要素，可以概括为：若干个景点、若干条主题街区、中央广场、若干文化或集散广场、客栈民宿集群、分散式社区、分散式学校医院、城市商业、智慧化城市管理系统。整体上形成以游线引导动线，以观光带动商业，以休闲支撑度假，以人气引爆地产的开发逻辑。

类型 4：康养小镇——营造未来健康生活新方式

健康是人类永恒的主题，不仅关系着每一个人的幸福，也与国家的进步、民族的兴衰息息相关。2015 年在十八届五中全会公告中，建设"健康中国"上升为国家战略；在 2016 年 8 月 19—20 日召开的世界卫生与健康大会上，李克强总理强调，要努力把健康产业培育成为国民经济的重要支柱产业。在十九大报告中，习近平总书记指出"人民健康是民族昌盛和国家富强的重要标志，要完善国民健康政策，为人民群众提供全方位全周期健康服务"，国家连续出台的健康政策吹响了建设健康中国的时代号角。在"健康中国"正式成为中国发展的核心理念下，健康产业已经成为新常态下服务产业发展的重要引擎，在未来 20 年，必将迎来一个发展的黄金期，大健康时代已全面来临。

大健康时代下，随着物质条件的不断改善及精神追求的崛起，人们对健康的追求，已不再仅仅是没有疾病，而是涉及物质和精神的各个层面，追求多元化、个性化的健康服务。其核心是自我健康管理，通过排除或减少健康危险因素，达到身体、精神、心理、情绪、社交、道德等方方面面的健康。随着大城市病的不断涌现，小城镇以其环境好、水质好、空气优、氛围静的优势，成为了城市人群追寻健康与宁静的首选之地。因此，康养资源、休闲度假与镇域发展推动下的康养小镇，有着独特的发展优势。

一、大健康产业的市场分析

（一）大健康产业市场潜力巨大，未来增速快

在欧美发达国家，大健康产业增加值占 GDP 的比重超过 15%，我国大健康产业处于初级发展阶段，仅占 GDP 的 4—5%，不过未来的发展空间极其广阔。主要体现在：

第一，我国存在大量的病人及亚健康人群。

数据统计，中国符合世界卫生组织关于健康定义的人群只占总人口数的 5%，与此同时，有 20% 的人处在疾病状态中，剩下 75% 的人处在"亚健康"状态。

第二，老龄化人口将达到高峰。

截至 2016 年年底，我国 60 岁以上人口达到了 2.3 亿人，占总人口的 16.7%，其中 65 岁及以上人口 1.5 亿人，占总人口的 10.8%。预计到 2050 年，中国老年人口将占全国人口总数的 36.5%。这将是一个庞大的健康消费群体。

第三，中等收入阶层崛起。

2017 年底召开的中央经济工作会议，给出了一个令世界瞩目的判断——"形成了世界上人口最多的中等收入群体"。这是中央首次明确我国形成了世界上最大规模的中等收入群体。据保守测算，目前我国中等收入群体超过 3 亿人，大致占全球中等收入群体的 30% 以上。调查显示，中等收入及以上人群是健康产品和服务的主要消费对象，这一群体人数的持续攀升，意味着巨大的市场规模增量。

综上，在庞大的潜在市场驱动、国家政策支持、互联网＋等技术突破、人们生活方式及观念转变下，我国健康产业必将迎来黄金发展期。2016 年，我国大健康产业的规模为 5.6 万亿元，2020 年预计将达 8 万亿元以上。详见图 3-12-6。

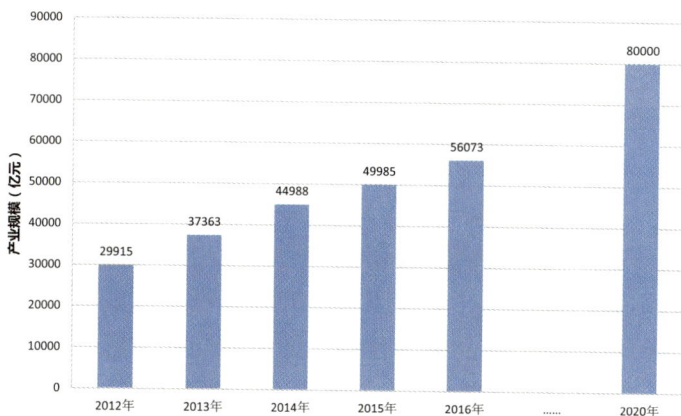

图 3-12-6　2012—2020 年大健康产业规模

资料来源：《2017—2023 年中国大健康行业深度分析及发展前景咨询报告》

（二）大健康时代催生五养度假

大健康时代下，人们对健康的需求呈现以"预防"为重点，以"治疗"为主体，以"修复"为配合，以"康养"为生活方式的特征。传统的住家医养方式逐渐向离家医养方式转变，离开住家的养生、养心、养老、养颜、养疗等"五养"构成了现代人生活方式的重要板块，其表现形式为度假。详见图 3-12-7。

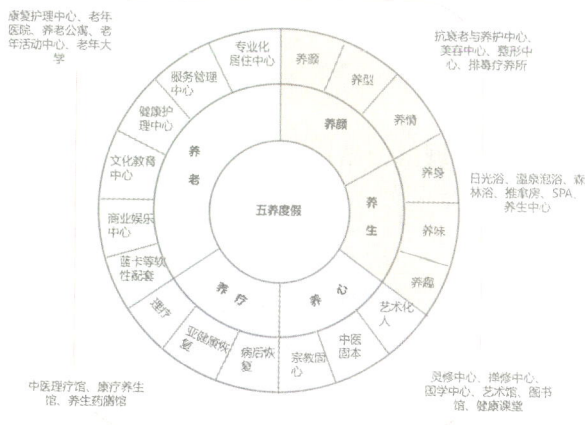

图 3-12-7　大健康时代的"五养"度假体系

与传统养生度假相比,大健康时代的五养度假呈现出个性化、多元化、高端化的特征。养生度假在通过旅游度假活动提高度假者生活品质的同时,还强调健康生活方式的重塑;养心度假则不再囿于宗教修炼,呈现出宗教养心、艺术养心、国学养心等多元化的方式;养老度假则从传统衣食无忧的"养"向享受人生新阶段的"享"转变;养颜度假则除了美容、整形等方式的美颜外,还强调外在形体的塑造与内在气质的提升;养疗度假则不再是病人的专属,亚健康人群的养疗越来越成为时尚。这些转变预示着度假者更注重产品的完整性、细节度与品质感,相应的需要度假区具备相对完整的健康产业链与较高水准的服务人员。

综上所述,五养度假市场需要新的载体完成度假内容的升级与健康产业链的构建。而具有良好的生态环境、健康的有机食品、丰富的五养资源,以及优惠的产业发展政策的小镇将能够满足大健康市场需求,越来越获得投资商与度假者的青睐。

二、康养小镇的发展架构

康养小镇是中国大健康产业发展面向世界的高地,国际共建、融合发展的重要接口。在医疗国际化接轨的过程中,中国大健康产业需要面向世界、与国际融合发展。因此,康养小镇绝不仅仅是入驻一两个医疗机构,提供健康服务那么简单,而应该是大健康产业与城市发展融合的典范,是包括大健康上下游产业、小镇城市结构的学研产城一体化发展的示范基地。

(一)康养小镇的产城融合结构

总体上来看,康养小镇以健康产业的教育、科研、生产三大事业为基础,以大健康服务产业为核心,带动教育、旅游、养老、文化、体育等服务产业的发展,形成现代服务业集群。同时将这一产业集群渗透于康养小镇的各个层面,构建产学研城一体化的新型城镇化发展的架构,为社区居民及外来消费者提供一体全面化的健康生活方式,提升人们的生活幸福感。详见图3-12-8。

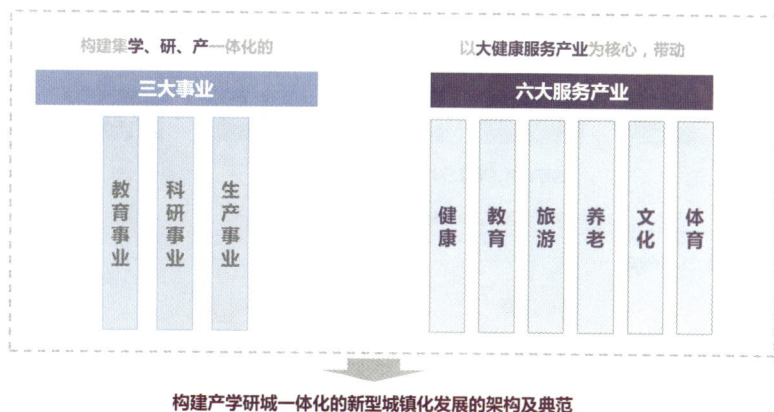

图 3-12-8　康养小镇的产城融合结构

（二）康养小镇的产业发展结构

相应的，康养小镇的产业发展结构，是以大健康服务产业为核心，以产、学、研为支撑，以总部经济、电子商务、物联网、文化创意等为拓展的圈层结构。详见图 3-12-9。

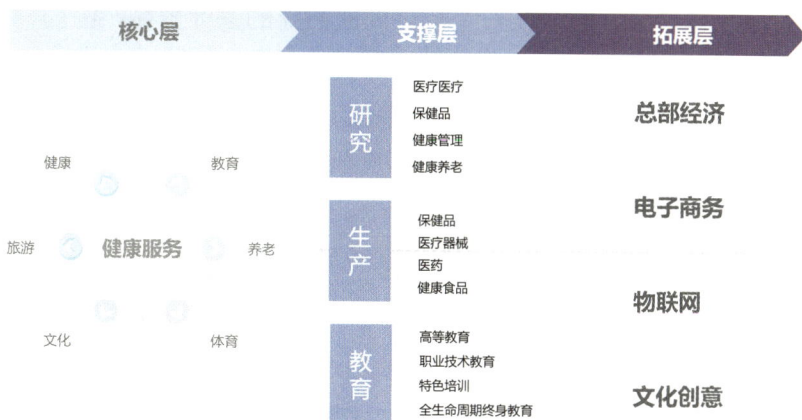

图 3-12-9　康养小镇产业发展的圈层结构

核心层的大健康服务囊括了从人的出生、幼儿期，到青少年期、成年期，到老年期的全生命周期大健康服务。详见图 3-12-10。

图 3-12-10　全生命周期的大健康服务

支撑层包括科研、生产、教育三大事业。在科研方面，小镇可根据自身的基础与发展方向，引入相对应的院校、科研机构或骨干人才。在生产方面，包括了两部分：一是提供健康治疗的医疗器械、医药、保健品的生产；二是有机蔬菜、瓜果等健康食品的生产。在教育方面，既包括有关健康方面的职业基础教育、高等教育，也包括特色培训。

在产业核心层、支撑层充分发展的基础上，小镇可根据自身发展需要及资源基础，拓展发展总部经济、电子商务、物联网、金融、商业服务等相关产业，以满足小镇产业的外溢需要。

三、康养小镇的开发要求

市场群体的消费需求决定了项目的具体开发形式。健康的消费群体包括医患群体、中年亚健康人群、老年群体及青少年群体。医患群体通常对医疗资源最为敏感，要求也最高，另外一些患有特殊疾病的患者更偏向于具有特殊气候环境的区域。中年亚健康人群的消费偏好比较多元，更关注的是一些康疗设施及项目的配备，比如温泉、运动、美容养颜等。

老年群体偏爱环境良好、医疗设备完善的区域。针对青少年群体的康养项目主要包括肢体疗养、运动健身、能量康复、皮肤健康、生活管理、营养膳食等。据此，在研究大量案例的基础上，我们对"健康+旅游"的康养小镇开发从环境体系、项目体系、服务体系、居住体系四个层次提出了要求。详见表3-12-1。

表 3-12-1 康养小镇开发要求

开发体系		具体要求	
环境体系	自然环境	（1）空气清新，空气质量指数（AQI）年达标天数比例应大于 55%； （2）空气负氧离子含量每立方厘米需达到 2000 个以上，最好能达到 10000 个； （3）地形海拔在 1000～2000 米，1500 米以上最适宜； （4）具有优质的水源，地表水环境质量应达到 GB 3838 规定的 Ⅲ 类以上标准； （5）声环境质量应达到 GB 3096 规定的 1 类标准，康复疗养区等特别需要安静区域的环境噪声应达到 0 类限值； （6）土壤环境应达到 GB 15618 规定的二级标准	（1）突出环境的生态性、自然性及康疗性； （2）最好拥有与养生相关的、独特的自然或人文资源，如中医药、温泉等； （3）在保持自然环境生态基底的基础上，营造良好的人文环境及生活环境
	交通环境	（1）面向大众群体：交通便利，离交通枢纽站不宜超过半个小时车程； （2）面向高端群体：相对便利，离交通枢纽站不宜超过 1 个小时车程	
	人工环境	（1）景观：花园式绿化，尽量保留大量原有植物，景观小品要简单自然； （2）建筑：原生态，以当地原生态材质为主	
	内部道路	亲近自然，软性绿化，设置供步行或慢跑健身的小径	
	环境氛围	私密、安静、具有良好的人际交往环境	

（续表）

开发体系		具体要求	
项目体系	医疗项目（检测、医院、康复三大体系）	（1）医院：综合医院、中医专科医院、康复疗养医院、国医馆、社区医院…… （2）检测：调理中心、检测中心、全时体检中心、健康管理中心…… （3）康复：康复疗养中心、深度理疗中心、数字化健康中心、复健中心、户外运动康复中心……	多种健康养生项目支撑，多种休闲娱乐配套，将健康养生贯穿到全产业链中，形成一种潜移默化的生活方式
	康养项目（四养体系）	（1）养身：日光浴、温泉泡浴、森林浴、生活促进中心、推拿房、SPA中心、健康养生中心、中医理疗馆、康疗养生馆、养生药膳馆…… （2）养颜：抗衰老与养护中心、美容中心、整形中心、排毒疗养所…… （3）养心：灵修中心、禅修中心、国学中心、艺术馆、图书馆、健康课堂…… （4）养老：康复护理中心、老年医院、养老公寓、老年活动中心、老年大学……	
	体育运动项目（以养生运动为核心）	（1）养生运动：高尔夫、慢跑、有氧运动、瑜伽、SPA、太极、徒步、骑行、普拉提、乐普森、健身中心…… （2）休闲运动：水上运动、沙滩运动、滑雪、马术、体育公园、室内运动、狩猎、乡村怀旧运动、射箭、体能训练营…… （3）探险拓展运动：山地运动、极限运动、定向运动、户外运动拓展、森林穿越探险……	
	旅游度假项目	休闲农庄、儿童乐园、湿地公园、滨海度假、度假酒店、旅游观光、休闲商业……	
服务体系	前端健康服务	医疗服务、运动服务、康疗服务	全面、周到、细致的健康度假服务
	后续跟踪服务	健康跟踪、营养辅导、锻炼辅导、生活管理跟踪	
	度假生活服务	定制服务、酒店服务、生活配套服务	
居住体系		养生公寓、养生度假别墅、酒店公寓	经营型与销售型相结合

四、康养小镇的开发方向

（一）医疗型

依托一定的气候及生态环境资源，重点开发或引进先进的医学设备设施及项目，形成能够满足疾病患者医疗前的检查、医疗中的治疗、医疗后的康复等全方位需求的产品体系。这一开发形式的特点在于，对医疗条件、医疗技术、医疗专业人员、医疗服务的要求较高，另外还需将医疗与度假结合起来，为医患人员提供相对安静、生态、健康的度假方式，并提供较长时间居住的便利条件。生态环境良好、交通条件便利、距城市较近的区域适合这一开发类型。其开发结构如图 3-12-11。

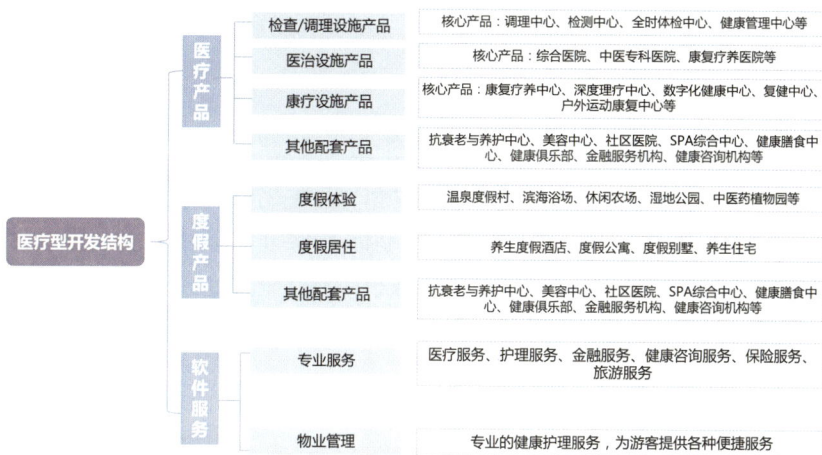

	检查/调理设施产品	核心产品：调理中心、检测中心、全时体检中心、健康管理中心等
医疗产品	医治设施产品	核心产品：综合医院、中医专科医院、康复疗养医院等
	康疗设施产品	核心产品：康复疗养中心、深度理疗中心、数字化健康中心、复健中心、户外运动康复中心等
	其他配套产品	抗衰老与养护中心、美容中心、社区医院、SPA综合中心、健康膳食中心、健康俱乐部、金融服务机构、健康咨询机构等
度假产品	度假体验	温泉度假村、滨海浴场、休闲农场、湿地公园、中医药植物园等
	度假居住	养生度假酒店、度假公寓、度假别墅、养生住宅
	其他配套产品	抗衰老与养护中心、美容中心、社区医院、SPA综合中心、健康膳食中心、健康俱乐部、金融服务机构、健康咨询机构等
软件服务	专业服务	医疗服务、护理服务、金融服务、健康咨询服务、保险服务、旅游服务
	物业管理	专业的健康护理服务，为游客提供各种便捷服务

图 3-12-11　医疗型康养小镇开发结构

（二）康体型

借助一定的地势及资源、气候条件，重点打造运动设施、场所，为游客提供强身健体、放松身心的独特体验，通过身体的释放，达到身心的愉悦。与普通的运动休闲不同，康体运动要求将健康管理、运动休闲和旅游度假实现融合，因此，诸如运用先进的设备和视频分析技术对游客的运动表现进行分析，在专家指导下进行调整等健康服务，显得尤为重要。这一开发形式，需要一些特殊的自然条件，比如山地、滨海、森林、草原等。其开发架构如图 3-12-12。

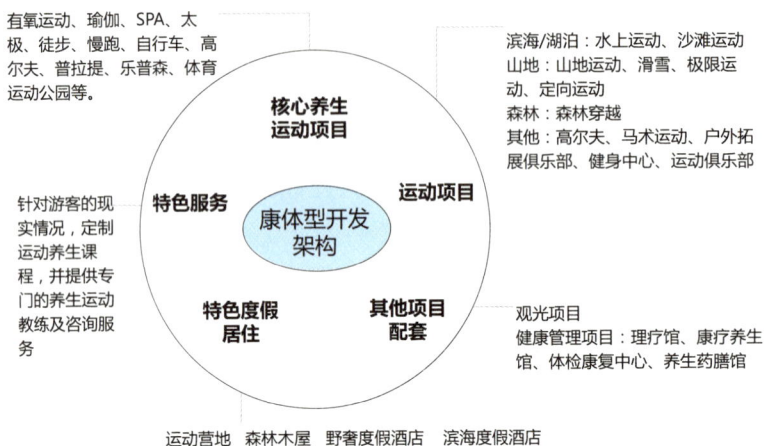

有氧运动、瑜伽、SPA、太极、徒步、慢跑、自行车、高尔夫、普拉提、乐普森、体育运动公园等。

核心养生运动项目

滨海/湖泊：水上运动、沙滩运动
山地：山地运动、滑雪、极限运动、定向运动
森林：森林穿越
其他：高尔夫、马术运动、户外拓展俱乐部、健身中心、运动俱乐部

特色服务

康体型开发架构

运动项目

针对游客的现实情况，定制运动养生课程，并提供专门的养生运动教练及咨询服务

特色度假居住

其他项目配套

观光项目
健康管理项目：理疗馆、康疗养生馆、体检康复中心、养生药膳馆

运动营地　森林木屋　野奢度假酒店　滨海度假酒店

图 3-12-12　康体型康养小镇开发结构

（三）享老型

享老型主要面对老年群体，不同于以往的养老模式，要从物质和精神两个层面，通过舒适愉悦的生活环境、人性化的专业侍候体系、智能化的专控服务体系、便利性的特色产品体系保证老年人的身体健康，通过良好的人际交往环境、多元的休闲娱乐项目设置，使老年人获得心理上的享受。其产业链如图 3-12-13。

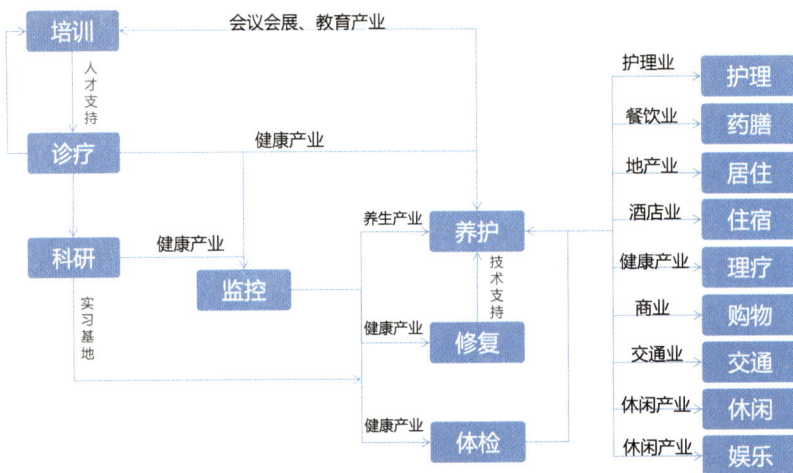

图 3-12-13　养老产业链——多产业的综合形态

　　绿维文旅将享老度假总结为"2+X+Y"模式。取养老和度假二者的核心部分，并通过专业化打造、产业化融合使传统的养老社区实现了突破性变革——让配套成为"主套"、让配套自我造血、让消费拓展延伸、让商业模式优化、让开发风险降低，进而形成一个高尚生活空间、一个高端生活区、一个文化聚集区、一个局部的商业聚集区。详见图3-12-14。

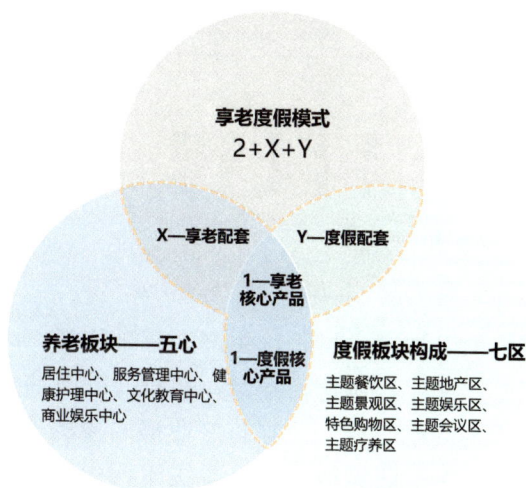

图 3-12-14　享老度假"2+X+Y"模式

　　以享老度假模式为基础，享老型小镇的开发架构如图 3-12-15 所示。

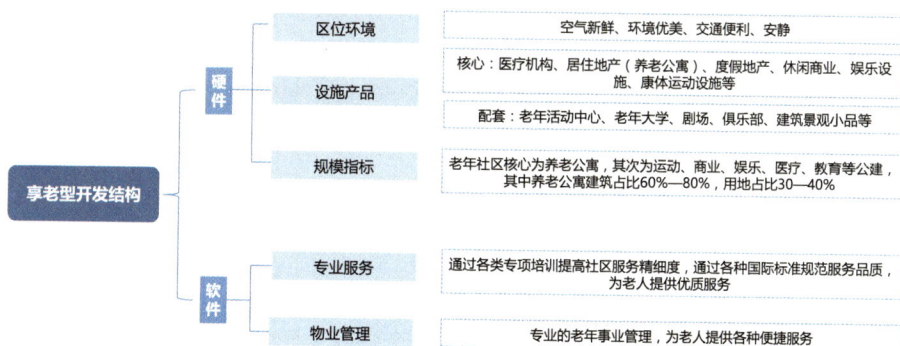

图 3-12-15　享老型康养小镇开发架构

（四）综合型

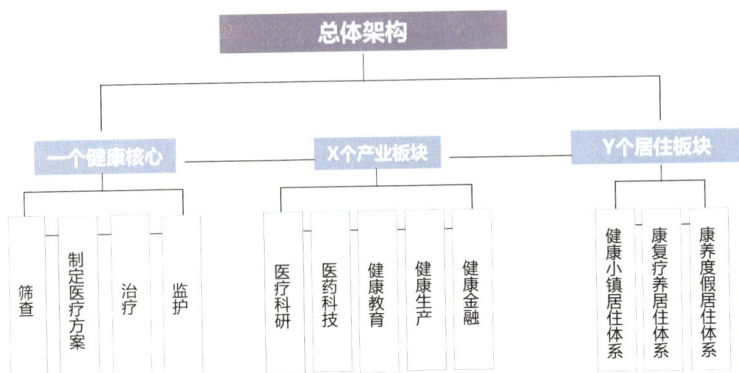

图 3-12-16　综合型康养小镇开发架构

综合型康养小镇以教育、科研、生产为基础依托，以大健康产业引领下的健康、旅游、文化、体育、养老、教育等服务产业为主体，充分融合小镇居住体系与健康服务产业，将产业格局渗透于居住空间，形成由一个健康核心、X 个产业板块、Y 个居住体系构成的发展架构。健康核心为病人、亚健康人群等提供从筛查、医疗方案制定到治疗、监护的一站式医疗服务链条。产业板块根据小镇原有产业基础，构建医疗科研、医药科技、健康金融、健康生产等产业，并通过优惠政策、宜居环境的打造，构建创业、创想、社交、发展的创新聚集交流平台，以吸引青年创客及企业家入驻。居住体系主要根据人的全生命周期监护理念，规划建设居住、商业、文化娱乐和医疗服务等全方位配套服务设施，承载居住、运动、娱乐、教育、养老等功能，从而构建优质的生活空间。其开发架构如图 3-12-16 所示。

类型 5：生态小镇——开启生态文明下的中国梦

经过将近 40 年的粗放式发展，我国的环境因素开始对经济社会发展形成一定制约，导致了生态恶化与社会问题的交叉困局。生态文明，正是以人与自然、人与人、环境与社会的和谐共生、协调发展以及人类可持续繁荣为基本宗旨的新发展理念。随着特色小镇的发展，在生态文明理念下，也将会出现一大批生态文明示范城市、生态新城、绿色新城、生态文明小城镇、低碳城市、零碳城市等，我们将其统称为"生态小镇"。

生态小镇的开发建设涉及生态技术、社会文化、经济发展等多方面，非常广泛，需投入的人力财力物力也非常巨大。早在 2013 年，绿维文旅就承接了"中国·朱昌——生态文明先行实践区"的规划，开启了对生态城镇规划的探索。这一探索基于产城一体化发展模式，形成了依托产业发展城镇的基础，为我国生态城镇规划、开发、建设和管理，寻找到了一种创新的实践模式。同时，这一探索基于投资商作为投资运营主体，在保持投入产出平衡前提下，形成了区域开发、城镇开发的生态城市运营商模式。本文在对这一案例进行归纳总结的基础上，形成了生态小镇的核心理念、建设要求、开发手法与架构。

一、生态小镇以"共生"为核心理念

"共生"最早是一个生物学概念，指不同生物一起生活过程中建立起来的一种互利关系。"共生"是自然界最普遍的现象，也是人与人之间，以及人与自然之间相互依存、和谐统一的共存关系。在我国传统文化中，"共生"这一概念常常被表述为"天人合一""道法自然""天人相分"等。

从 20 世纪 50 年代开始，共生理论在社会经济运行、公司管理、产业发展、文化保护与融合等社会各领域得到了广泛使用。小镇是一个社会组织、经济组织、文化组织、自然生态交错共生的复杂综合体，其生态文明建设，即是调整小镇内各单元的共生关系，解决目前存在的生态环境恶化、地方文脉断裂、城镇建设缺乏美感、产业发展不可持续等问题。

共生关系有三：一是人与自然的共生。主要体现在生态环境保护、城镇功能的生态化建设与人居环境的生态格局建立三方面；二是生态与产业共生。生态小镇在生产方式上不再是以传统 GDP 为核心的单纯的经济增长，而是要建立一种全新的生态化生产方式，实现经济、社会、自然环境的可持续发展；三是规划与文化共生。城镇的生态化发展远不仅仅是生态技术的运用、生态规划的制定，其主动力在于政府、企业、居民的生态文化思维的建立，以及由文化思维激发出的能动性与创造性。而适宜的开发运营规划模式，将更有效地培育人的自觉自律，使其树立符合自然规律的价值需求、规范和目标。

二、生态小镇的指标体系构建

目前，我国生态小镇的建设，缺乏示范指引，构建一套科学、合理、操作性强、具有权威性的生态城镇指标体系，显得尤为重要。绿维文旅通过对国内外生态城市案例的研究和总结，从城市自然、经济、社会三个子系统进行考虑，基于塑造具有本土特色和当地生态特质的城市空间为目标，将指标体系分为自然生态指标、经济生态指标和社会生态指标，并提出通过生态经济、生态环境、生态规划、生态建筑、基础设施、民生改善及人文生态七大方面进行生态小镇指标体系的构建。详见表 3-12-2。

表 3-12-2　生态小镇指标体系

一级指标	二级指标	三级指标	单位	目标值
生态经济	经济发展水平	1. 人均生产总值	元	50000
		2. 服务业增加值占 GDP 的比重	%	＞ 50
		3. 人均一般预算收入增速	%	12
	经济发展效率	4. 高新技术产业增加值增长率	%	25
		5. 单位 GDP 能耗	吨标准煤 / 万元	0.9
	环境保护投入	6. R&D 经费支出占 GDP 的比重	%	＞ 2
		7. 环境保护投资占 GDP 的比重	%	3.5
		8. 应当实施强制性清洁生产企业通过验收的比例	%	100
		9. 受保护地区占国土面积比例	%	17
生态环境	城区绿化	10. 森林覆盖率	%	45
		11. 人均公共绿地面积	平方米 / 人	12
		12. 3000 m^2 或以上公园绿地 500 米服务范围覆盖城区的比例	%	80
		13. 综合物种指数	—	0.5
		14. 本地植物指数	—	0.8
		15. 创意文化景观	—	节点、元素、标志等融合地方文化的景观
		16. 自然保护区覆盖率	%	＞ 5
	固体废物	17. 日人均生活垃圾排放量	千米 / 人天	0.8
		18. 垃圾回收利用率	%	生活垃圾 50 建筑垃圾 30
		19. 城区生活垃圾无害化处理	%	100
		20. 工业固体废物综合利用率	%	90 且无危险废物排放
		21. 二氧化硫排放总量	万吨	＜ 18

（续表）

一级指标	二级指标	三级指标	单位	目标值
生态环境	大气环境	22.API 指数小于等于 100 的天数	天	328
	水环境	23. 城区水环境功能区水质达标率	%	100
	声环境	24. 环境噪声达标区覆盖率	%	100
	土壤环境	25. 场地土壤污染临界值	—	对生物、水体、空气或人体健康不造成危害
	微气候环境	26. PM2.5 的浓度值	微克/立方米	18
	水资源	27. 主要饮用水源水质达标率	%	100
		28. 场地综合径流系数	—	0.6
		29. 非传统水源利用率	%	10
		30. 雨水收集排放系统有效运行，城区防洪功能完善	—	无水患现象
		31. 日人均生活用水量	L/ 人天	120
		32. 节水灌溉普及率	%	100
		33. 供水管网漏损率	%	8
		34. 水喉水达标率	%	100
		35. 污水处理排放达标率	%	100
		36. 中水重复利用率	%	100
	能源	37. 清洁能源使用率	%	> 70
		38. 道路和景观照明节能	—	选择高效照明光源和合理的照明控制
		39. 余热废热利用	—	充分利用
		40. 区域供冷供热覆盖率	%	10
		41. 建筑设计节能率	%	100
		42. 可再生能源利用率	%	15

（续表）

一级指标	二级指标	三级指标	单位	目标值
规划	场地开发	43.基本农田、自然水系、湿地、自然栖息地和其他保护区开发	———	不应破坏当地基本农田、自然栖息地、自然水系，湿地和其他风景名胜等
	集约用地	44. R2用地比例	%	30
		45.人均建设用地面积	m²/人	120
		46.拥有混合功能的街坊比例	%	50
		47.地下空间开发利用率	%	35
		48.无障碍设施设置率	%	100
	公共服务设施	49.居住小区级公共服务中心500米服务范围覆盖城区住宅用地比例	%	80
		50. 1000米范围拥有公共服务设施（幼托、小学、初中、免费开放体育设施）的社区比例	%	100（300米范围拥有幼托的社区比例80、500米范围拥有小学的社区比例80、500米范围拥有初中的社区比例80、500米范围拥有免费开放体育设施的社区比例90）
建筑	绿色建筑	51.绿色建筑比例	%	100（公共建筑全部达到三星级标准）
		52.住宅最佳朝向建筑面积比例	%	70

（续表）

一级指标	二级指标	三级指标	单位	目标值
建筑	绿色施工	53. 绿色施工比例	%	80
		54. 全装修住宅比例	%	30
		55. 绿色建材比例	%	以废弃物为原料建材比例不低于50%；高强度钢使用比例不低于70%
	建筑管理	56. 专职绿色管理岗位设置	—	配置专业能耗水耗管
	建筑特色	57. 建筑风格	—	融入本土文化特色
民生改善	人均收入	58. 城市居民人均可支配收入	元	18000
		59. 农民人均纯收入	元	15000
	食品安全	60. 粮食安全系数	%	＞20
	精神发展健康	61. 人口自然增长率	‰	＜0.7
		62. 出生人口性别比	女生=100	100～108
		63. 人口平均预期寿命	岁	＞75
		64. 每万名职工科技人员数	人	＞4000
		65. 公共教育占GDP的比重	%	＞2.5
		66. 人均图书占有量	册	＞50
		67. 劳动力文化指数	年	＞15
		68. 文化支出占生活支出比重	%	＞40
		69. 人均每周休闲时间	小时	17
		70. 群众性体育活动参与率	%	70
		71. 人的尊严和权利	—	得到法律保障
		72. 生态意识普及率	%	95

（续表）

一级指标	二级指标	三级指标	单位	目标值
民生改善	精神发展健康	73. 不同人群的社会关系	—	平等、公正、和谐
		74. 基尼指数	—	＜25
		75. 恩格尔系数	%	＜12
		76. 人均受教育年限	年/人	＞101
	社会保障体系	77. 社会保险覆盖率	%	＞90
		78. 新型农村合作医疗农民参合率	%	97
		79. 城镇登记失业率	%	＜2.5
		80. 房屋拆迁补偿安置率	%	100
		81. 技能培训	—	城区内至少设置一个免费针对女性、青年和失业人员的技能培训中心
		82. 每万人商业服务网点数	个	＞700
		83. 每万人医生数	人	＞80
		84. 特殊人群受益率	%	＞95
		85. 每10万人刑事案件数	件	＜100
		86. 每10万人交通死亡数	人	＜10
		87. 每10万人工伤事故死亡数	人	＜9
		88. 住房不足12平方米的城镇住户降低率	%	90
		89. 社会安全指数	%	100
基础设施	公共交通	90. 城区级路网密度	km/km²	8
		91. 300米范围内可达公交站点或500m可达轨道交通站点比例	%	95
		92. 万人拥有公交车辆	辆/万人	15

（续表）

一级指标	二级指标	三级指标	单位	目标值
基础设施	公共交通	93.绿色出行比例	%	65（公共交通 3，慢行交通 35）
		94.无障碍停车比例	%	10
		95.人均道路面积	平方米/人	9
	慢行交通	96.城区慢行系统连续、安全、舒适	—	慢行系统连续无障碍、与景观系统结合紧密且宽度适宜（步道净宽>3m；自行车道"单向"净宽>3.5m；自行车道"双向"净宽>4.5m）
		97.自行车停车数量	车位/人	公建 0.1，居建 0.3
	信息化	98.能耗和水耗监测	—	应建立公共建筑能耗/水耗全覆盖监测平台
		99.智能化环保网络	—	应对大气、水、噪声等环境质量，重点污染源控制水平进行实时监测
		100.综合管沟	—	至少建设综合地下通信管沟
		101.智能化照明系统	—	城区道路、景观、建筑等照明采用智能化灯具或控制系统
	城市化进程	102.城市化水平	%	55

（续表）

一级指标	二级指标	三级指标	单位	目标值
人文	生态文化	103. 生态文明宣传教育普及率	%	100
		104. 文化产业增加值占 GDP 比重	%	8
		105. 居民文娱消费支出占消费总支出的比重	%	15
	绿色社区	106. 绿色社区创建率	%	100
	知识宣传	107. 低碳知识宣传、普及	—	采用各种方式进行城区生态知识宣传，幼儿园、中小学开展绿色科普教育和社区实践
	廉洁高效	108. 行政服务效率	%	明显提高
		109. 廉洁指数	%	明显提高
		110. 市民满意度	%	＞90

三、生态小镇的系统构建

（一）生态型格局构建——尊重原有生态基底，通过生态修复，重构生态新格局，落实生态指标

以切实可行的生态技术为支撑，在遵循能推广、能复制、低成本、高效益原则下，面向实际需求，研究开发一批节能、节水、节地、节材方面的新技术及产品，打造良好的小镇生态环境。绿维文旅将其归纳为六个方面：

水生态：通过雨洪管理，增设排洪渠、山塘等雨洪设施；以"控源—减污—修复"思路为指导，建设海绵城镇为目标，通过污水集中收集和处理，限制农药种类，增设生态湿地处理设施；通过雨洪利用、中水100% 回用。

生态景观：尊重本地自然条件，采取适宜的生态修复和重建手段，恢复自然水系、湿地、森林、农田、公共绿地的生态功效，构筑以多级

水系和绿色网络为骨架的复合生态系统。

慢行交通：提升公共交通和慢行交通的出行比例，引导居民减少对私家车的依赖，由此创建低能耗、低占地、高效率、高服务的城市交通模式。

节能与绿色建筑：建立"绿色建筑指标体系"，城市建筑以节能、节水、节地和节材为核心；通过采用节能材料、自然通风、遮阳、热能回收等节能措施，减少建筑能源损耗和提高能源使用效率。

科技智能：充分利用数字化信息处理技术和网络通信技术，科学地整合各种信息资源，建设高效、便捷、可靠、动态的数字化小镇。

生态城市管理：建立一套完整的生态城市管理系统，从城市规划过程、城市建设过程、城市运营管理过程三个阶段对生态进行完整系统的控制。

（二）生态型产业构建——构建生态型产业体系，发展生态经济

生态小镇的核心驱动力是发展生态经济，其关键在于依托生态环境，按照生态产业标准，进行产业筛选，打造生态型产业，并延长相关产业链，形成生态型产业体系。生态型产业一般符合节能环保、循环发展、带动性强的要求，诸如科技研发、物流、创意、金融、商贸、会展、旅游、教育培训等产业。纵观世界上发展较好的生态城镇，均对产业选择实行了严格的控制。世界第一座零排放城市——阿联酋—马斯达，在产业选择上，以绿色环保为标准，严格筛选，重点发展绿色运输、废弃物管理、饮用水和污水处理、绿色建筑与工业材料、生物多样性研究、气候变迁研究、再生能源及绿色金融机构。在朱昌镇的产业集群构建中，形成了以生态文明论坛永久会址带动的会议会展产业为引擎、以泛旅游产业为核心产业、以生态产业服务业为重点产业、以城市综合服务业为支撑产业、以生态农业为辅助产业的产业集群。

在选定生态经济产业后，相关部门须定期对生态型产业进行评估，以督促产业的生态化发展进程。在评估时，不仅要考核人均生产总值、人均地方公共财政预算收入增长率、服务业增加值占 GDP 的比重等经济常规指标，还需要考核高新技术产业增加值占规模以上工业增加值的比重、科技进步对经济增长的贡献率、有机 / 绿色和无公害农产品种植面积比重、亿元 GDP 建设用地控制规模预期指标等生态建设指标，以及主要

污染物排放总量减少率、污染源排放达标率等产业与生态的均衡发展指标。详见表 3-12-3。

表 3-12-3　生态产业选择与评估标准

产业指标	单位	目标值
人均生态总值	元	50000
人均地方公共财政预算收入增长率	%	年均增长 15
服务业增加值占 GDP 的比重	%	不低于 55
高新技术产业增加值占规模以上工业增加值的比重	%	40 以上
主要污染物排放总量减少率	%	达到国家标准
有机、绿色和无公害农产品种植面积比重	%	达到国家标准
科技进步对经济增长的贡献率	%	60 以上
污染源排放达标率	%	65 以上
亿元 GDP 建设用地控制规模预期指标	公顷 / 亿元	62

（三）生态型环境构建——构建生态人居系统，形成有机生态景观

生态型环境包括生态人居、生态景观两方面内容，是城镇居民最经常活动的生活休闲场所。通过生态型环境的打造，不仅能够提高居民的幸福指数，还将潜移默化地塑造小镇的生态文化与居民的生态精神。

生态人居，也叫"生态人居系统"，是充分贯彻了相关生态要求的人类聚集区，是生态与社会的复合系统，其打造强调生态理念在人居环境中的充分贯彻，生态人居有纵向与横向两种模型结构。纵向结构包括区域生态环境、社区生态环境、住宅生态环境三个尺度，形成一个自持自运作的生态系统。在区域生态环境方面，主要构建自然生态、社会生态、经济生态综合发展的示范结构；在社会生态环境方面，强调人居的活动、生活和消费层面的内容，以及生态生活的模式选择、与之相对应的景观规划设计；在住宅环境方面，强调人性化的设计，强调私人空间与户外公共空间的巧妙衔接，以及私人住宅的配套设计。横向结构涉及经济自然社会中各个层面的内容，如以生态美学构筑整个生态人居空间的精神

内涵，通过生态建筑技术减少建筑活动对环境所造成的影响，通过生态导向的消费理念，提升整个群体的消费质量而不是消费总量等。

生态景观的打造以保持原生态、与环境协调等为大原则，具体来说，可从以下几方面进一步把握：一是整体打造。通过不同方位的比较取舍、各种颜色的合理配搭，以及环境与人的关系等方面的综合考虑，打造与环境、人文存在交互关系的生态景观。二是选择与提炼。对小镇潜在的景观亮点进行分析、取舍、整合、提炼，并赋予更高层次的内涵。三是填补修饰。对溪涧沟壑、残留历史景观或奇树、奇石等，进行保护基础上的修复改造。

（四）生态型运营构建——统筹兼顾政府、村民、企业三方利益

生态小镇从规划开始，就应该依照生态可持续、经济可持续、社会和谐、投资运营平衡这样一种全方位实践的要求展开。在统筹兼顾政府、企业、农民等多方利益的基础上，实现三级开发。在朱昌镇的开发中，绿维文旅就设计了一级土地开发、二级房产开发、三级后期运营的联动开发模式。如图3-12-17所示。

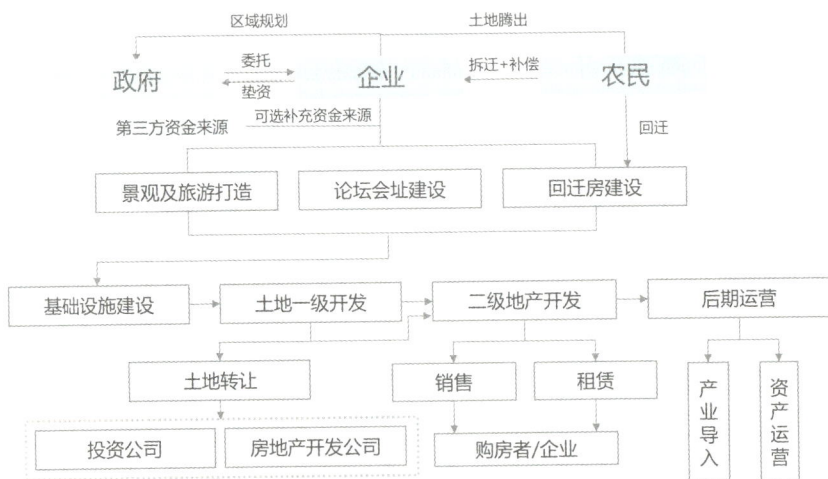

图3-12-17　生态小镇的三级联动开发模式

（五）生态保障体系实施——保证生态小镇顺利落实

生态小镇的顺利开展离不开制度保障体系。因此需要建立一套包含规划、建设、激励、监管等方面的制度保障体系，明确责任，强化措施，加强督导，确保目标任务落到实处。如在引进企业方面，政府应推出包括全方位服务、免税优惠、知识产权保护、公民福利等方面的激励政策。各有关部门要根据职能分工，发挥部门优势，整合政策、资金、项目，重点支持生态小镇建设工作，形成推进合力。实践证明，生态系统如果不能持续提供充足的资源、能源、清洁的空气和洁净的水，物质文明的持续发展就会失去载体和基础，进而整个人类文明都会受到威胁。为此，不仅仅要改进资源能源的利用技术，制定严苛的环境与生态保护规则，修复重建生态系统，还应基于社会关系调整，建设可持续发展的经济系统，形成集约、节约、公平、和谐的社会系统，调整生活方式，倡导环保低碳的生活理念。

类型 6：体育小镇——以休闲运动引领体育产业大发展

在"全民健身"的大背景下，体育运动逐渐常态化、休闲化、全民化，体育产业成为了健康产业中的一股中坚力量，推动着健身休闲产业迅猛发展。各类社会资本都将目光转向了这块大蛋糕，其中更不乏阿里巴巴和万达集团。旅游、文化、养生、互联网等元素的不断聚集及融入，与城镇发展结合，形成了体育产业的新业态——体育特色小镇。体育小镇的出现，可以说是在国家强力推动特色小镇与体育产业发展的双重夹击下产生的。当传统运营模式已经不能为体育经济带来增量收益时，体育小镇将成为中国体育经济的半壁江山，是拯救体育经济的重要手段。

一、体育小镇的政策发展背景

以 2014 年 10 月国务院 46 号文件《关于加快发展体育产业促进体育消费的若干意见》的出台为标志，体育产业被定位为国家经济转型升级的重要力量。自此，从产业发展方向到产业落地抓手等一系列的体育产业政策陆续出台（详见文末附表 3-12-4）。从这些密集出台的政策来看，体育＋、体验式消费、产城融合、体育运动小镇将成为体育产业未来发展的关键词。

第一，"体育＋"将成为体育产业发展的关键。《关于加快发展体育产业促进体育消费的若干意见》《关于加快发展健身休闲产业的指导意见》《关于大力发展体育旅游的指导意见》中均提出促进体育产业与其他产业相互融合发展（详见图 3-12-18）。未来，体育与文化、教育、旅游、健康、养老、地产、传媒、信息、金融、农业等产业的融合发展将进一步加深，融合后的"外溢效应"也将成为体育产业价值的增长空间。

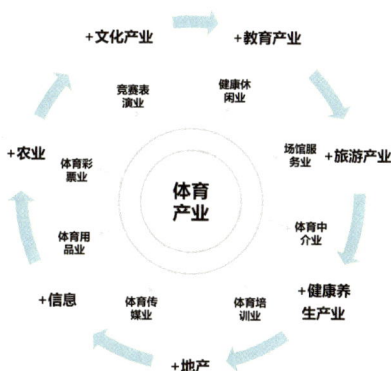

图 3-12-18 "体育 +" 融合产业

第二，体验式消费将成为引领体育产业发展的新热点。《体育产业"十三五"规划》提出，"十三五"时期，我国体育消费方式将从实物型消费向参与型和观赏型消费扩展。多个政策文件中也提出支持具有消费引领性休闲项目的发展，且体育竞赛表演、户外运动、冰雪运动、特种运动将成为发展重点。详见图 3-12-19。

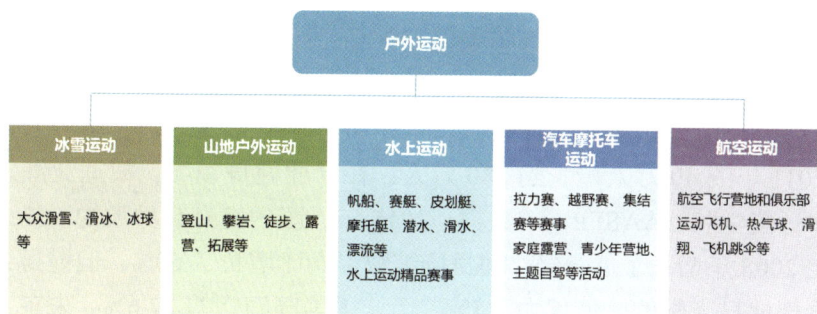

图 3-12-19 户外运动分类

第三，产城融合将成为未来体育价值的重要着力点。在目前有关体育产业的各项政策中，体育产业发展与城市发展、与区域经济社会发展之间的引导措施已有显露，如《关于加快发展体育产业促进体育消费的若干意见》提出"以体育设施为载体，打造城市体育服务综合体，推动体育与住宅、休闲、商业综合开发"。

第四，运动休闲特色小镇将成为体育产业发展的重要载体。早在

2015年，浙江、江苏等体育产业发展区域就已经开始以特色小镇为载体，大力发展体育产业。京津冀地区则借力2022年冬季奥运会，打造冰雪特色小镇，以承德市为例，将在未来十年打造冰雪旅游特色小镇集群，构建冬季体育旅游之都。体育特色小镇成为这些区域发展体育产业的重要载体。2017年5月，体育总局发布《关于推动运动休闲特色小镇建设工作的通知》，将运动休闲特色小镇的建设工作推向全国。

二、体育产业的市场分析

2015年国家体育产业总产出为1.7万亿元，增加值为5494亿元。占同期国内生产总值的比重为0.8%。这远远低于全球平均比例的2.0%，而日本、美国、法国、韩国等体育产业发达的国家，这一比例均高于2.5%。可见，我国还有巨大的发展空间。并且根据体育总局发布的各省汇总数据，到2025年，中国体育产业总规模将达到7万亿元，按照规划，我国体育产业在未来十年将有5.3万亿元的市场增量。

从需求端来看，根据经济学人的数据，约有1/3的中国人养成了经常锻炼的习惯，这意味着中国积极从事体育运动的人口超过4亿，并且这一数量还在不断增加中。近年来，国内马拉松赛事数量与参赛人数的暴增，也充分显示了这一增长趋势。2011年，国家田协马拉松注册赛事仅有22场，2015年增加到134场，而2016年飙升到328场，参赛人数也从2011年的40万人增长到280万人。在专业健身领域，根据亚洲领先的体适能学院（AASFP）的数据，2015年，国内健身会员数约664万，相比2008年增长了近一倍，健身场馆数量同比增长了60%。但健身会员占全部健身人数的比例仅为1.5%，远低于美国同期的17.6%，未来，专业健身会员可能超过一亿。

从未来产业发展结构来看，我国体育服务业占比有所提高，但还需进一步优化。2015年，中国体育服务业占比33.4%，虽然较2007年的18%提高了近一倍，但与美国的57%相比，仍有待完善。另外，在产业发展细类中，篮球、羽毛球、游泳、乒乓球、跑步与足球等项目体育用户最多；而击剑、滑冰、电竞体育等消费较高、形式前卫的体育运动在青少年中认可度很高，未来，具有巨大的发展潜力。从政策规划来看，到2020年，水上运动、航空运动、山地运动三项运动的产业总规模计划达到 9000 亿元，占当时体育产业生产总值的近 1/3。

三、体育小镇的发展要点

体育小镇是基于一定的体育资源，以体育产业及体育运动休闲为导向进行开发而形成的，是一个旅游景区、产业聚集区、新型城镇化区三区合一的综合发展结构，互动发展的休闲体育集群、综合休闲项目、体育休闲社区是其核心功能构架。

体育小镇的本质是以体育产业为主导的特色小镇，突破了传统的建制村镇，是在中国就地城镇化建设背景下的广义小镇概念，从规模来看，大到几十、上百平方公里的建制城镇，小到几百、几千亩的综合体，都可以作为体育小镇的建设雏形。体育小镇的出现，可以说是基于特色小镇和体育产业双重发展机遇下形成的一个创新结构。

体育小镇的开发，以释放体育消费为引领，以体育产业与其他产业的整合为手段，以休闲化消费人群及就业人口的聚集为目的，以配套设施及服务的完善为依托，构建了一个产城融合的综合开发结构与运营模式。

（一）消费引领

促进消费、拉动内需已经成为我国经济工作的基本立足点。随着居民消费逐渐从基本消费、功能消费过渡至健康消费、体验消费，以健康为本、具有高度参与性及体验性的体育产业，面临着巨大的消费释放机遇，其未来的发展也应该面向供给侧改革下的消费。据统计，目前我国人均体育支出大概是美国的五十分之一，是日本的四十分之一。

在业态上，体育产业的消费是与旅游、健康、养生、养老、亲子等协同的"多元化消费"，融合了赛事、户外运动、教育培训、餐饮、购物、休闲、娱乐、健康、养生等多种消费业态。因此，在业态布局上，除赛事业态外，还应进行多元化布局，特别是人们喜闻乐见的冰雪运动、山地运动、水上运动、航空运动等户外运动，慢跑、太极、瑜伽等健康运动。国外经验表明，山地户外、水上运动、冰雪运动和高尔夫运动等占整个运动休闲市场的 80%。

在客群定位上，由于体育消费带动的是整个家庭的消费，体育小镇的产品定位应兼顾老、中、青、幼各年龄段的消费者。如面向青少年的体育教育培训、面向中青年的体育休闲娱乐、面向中老年的体育健康养生。体育小镇唯有形成适合不同人群的消费业态，才能达到可持续发展。

在消费结构上，体育小镇应打造"白天体育休闲运动＋晚上赛事表演及其他休闲娱乐"的消费业态结构。一方面，通过小镇体育产品的精品化打造与相关服务的提升，培养消费者的认可度与忠诚度，增加单个消费者重复性消费的频率；另一方面，通过夜间观赏性、参与性体育产品的打造，吸引消费者住下来，产生夜间消费聚集，形成小镇"白＋黑"的 24 小时消费结构。

（二）产业聚集

在产业开发上，体育小镇应以体育产业链的整合为主，发展"体育＋"，打造赛事、体育休闲项目等吸引点，并融合高科技元素强化服务，推动体育用品的供应，最终将体育与制造业、科技、文化、传媒、旅游等有机结合，形成以体育产业为核心，以体育旅游、体育影视等为特色，以综合服务为有效延伸的产业发展体系，实现 1+1>2 的联动效应。

目前，在国家旅游局与体育总局的推动下，体育产业与旅游产业的融合走在了前列。体育旅游融合是体育产业在自身产业链条不完整的背景下，以旅游的商业模式弥补体育产业发展的必然选择。体育产业的增值将通过旅游的吃住行游购娱进行填补；而旅游发展过程中的三大问题也将通过体育进行解决：第一，旅游淡季问题。如果某个旅游景点淡旺季明显，若能在淡季成功开展体育运动，如数万人的马拉松赛事，该景点的淡季将成为另一个旺季。第二，回头客问题。由于体育具有很强的黏性，爱好者对体育运动项目是宗教式的情感，这是最深刻的情感。如果某地方每年都办一场赛事，形成品牌，爱好者每年都将在那里聚集，这将锁定最忠实的旅游游客。第三，传播问题。但凡旅游景点都需要传播，文化产业是眼球经济，旅游产业是大文化产业，也是眼球经济，必须把它推到大众面前。体育旅游景点可以针对特定的体育群体进行精准营销，这将非常有效。

体育与健康产业的融合，是体育小镇产业发展的另一重要方向。现代社会，食品安全、生活压力等不断侵蚀着人们的身体，众多都市白领处于亚健康状态，人们开始追求从身体到精神的全方位健康，而体育是最好的一种模式。目前，我国医疗产业每年大概有8万～10万亿元的产值，体育与健康产业融合的小镇，应注意植入健康体育、健康旅游的功能与内容，从运动、休闲、生活方式等角度保障人们健康，建立体育特小镇独有的商业模式，这将分流医疗产业巨大的产值，并将以更高效、更环保的方式推动全民健康的实现。

总之，体育产业与其他产业的融合，将有效弥补体育商业模式单一的问题，拉长体育消费产业链。

（三）产城融合

"产城融合"，即产业与城镇融合发展：以城镇为基础，承载产业发展，以产业为保障，形成常住人口，驱动城镇更新和完善服务配套，进一步提升土地价值，以达到产、城、人、文一体化的发展模式。体育产业一直是城市发展、更新与形象传播的一个重要载体。产城融合可以从以下几方面进行打造：

第一，以体育产业形成多产业聚集，通过产业聚集带来就业人口的增加，形成常住居民。以"体育休闲项目"为核心，以旅游为通道，形成大规模外来游客的聚集，游客聚集形成食住行游购娱等多样化的消费结构，由此形成消费产业的聚集，构成城镇发展的产业结构，带来大量的就业人口与服务人口。这些人口与当地居民结合，产生对城镇居住、交通、金融、文化等的需求，由此带动城镇化结构的形成。

第二，完善体育设施和配套服务。体育产业的发展将极大地促进城市基础设施与服务设施的更新。北京奥运会与京张冬奥会的举办，对北京和张家口城市建设所起到的推动作用，就足以证明这一点。

第三，打造高质量的生活方式。体育本身即是一种高质量的生活方式，是在有钱有闲后的一种消费，其根本目的是健康。体育小镇应以体育为核心，打造同时满足本地居民与外来人口双重需求的体育教育、体育培训、体育产品、体育服务等内容。并将体育的灵魂注入小镇，形成体育产业、体育社区、体育旅游、体育环境四位一体的高质量生活式体育小镇。

第四，产、城融合的形象设计与传播。体育产业的发展将对小镇的形象起到无形的宣传作用，反之，小镇的形象也影响着小镇体育产业的形象。因此，在宣传时，小镇形象应与其体育产业形象一以贯之，其宣传活动也应互为助益，以期达到事半功倍的效果。

简而言之，体育小镇是一种以体育产业、旅游产业及其他相关产业的整合为支持，以大量就业人口及休闲化消费的聚集为动力机制，以配套设施及服务的配置为基础依托，以就业人口的居住建设与旅游人口的度假居住建设为居住配套，以管理、金融、运营的创新为相关保障，以提高人们生活质量与幸福指数为目标的产城融合发展模式。

四、不同类型体育小镇的产业构建

由于体育小镇尚未进入规模化实践阶段，因此厘清体育小镇的不同类型及其各自的发展逻辑或要点，很有必要性。绿维文旅从体育小镇的概念出发，针对驱动因素和发展重心的不同，将体育小镇分为三类：产业型体育小镇、休闲型体育小镇、赛事型体育小镇。

（一）产业型体育小镇

产业型体育小镇是指：以体育用品或设备的生产制造为基础，纵向上向研发、设计、会展、交易、物流延伸，横向上与文化、互联网、科技等产业融合发展，打通上下游产业链，最终形成二、三产融合发展的产业聚集区。该类型小镇以生产制造及其上下游产业为核心功能，以休闲体验为配套功能，依托于城市而发展，一般分布在大中城市周边。在产业分布上，以核心类型企业为中心，配套企业或相关企业围绕其分布，形成"一中心，多散点"或"大分散，小集中"的布局结构。

产业型体育小镇的打造集中在两个层面：第一，对于体育产业本身的打造，确定打造方向，形成相对完善的产业链：即对能够聚集人力、技术、信息、资本等要素和具有先天发展优势的产业资源（如体育某一细分领域装备用品的生产制造，某个细分体育领域在行业中的标志性地位，难以复制的先天市场环境等）进行发掘提炼，确定主产业发展方向，并实现其配套产业、服务产业、支撑产业的聚集，形成产业链发展架构；第二，对于体育产业与旅游等其他产业的融合，找准对接点，进行三产化、体验化、消费化延伸：即以体育优势产业为核心，有选择地充分链接文化、教育、健康、养老、农业、水利、林业、通用航空等产业，由二产向三产延伸，扩大消费群体，增加产业价值。详见图 3-12-20。

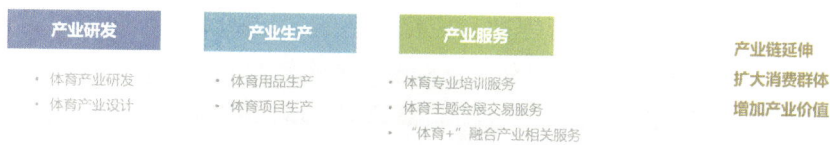

产业研发	产业生产	产业服务	
·体育产业研发	·体育用品生产	·体育专业培训服务	**产业链延伸**
·体育产业设计	·体育项目生产	·体育主题会展交易服务	**扩大消费群体**
		·"体育+"融合产业相关服务	**增加产业价值**

图 3-12-20　产业型体育小镇的体育产业链

（二）休闲型体育小镇

休闲型体育小镇是指：以良好的生态环境为基础，以多样化的、极具参与性与体验性的体育休闲运动（山地运动、水上运动、球类运动、冰雪运动、传统体育运动、特种运动等）聚集为特征，而形成的面向大众消费的体育小镇。

在体育总局发布的《关于推动运动休闲特色小镇建设工作的通知》中，明确指出运动休闲特色小镇建设要形成以下特色：特色鲜明的运动休闲业态，深厚浓郁的体育文化氛围，与旅游等相关产业融合发展，脱贫成效明显，禀赋资源的合理有效利用。详见图 3-12-21。

特色鲜明的运动休闲业态
聚焦运动休闲、体育健康等主题

与旅游等相关产业融合发展

脱贫成效明显
通过当地体育特色产业的发展，吸纳就业，创造增收门路，促进当地特色农产品销售，在体育脱贫攻坚中树立示范

运动休闲特色小镇

深厚浓郁的体育文化氛围
具备成熟的体育赛事组织运营经验，经常开展特色品牌赛事和活动，以特色运动项目、文化或民族民间民俗传统文化为引领，形成运动休闲特色名片

禀赋资源的合理有效利用
合理利用自然资源、民族文化资源、区位优势等

图 3-12-21　运动休闲特色小镇的特色

体育休闲小镇一般依托景区而发展，与旅游结合打造。打造一个或几个核心引爆项目，形成以休闲为核心的多个参与型体育项目（详见图3-12-22）；并充分考虑家庭老、青、幼不同年龄段人群的体育需求，打造体育休闲、娱乐、教育等拥有完整谱系的项目集聚区。聚集区对基础设施的观感度、承载量、配套完善程度等要求较高。另外，在选址方面，考虑到辐射范围内的受众总数和消费频率，城市圈周边或大型旅游目的地路线上是较理想的选择。

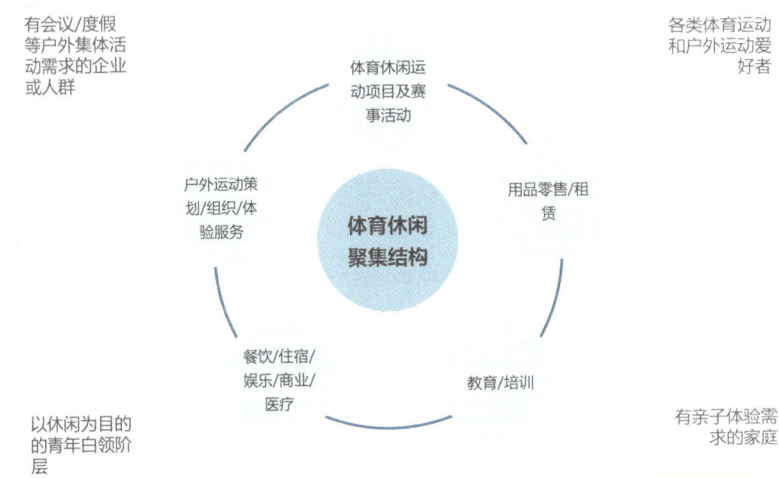

图 3-12-22　休闲型体育小镇的休闲聚集结构

（三）赛事型体育小镇

赛事型体育小镇是指以有影响力的单项体育赛事为核心，以与赛事相关的服务为延伸，以休闲体验活动为补充而发展的体育小镇。详见图3-12-23。

体育赛事是关注度最高、影响力最大的体育活动，尤其是国际性的大型赛事。作为主办地，需要具备优越的场地条件，高标准的赛事场馆以及高水平的赛事服务能力。举办大型赛事带来的除了赛期内直接的经济收入外，当地知名度的提升、上级政府资金和政策上的扶持、对基础设施和当地人口素质的提升，都是间接的长期效益。可以这么认为，成为某个体育细分项目最高等级赛事的举办地，是每一个体育小镇都在追求的目标。

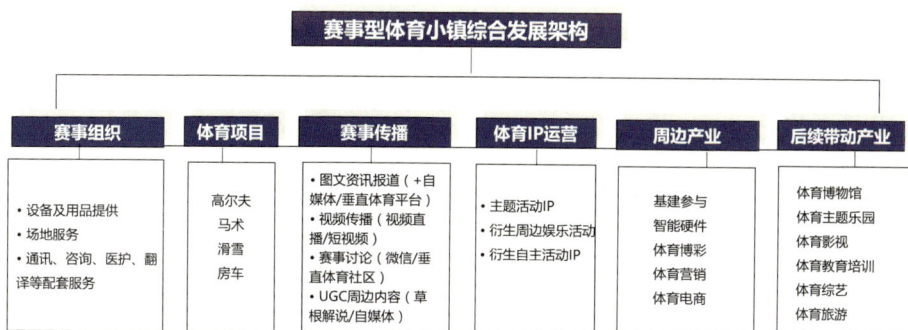

赛事型体育小镇综合发展架构					
赛事组织	**体育项目**	**赛事传播**	**体育IP运营**	**周边产业**	**后续带动产业**
• 设备及用品提供 • 场地服务 • 通讯、咨询、医护、翻译等配套服务	高尔夫 马术 滑雪 房车	• 图文资讯报道（＋自媒体/垂直体育平台） • 视频传播（视频直播/短视频） • 赛事讨论（微信/垂直体育社区） • UGC周边内容（草根解说/自媒体）	• 主题活动IP • 衍生周边娱乐活动 • 衍生自主活动IP	基建参与 智能硬件 体育博彩 体育营销 体育电商	体育博物馆 体育主题乐园 体育影视 体育教育培训 体育综艺 体育旅游

图 3-12-23　赛事型体育小镇的综合发展架构

赛事型体育小镇的打造有四个要点：一是要做好赛事本身。一个赛事就是一个很好的体育 IP，无论是引进赛事还是自身培育赛事，都需要从硬件上进行高标准建设，从软件上给予高水平服务，从而为游客带来极强的赛事观赏体验，为组织者带来良好的经济价值。二是做好赛事宣传。体育赛事需要核心的事件引爆点，并且随着赛事的推进，小镇可以构建多热点的引爆系统。在宣传方面，应全方位、立体化地使用传播渠道，将赛事活动精准送达消费者。三是做好赛事配套。在做好赛事本身基础上，应打造医疗、教育、休闲商业等多元化的配套服务体系，可以说，精彩的赛事决定了消费者来不来，而健全的配套则决定了消费者留不留，配套是培养赛事粉丝忠诚度的决定性筹码。四是通过多元业态的补充，充分利用赛事场地，做好赛事后的有效利用。赛后的利用主要有三个方向：第一，可充分利用场馆场地开展培训及日常训练；第二，运用体育赛事的 IP 价值，开展主题活动、衍生周边娱乐活动；第三，组织开展其他类型的体育休闲运动，以及各类美食节、音乐节等大型活动，实现体育与旅游的融合发展。

附表

表（附）3-12-4　2014—2017 年体育产业重点相关政策

发布时间	政策名称	主要内容
2014 年 10 月 20 日	《关于加快发展体育产业促进体育消费的若干意见》（国发〔2014〕46 号）	首次将体育产业上升为国家战略
2016 年 4 月 6 日	《中国足球中长期发展规划（2016—2050 年）》（发改社会〔2016〕780 号）	提出 2016—2050 年足球发展目标，到 2050 年全力实现足球一流强国的目标
2016 年 4 月 15 日	《关于印发促进消费带动转型升级行动方案的通知》（发改综合〔2016〕832 号）	提出了体育消费健身扩容行动
2016 年 4 月 21 日	《关于强化学校体育促进学生身心健康全面发展的意见》（国办发〔2016〕27 号）	到 2020 年基本形成体系健全、制度完善、充满活力、注重实效的中国特色学校体育发展格局
2016 年 5 月 5 日	《体育发展"十三五"规划》（国家体育总局）	十三五时期深化体育重点领域改革，促进群众体育、竞技体育、体育产业、体育文化等各领域全面协调可持续发展，推进体育发展迈上新台阶
2016 年 5 月 9 日	《全国足球场地设施建设规划（2016—2020 年）》（发改社会[2016]987 号）	到 2020 年，全国足球场地数量超过 7 万块，平均每万人拥有达到 0.5 块以上
2016 年 5 月 15 日	《关于推进体育旅游融合发展的合作协议》（国家体育总局与国家旅游局）	体育与旅游、金融等相关职能部门一起，促进体育旅游互动融合，助力经济转型升级
2016 年 6 月 15 日	《全民健身计划（2016—2020 年）》（国发〔2016〕37 号）	到 2020 年，群众体育健身意识普遍增强，参加体育锻炼的人数明显增加，每周参加 1 次及以上体育锻炼的人数达到 7 亿，经常参加体育锻炼的人数达到 4.35 亿，群众身体素质稳步增强

（续表）

发布时间	政策名称	主要内容
2016 年 7 月 13 日	《体育产业发展"十三五"规划》（国家体育总局）	市场主体进一步壮大，建设 50 个国家体育产业示范基地、100 个国家体育产业示范单位和 100 个国家体育产业示范项目
2016 年 7 月 22 日	《竞技体育"十三五"规划》（体竞字〔2016〕79 号）	坚持改革创新，有效转变竞技体育发展方式，不断优化竞技体育项目结构，加速职业体育发展进程
2016 年 8 月 29 日	《冰雪运动发展规划（2016-2025 年）》（体经字〔2016〕645 号）	到 2025 年，形成冰雪运动基础更加坚实，普及程度大幅提升，竞技实力极大提高，产业体系较为完备的冰雪运动发展格局
2016 年 9 月 5 日	《青少年体育"十三五"规划》（体青字〔2016〕92 号）	到 2020 年青少年体育活动更加广泛，青少年训练基础更加坚实，青少年基本公共体育服务城乡、区域更加协调
2016 年 10 月 25 日	《关于加快发展健身休闲产业的指导意见》（国办发〔2016〕77 号）	到 2025 年，基本形成布局合理、功能完善、门类齐全的健身休闲产业发展格局，总规模达到 3 万亿元
2016 年 10 月 25 日	《"健康中国 2030"规划纲要》（中共中央、国务院）	到 2050 年建成与社会主义现代化国家相适应的健康国家
2016 年 11 月 2 日	《群众冬季运动推广普及计划（2016—2020 年）》（24 部委联合）	到 2020 年，努力推动实现"三亿人参与冰雪运动"的目标
2016 年 11 月 2 日	《全国冰雪场地设施建设规划（2016—2022 年）》（国家体育总局）	到 2022 年，全国冰雪场地设施有效供给极大提升，经济社会效益明显提高，初步形成布局合理、类型多样、基本满足需求的冰雪场地设施网络
2016 年 11 月 8 日	《水上运动产业发展规划》（体经字〔2016〕690 号）	十三五时期，基本形成组织机构完善、管理制度健全、俱乐部布局合理、产业带动明显、赛事活动成熟、群众基础坚实的水上健身运动休闲环境

（续表）

发布时间	政策名称	主要内容
2016 年 11 月 8 日	《山地户外运动产业发展规划》（体经字〔2016〕691 号）	到 2020 年，山地户外运动产业总规模达到 4000 亿元，成为推动经济社会持续发展的重要力量
2016 年 11 月 8 日	《航空运动产业发展规划》（体经字〔2016〕692 号）	到 2020 年，初步构建布局合理、功能完善、门类齐全的航空运动产业体系
2016 年 11 月 28 日	《关于进一步扩大旅游文化体育健康养老教育培训等领域消费的意见》（国办发〔2016〕85 号）	大力促进体育消费
2016 年 12 月 22 日	《关于大力发展体育旅游的指导意见》（旅发〔2016〕172 号）	到 2020 年，在全国建成 100 个具有重要影响力的体育旅游目的地，建成 100 家国家级体育旅游示范基地，推出 100 项体育旅游精品赛事，打造 100 条体育旅游精品线路，培育 100 家具有较高知名度和市场竞争力的体育旅游企业与知名品牌，体育旅游总人数达到 10 亿人次，占旅游总人数的 15%，体育旅游总消费规模突破 1 万亿元
2017 年 5 月	《关于推动运动休闲特色小镇建设工作的通知》（体群字〔2017〕73 号）	到 2020 年，在全国扶持建设一批体育特征鲜明、文化气息浓厚、产业集聚融合、生态环境良好、惠及人民健康的运动休闲特色小镇
2017 年 7 月	《支持社会力量举办马拉松、自行车等大型群众性体育赛事行动方案（2017 年）》（发改社会〔2017〕1294 号）	2017 年底，马拉松赛事参赛人数超过 500 万人次，带动各类消费超过 200 亿元。自行车赛事带动各类消费超过 200 亿元
2017 年 8 月	《关于公布第一批运动休闲特色小镇试点项目名单的通知》体群字〔2017〕149 号	将北京市房山区张坊运动休闲特色小镇等 96 个项目列为第一批运动休闲特色小镇试点项目

表（附）3-12-5　体育产业资源名录

分类	业务范围	公司名称	持有 IP
体育投资机构	体育产业投融资	美林集团、中奥体育、众合资本集团、IDG 资本、凯兴资本、光大体育基金、黑蝶资本、君联资本、达晨创投、北京体银投资管理有限公司（体银 BANK）	
体育综合机构	赛事运营、体育培训、体育营销、体育场馆、体育小镇等多领域业务	北京合力万盛国际体育发展有限公司、新浪体育、深圳力雅体育投资发展有限公司、武汉当代明诚文化股份有限公司、腾讯体育、中青博联体育文化发展有限公司、上海陆道智诚文化创意产业集团（陆道原乡）、海航文化控股集团有限公司、国旅联合股份有限公司	
运动装备和器材品牌运营机构	体育运动装备和器材	安踏体育用品有限公司、李宁（中国）体育用品有限公司、泰山体育产业集团有限公司、南通铁人运动用品有限公司（铁人体育）、深圳鹏雁动感体育用品有限公司、南京蕙凡特体育发展有限公司、青岛英派斯健康科技股份有限公司、深圳为足球梦想体育发展有限公司、南京万德体育产业集团有限公司、TXB-搏纳天下（北京）文化传媒有限公司	铁人、英派斯健身、为足球梦想左右开弓
体育赛事运营机构	体育活动/体育赛事运营	中超联赛责任有限公司（中超公司）、中篮联（北京）体育有限公司（CBA）、北京中国网球公开赛体育推广有限公司（中网）、上海久事国际赛事管理有限公司（久事体育）、北京时博国际体育赛事有限公司、云南橙子网球运动发展有限公司、华星鹤彩传媒有限公司、广州博润文化传播有限公司（博润体育）、北控凤凰足球俱乐部、江苏常奥体育发展有限公司、上海力盛赛车文化股份有限公司	中超联赛、中职篮（CBA）、中国网球公开赛（中网）、中华龙舟大赛总决赛（博润体育）、西太湖马拉松（常奥体育）

（续表）

分类	业务范围	公司名称	持有 IP
体育场馆运营机构	体育场馆建设和场馆运营	华熙国际文化体育发展有限公司、福州冠深文化体育投资有限公司（冠深集团）、绿茵天地体育产业股份有限公司、深圳尚酷体育发展有限公司、中奥广场管理有限公司、北京体育之窗文化传播有限公司、北京创力时代国际体育发展有限公司、沙砾体育发展（上海）有限公司、北京万馆体育文化产业有限责任公司、华润体育文化发展有限公司	五棵松体育馆（华熙国际）、佛山岭南明珠体育馆（中澳广场）、"iRENA欢彩世界"体育文化创意中心（体育之窗）华润深圳湾体育中心与华润五彩城体育文化中心（华润体育）
体育培训机构	少年体育培训、体育人才培训、健康体能培训等	北京韵动汇体育科技有限公司（动因体育）、北京万国天骐体育股份有限公司（万国体育）、深圳阳光兴亚文化传播有限责任公司、南京兰博文体育文化有限公司、郑州贝体文化传播有限公司、北京王海滨国际击剑俱乐部、北京青鸟盛地体育发展有限公司、深圳衡泰信科技有限公司（恒泰信体育）、内蒙古兄妹游泳有限责任公司、深圳荣耀体育文化传播有限公司	动因体育青少年运动体验馆（动因体育）、万国国际击剑运动中心（万国体育）、减肥达人（阳光兴亚）、卓跃儿童（郑州贝体）、王海滨击剑俱乐部、GREEJOY与悦球（恒泰信体育）、荣耀篮球俱乐部（荣耀体育）
健身与康复运营机构	健身、康复、培训运营、健身场所运营	好家庭集团、深圳玩胜体育发展有限公司、彩虹鱼健康产业发展有限公司（彩虹鱼康复）、上海斯巴顿体育俱乐部有限公司、福建菲斯特投资管理有限公司、锦鉴力炼（重庆）健身有限公司、青鸟体育（北京）有限公司、光猪体育（北京）有限公司、动能趋势（北京）康复技术股份有限公司、湖北绝对力量体育健身有限公司	玩胜体能、斯巴顿健身、斯巴顿KIDS、菲斯特运动生活馆、力炼健身（锦鉴力炼）、光猪圈健身（光猪体育）

284

（续表）

分类	业务范围	公司名称	持有IP
冰雪运动运营机构	冰雪场馆、冰雪运动、培训运营	奥瑞金包装股份有限公司、北京冰世界体育文化发展有限公司、北京华星辉煌体育管理有限公司、北京翼翔冰雪时尚文化有限公司、1031滑雪俱乐部（1031体育）、密苑云顶乐园、北京卡宾滑雪体育发展股份有限公司、北京雪族科技有限公司（滑雪族）、陈露国际冰上中心、北京昆仑鸿星文化体育投资有限公司	
体育营销机构	国内外运动员经纪、体育赛事及活动管理、体育公关咨询、体育营销咨询	北京众辉国际体育管理有限公司（众辉体育）、英迈传媒集团（英迈体育）、第一摩码体育文化发展（北京）股份有限公司（第一体育）、厦门多想互动文化传播股份有限公司、腾提度（北京）文化传播有限公司（腾提度体育）、新英体育传媒集团、赢德体育发展有限公司、瀚动体育传媒（北京）有限公司、大麦集团（大麦体育）、北京美嘉易享体育文化发展有限公司、北京盛开体育发展有限公司、海航凯撒旅游集团股份有限公司（凯撒体育）、智美体育集团、虎扑（上海）文化传播股份有限公司（虎扑体育）	长城马拉松与安徽油菜花马拉松（腾提度体育）、四季跑（智美体育）
航空山地户外运营机构	航空运动、水上运动、山地户外运动运营	歌华中奥集团、探路者控股集团股份有限公司、北京三夫户外用品股份有限公司、北京今日影响体育投资管理股份有限公司（今日体育）、弘健体育文化发展（西安）有限公司、北京房山四渡凯步锐石户外运动基地、奥普乐体育运动（北京）有限公司、湖南凌鹰户外体育运动有限公司、中交万智体育科技有限公司、北京营天下教育科技有限公司	
体育科技机构	人工智能、物联网、云数据、可穿戴式设备、O2O平台	北京疯狂体育产业管理有限公司、广州中建体育有限公司、深圳前海零距离物联网科技有限公司（LIVALL力沃）、江苏锐索夫体育产业有限公司、深圳啪啪运动文化传播有限公司、极速反应、北京狂跑者科技有限公司、中国网球协会官方APP、中体路跑（北京）体育文虎产业有限公司、广东中云体育产业发展有限公司	LIVALL力沃智能骑行头盔

类型7：农产小镇——乡村振兴战略的重要抓手

自2004年以来，中共中央陆续发布了14个重视农村问题的一号文件，不断强调"三农"问题的重要性，以期进一步增强农村活力，推进农业现代化建设、推进农业供给侧结构性改革，加快培育农业农村发展新动能。十九大报告中，又创新性地提出实施乡村振兴战略，建设产业兴旺、生态宜居、乡风文明、治理有效、生活富裕的现代化农村。

农产小镇是乡村振兴战略与新型城镇化战略共同作用的结果。一方面满足了城市居民对于生态田园美好生活的向往和追求，解决了有机健康食品的供应；另一方面能够不断提高农村居民收入，吸引进城农民回流，重构农村人口与生产结构。农产小镇不仅是解决三农问题、实施城镇化建设的破题良方，也是化解新时代下新矛盾，并开创美好生活的解决方案。

一、农产小镇的概念与特征

农产小镇在"休闲农业""农业庄园""特色小镇"的概念基础上形成，是新型城镇化发展进程中特色小镇开发的一种典型形式。它以农业、土地和农村地域特色为基础，以农业产业链的延伸为路径，以休闲游憩核心为增长极，在政府引导、企业主体的市场化运作下，以一、二、三产业联动的产业发展结构，实现农村结构调整和转型升级。

在功能上，农产小镇在农业的基础上延伸产业链条，增加服务功能，以农业为依托，集合观光、休闲、娱乐、创意、研发、地产、会展、博览等三种以上的相关功能为一体，在进行农业生产以及产业经营的同时，展现农业文化和农村生活，从而形成一个多功能、复合型、创新型的产业综合体。

二、农产小镇的开发策略

农业仍然是我国国民经济发展的基础，尤其是对于承接城市和拉动农村发展的特色小镇来说，设施农业、高附加值农产品加工、高科技农业、农业服务、休闲农业等行业必将发挥重要作用。以优质特色农产品品牌化、附加价值提升、体验化消费为出口，带动农产品价格、特色餐饮体验、养生养老、休闲农业，是以销带产，以体验促产，以生活消费整合产城一体化的最直接途径。

（一）系统圈层开发结构

农产小镇发展的关键在于基于当地的农业产业特色优势，营造一种区别于都市生活方式的，从土地到餐桌到床头的原乡生活方式。原乡生活方式从空间上看，是一个系统圈层架构：第一层为农户业态，包括每一农户所提供的餐饮、农产品和民宿住宿；第二层为以村落为中心的原乡生活聚落；第三层次为更广阔的半小时车程范围内的乡村度假复合功能结构（详见图3-12-24）。而从产品业态角度看，原乡生活方式包括"耕种体验（种植、采摘）、农产品体验（加工、饮食、购买）、民俗民风体验（节庆、活动、演艺）、风貌体验（建筑风貌、景观风貌、田园风貌）、住宿体验（民宿、营地、田园度假酒店）"。

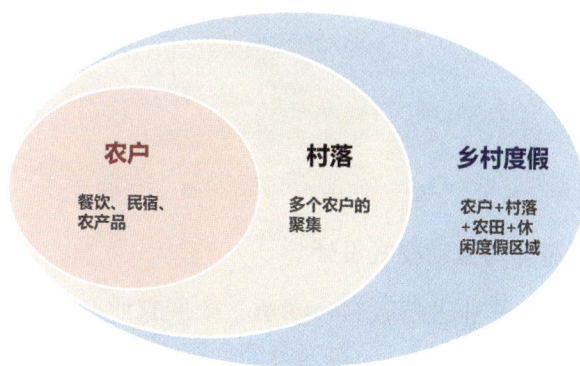

图 3-12-24　农产小镇系统圈层结构

287

（二）产业构建模式

在产业规模、技术水平、公共服务平台、科研力量和品牌积累等方面具有一定比较优势的基础上，借鉴国际产业集群演化与整合趋势，对照农业价值链演化规律，依据产业补链、伸链、优链的需要，形成综合产业链。农产小镇可以形成包括核心产业、支持产业、配套产业、衍生产业四个层次的产业群。

其中，核心产业是指以特色农产品和园区为载体的农业生产和农业休闲活动；支持产业是指直接支持休闲农产品的研发、加工、推介和促销的企业群及金融、媒体等企业；配套产业则是为创意农业提供良好的环境和氛围的企业群，如旅游、餐饮、酒吧、娱乐、培训等；衍生产业是以特色农产品和文化创意为要素投入的其他企业群。各产业之间的相互带动、推动关系如图 3-12-25 所示。

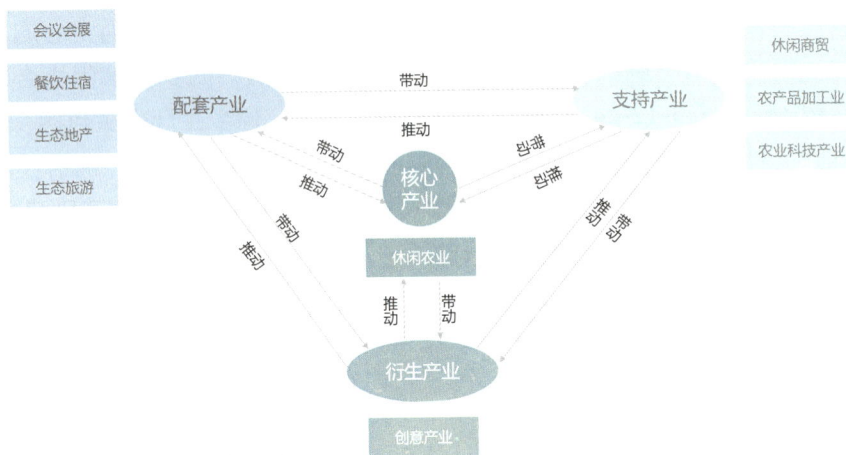

图 3-12-25　农产小镇产业发展模式及产业关系

（三）产业延伸与互动模式设计

农产小镇将各产业进行融合、渗透，拓展农业产业链，形成以市场为导向，以农村生产、生活、生态为资源，将农产品与文化、休闲度假、艺术创意相结合，从而提升现代农业的价值与产值，创造出优质农产品，拓展农村消费市场和旅游市场。休闲农业具有高文化品位、高科技性、高附加值、高融合性，是现代农业发展的重点，是现代农业发展演变的新趋势。通过各个产业的相互渗透融合，把休闲娱乐、养生度假、文化艺术、农业技术、农副产品、农耕活动等有机结合起来，能够拓展现代农业原有的研发、生产、加工、销售产业链。在休闲农业产业体系中，一、二、三产业互融互动，传统产业和现代产业有效嫁接，文化与科技紧密融合，传统的功能单一的农业及加工食用的农产品成为现代休闲产品的载体，发挥着引领新型消费潮流的多种功能，开辟了新市场，拓展了新的价值空间，产业价值的乘数效应十分显著。详见图3-12-26。

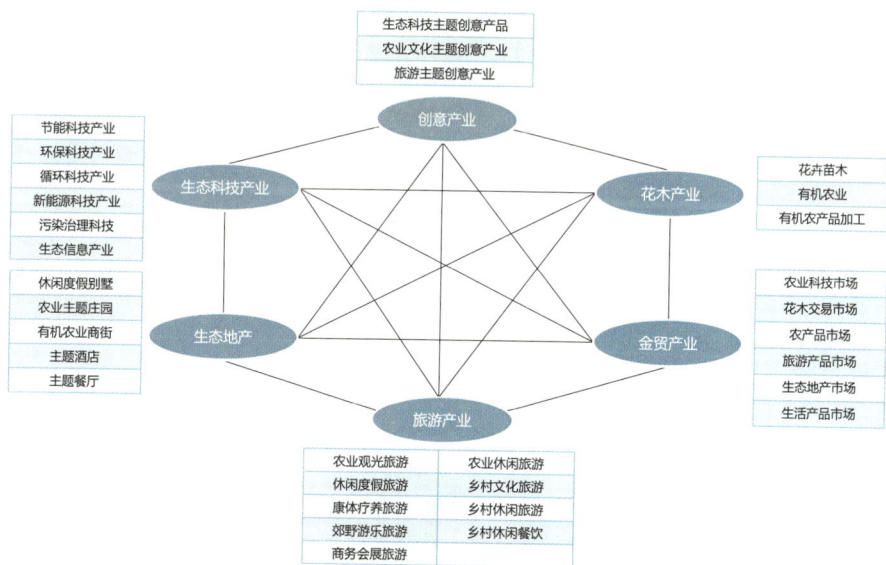

图3-12-26 农产小镇产业延伸与互动模式设计

三、农产小镇开发类型

从活动的多样性、发展路径、开发形式等不同角度出发，农产小镇可以划分出不同的类型。绿维文旅从中梳理出都市农业型、智慧农业型、创意农业型三种主要类型。

（一）都市农业型

都市农业型是指依托大城市周边发展起来的卫星特色小镇，满足大城市居民对于田园生活的追求和向往，在农业的基础上满足休闲的需求，依托城市、服务城市、受益于城市，强调城乡经济有机融合、人与自然和谐发展，具有较高的休闲度假属性。

培育要求：距离城市较近，农业产业在发展过程中围绕着都市需求展开，注重形成当地的特色产业，并且实现规模化效应，在都市中产生一定的影响力；后期积极发展特色加工业，形成农产品牌，在都市中形成口碑效应。在规划设计的过程中要注重农业体验区的设计，与旅游休闲度假、养生度假、文化艺术、农业技术、农副产品、农耕活动等充分融合，实现泛休闲产业的整合与集群化发展。详见图 3-12-27。

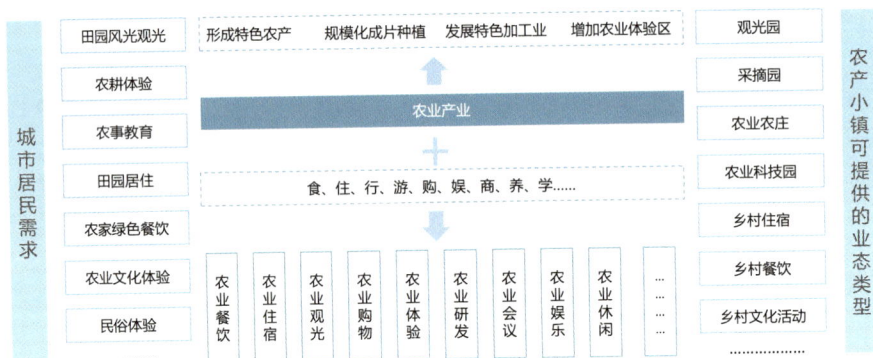

图 3-12-27 都市农业型小镇的泛休闲产业集群化发展

都市农业因为都市需求而生，对于农业发展的要求是高文化品位、高科技性、高附加值、高融合性。此类农产小镇可通过自身资源特色，实现主题化发展，如农产品主题（西瓜、桃子、草莓、蓝莓、花卉等）、度假主题（亲子、情侣、温泉等）、文化主题（少数民族、异国风情等）等，形成蓝莓小镇、花卉小镇、青蛙小镇等，并构建自身特色 IP，对城市居民形成吸引。

（二）智慧农业型

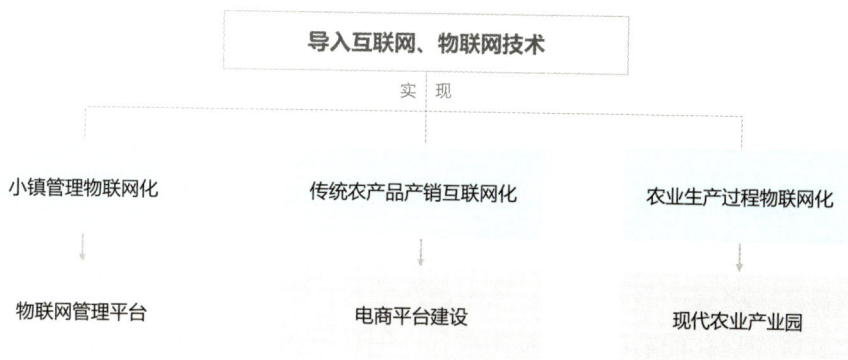

```
┌─────────────────────────────┐
│      导入互联网、物联网技术        │
└─────────────────────────────┘
            实　现
    ┌──────────┼──────────┐
小镇管理物联网化    传统农产品产销互联网化    农业生产过程物联网化
    ↓              ↓              ↓
物联网管理平台     电商平台建设      现代农业产业园
```

图 3-12-28　智慧农业型小镇的发展思路

智慧农业型小镇是利用互联网的理念和思维，以现代信息技术和其他高科技为支撑，以农业大数据、精准农业、电商农业、智能设备、智慧水利等技术手段为基础，将网络和科技深度融于农资流通、农作物种植管理、农产品运输销售等各个环节，实现农业的智能化、精准化、定制化（详见图 3-12-28）。农业部市场与经济信息司推动发展的农业特色互联网小镇就属于这一类型。

培育要求：将智慧型农业小镇作为信息进村入户的重要推动结构，充分利用互联网理念和技术，加快物联网、云计算、大数据、移动互联网等信息技术在农业及农业小镇建设中的应用，大力发展电子商务等新型流通方式，有力推进特色农业产业发展。

因为资金问题、技术问题、人才问题、品牌问题等诸多问题的出现，导致现在的智慧农业型特色小镇建设还处在摸索阶段。对于发展相对落后，还没有条件全面建设智慧化的农业小镇，初级阶段可以以发展农产品电商平台为重点。

现在部分企业已经开始了物联网智慧农产小镇的建设尝试，部分小镇已经进行了农业生产过程物联网化的尝试，基于大数据传感技术，实现农业的智能管理和精准操作，建立现代农业产业园。还有部分小镇也在积极地进行农产品产销物联网化和管理物联网化的建设，形成物联网电商平台和物联网管理平台，最终实现农产小镇的智慧化、智能化。未来，随着更多技术的应用，农产小镇将实现真正的节水、节能、环保，并且越来越智慧化。

（三）创意农业型

创意农业型模式是指以农业为基础，以创意生产为核心，以农产品附加值为目标，将农业的产前、产中和产后诸环节打通，形成完整的产业链条，将农产品与文化、艺术创意结合，使其产生更高的附加值，以实现资源优化配置的农业发展模式。创意农业包含多方面的创意，如农产品的创意、农业景观的创意、饮食的创意以及乡村文化的创意等多种形式。

培育要求：以优质生态环境为依托，充分利用乡村既有的农业产业基础，以规模化大农业资源为基础，用创意产业作为催化剂，带动一产的发展；选择第二、第三产业中的适宜实体，提升原有农业的层次，延长原有农业产业链条，完善农业产业结构，实现产业的升级与创意发展；同时，配套休闲娱乐设施，利用文化创意吸引城市居民观光休闲，形成一、二、三产业相互融合的发展模式。详见图3-12-29。

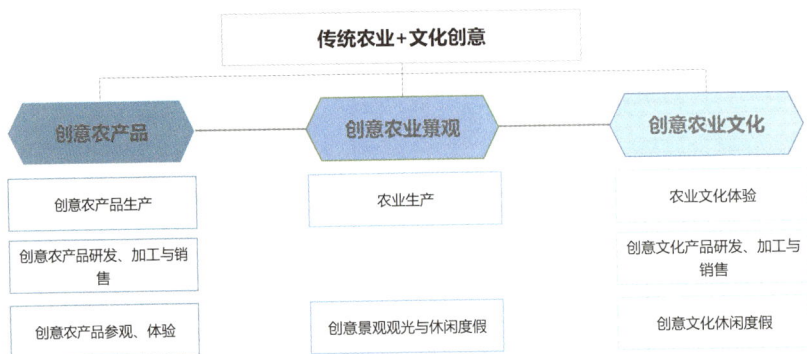

图3-12-29　创意农业型小镇的产业融合模式

类型 8：博物馆小镇——构建"泛博物馆"下的文博产业生态体系

自公共博物馆发展以来，博物馆经过不断的传承与功能衍变，已经发展到相当完善的程度，特别是当今新时代下其功能、职能等特征发生了较大的变化，出现了"泛博物馆"的概念和手法，推动着我国博物馆体系和文化传承地的发展。

一、泛博物馆小镇成为文博旅游产业的新热点

小城镇的建设中，文化本就是不可或缺的，充满活力的小城镇需要充分发挥文化的核心作用。如今，作为文化载体的博物馆，不再只是传统意义上的简单收藏、陈列和科研，而是多元化、多功能的文化设施，它不但展示了小镇文化发展的进程，而且与小镇未来的经济社会发展关系密切。目前，国内外对博物馆的转型发展有较多的研究，提出了"活态博物馆""开放式博物馆""生态博物馆""数字虚拟博物馆"等一系列新概念，并加以实践和应用。在注重文化传承的小镇发展中，具有藏品拓展性、功能多元性、展示互动性、空间突破性、经营灵活性、科技应用性特征的"博物馆集群"势必也将成为一种文化展示、品牌输出的有效途径，而且目前我国也已出现了"泛博物馆"集群发展的博物馆特色小镇。

二、泛博物馆小镇的发展要点

博物馆本身就是个文化集合的载体，是展示小镇气质、传承小镇文脉的重要载体，博物馆小镇是要在多元博物馆载体的整合基础上，实现泛博物馆的文博产业、服务体系的运营，形成一个依托文博产业发展的

特色小镇和文化旅游目的地。详见图 3-12-30。

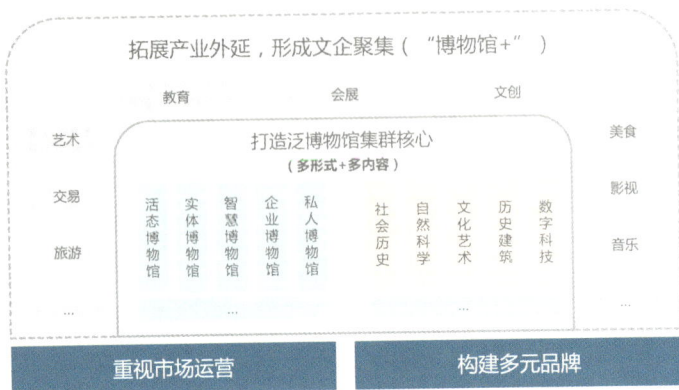

图 3-12-30　博物馆小镇的发展要点

（一）打造特色且多元的泛博物馆体系成为开发基础

博物馆馆藏资源的主题、品质品级的价值决定着博物馆小镇的开发潜力和开发方向，其中博物馆从体现形式上分为实体博物馆、活态博物馆、智慧博物馆等，从宣传主题角度分为政府公共博物馆、企业博物馆、个人博物馆等。最重要的是在博物馆的文化、展示功能之上赋予趣味、体验等参与性的功能。

（二）从保护、展示向文化服务产业延伸才是核心推动

博物馆小镇也要形成特色产业发展优势，围绕博物馆群，创新"博物馆+"体系，将博物馆与文创、艺术、会展、教育、美食、影视、音乐等内容紧密结合，实现文化服务的延伸，延伸过程中利用好数字化转化，并打造一种生活休闲氛围，构建起完整的产业生态链。

博物馆小镇的产业延伸需要聚集智力资源，包括自身的人力资源和引进的专家、人才等资源，并基于此搭建一个多元的服务平台，聚集众多文企，共同拓展。

（三）品牌构建和市场运营成为小镇保持可持续竞争力的关键

博物馆小镇的品牌主要有馆藏资源的品牌和活动品牌，是面向市场

消费端营销、推广的重要载体，对于博物馆而言，要形成自身的文化竞争力才有可能实现经济带动能力，所以在发展过程中要始终重视品牌规划，通过创新品牌或引进外部品牌来保持领先的竞争力。同时强调文、博融合的运营，重视营销推广。

三、泛博物馆成为博物馆小镇打造的重点

博物馆特色小镇的打造要依托深厚的文化底蕴，确定其文化特质，并围绕博物馆打造休闲、体验、教育等多种业态，形成文博产业的综合发展和服务结构。

狭义上的博物馆，是小镇旅游线路中的一个节点，而"泛博物馆"除了以文化展示为核心目的的楼堂馆所外，只要具有文化输出传播功能的街区、工坊、客栈、民俗展演等活态博物馆都应该归入。所以说如何让博物馆成为重要的吸引中心，如何规划博物馆间的游线，如何提升博物馆的展示手法，成为博物馆小镇的重要解决办法。绿维文旅控股的北京神兵侠装饰工程有限公司在多年经验基础上，总结出了"好看好玩好赚钱"的泛博物馆打造手法。

常规文化挖掘中的"找魂，立骨，画皮"就不再赘述了，"好看、好玩、好赚钱"是神兵侠博物馆设计施工一体化实践中针对"景区型"博物馆打造的一些思路和方法。

（一）好看——数公里外马上识别，激发游客微分享

人获取信息七成以上来源于视觉，旅游正在从观光走向休闲体验，但"观"依然是旅游的基础需求，那好看的标准是什么呢？我们认为有这么几个要求：

第一，需要有标志性，远远就能够看到并发现，让博物馆从所在小镇的灰瓦白墙中跳脱出来；

第二，能够激发游客的传播意识；

第三，记得住，看得明白，可以传播得出去。

神兵侠案例：

下图是神兵侠为瓮安县草塘千年古邑旅游区内的猴场会议纪念馆设计的大门和雕塑，总体立意为党旗飘扬和乌江的水，高点的回旋凸显"转折"之意。详见图 3-12-31、图 3-12-32。

图 3-12-31　猴场会议纪念馆的雕塑

图 3-12-32　猴场会议纪念馆的大门

（二）好玩——重在参与

特色小镇内的博物馆重在"游"，而不在"科研考古"，所以参与性尤其重要。参与的方法有很多，目的是将被动的说教转化为主动的获取知识，具体有人和时间互动、人和空间互动、人和人互动、人和机器互动。

人和时间玩穿越

北京王府井古人类文化遗址博物馆中的时空隧道，通道两边的拼接屏会随着参观者的移动来回切换不同时代的场景空间，结合远古树洞元素对展陈空间的装饰，打造了现代与远古时代的神秘穿越门。详见图3-12-33。

人和空间玩错位

曾国藩故居展陈中，我们打造了"人走茶未凉"的场景，游客走进房间，看到一杯冒着热气的茶，误以为老人家只是刚出门遛弯去了。详见图3-12-34。

图 3-12-33　神兵侠在北京王府井古人类文化遗址博物馆中设计的时空隧道

图 3-12-34　神兵侠在曾国藩故居展陈中打造的"人走茶未凉"场景

人和人一起玩

神兵侠在沂蒙山银座天蒙旅游区沂蒙山小调诞生地中设计施工的"听墙根"，巧妙的利用了游客的"窥私"心态，复原一个传统农家的窗户，影影绰绰中看到夫妻二人私房密话，游客只有趴到墙根上了才能听得清地道的方言。详见图3-12-35。

图 3-12-35　神兵侠设计施工的"听墙根"

人和机器玩

在石家庄东胜广场里，由神兵侠设计施工一体化完成的 AR 增强现实体验，消费者可通过不同姿势，召唤虚拟世界内的向日葵、雷电、北极熊等，增强体验互动。详见图 3-12-36。

图 3-12-36　神兵侠设计施工的石家庄东胜广场 AR 体验现场

（三）好赚钱——先做运营策划，再着手落地设计

"好赚钱"指的是商业模式，即建成后博物馆的运营问题。在谈这个问题之前，我们需要搞明白艺术和赚钱矛盾吗？艺术家不是应该清苦一生，孜孜探究人类的美吗？沾染了铜臭的作品能够称得上艺术吗？我们来看个例子，米开朗琪罗作为伟大的艺术家，代表作《创世记》为什么不在画布上画，而爬到西斯廷礼拜堂的天顶上去画？原因非常简单，因为米开朗琪罗收了教皇的钱，作画是个商业行为。教皇带兵和法国人交战的时候，米开朗琪罗还不辞劳苦跑到战场前线讨要工钱，否则就罢工，但这并不妨碍《创世记》成为举世名作。

"功能性"思维提升博物馆价值

为什么旅游纪念品卖不动？同质化，粗制滥造是一方面，神兵侠认为缺乏"功能"是核心。什么是功能？直白点说，就是解决日常生活中的刚性痛点，饭馆的功能是吃饭，解决饿的问题；酒店的功能是睡觉，解决困的问题。功能需求越强，东西越好卖。在解决痛点的基础上，通过创意手段、定价策略、增值服务，文创产品的销售就会变得容易，溢价也高。

这个理论用在小镇旅游的文化体验上，无外乎就是将旅游的"吃住行游购娱"六大功能性要素和博物馆结合，其实已经有了很多付诸实践的成功案例。例如四川省成都市郫县古城镇的成都川菜博物馆，给博物馆赋予了"吃饭"的功能，现在是 3A 景区；而四川省大邑县安仁古镇的建川博物馆聚落不仅在国内第一次将多达 30 余座博物馆汇集在一起，而且还进一步将各种业态的配套如酒店、客栈、茶馆、老街、文物商店等汇集在一起呈现博物馆小镇的形态，现在是 4A 景区。再举个例子，上海科技馆和中国科技馆都是 5A 级景区，每年过百万的游客量。同为展馆，为什么全国没有一家规划馆被评为 5A 景区呢？用这个理论来解释，科技馆有"学习"＋"玩"的功能，解决了寓教于乐，第二课堂的痛点；规划馆更多是"政绩展示"的功能，和普通民众关系不大。

从内涵来看，博物馆是征集、典藏、陈列和研究代表自然和人类文化遗产的实物的场所；从外延来看，无论是特色小镇中的工坊、民居，亦或就是个博物馆小镇，自身文化传播的基本属性不会变，加上其他"功能性"业态，"盈利性"能力、运营会更加落地。

神兵侠案例

抚远鱼文化体验馆和真人秀的碰撞与传播

2016 年底国内首档大型明星逆时光旅行真人秀《我们十七岁》来到祖国东极——黑龙江抚远市进行拍摄。节目取景之一国内最大的淡水鱼博物馆——抚远市鱼文化体验馆，让六位明星对其建设与展陈大为惊叹、交口称赞，也给广大观众留下了深刻的印象，目前已成为抚远市一张崭新的名片，游客络绎不绝。这座既好玩又好看的观光型综合体验馆正是由神兵侠设计并主持指导施工的。

馆内拥有亚洲最大的淡水鱼池，完全还原鱼类自然生态环境，震撼 270 度隧道缸体结合近二十余种水族缸体，使抚远市鱼文化体验馆能够与抚远淡水鱼都的美誉相匹配。

为了详尽展示抚远最为重要的"大马哈鱼""鲟鳇鱼"繁衍过程，在"抚远之鱼"展区中，利用多手段展示鱼类繁衍过程，通过特制影片，结合实物展板与活体，动静结合，使游客铭记"中国大马哈鱼之乡"、"中国鲟鳇鱼之乡"的内涵。如图 3-12-37。

图 3-12-37　抚远之鱼展区效果图

"赫哲人家"展区利用主题影片结合真人操作展示，可以完全呈现出抚远鲟鳇鱼子酱加工过程与工艺，让游客实时品尝最原汁原味的鱼子酱美味，权威展示抚远鱼类食品加工工艺。此展区也能让人最直观体验赫哲人家最原始的捕鱼方法，感受渔翁之乐趣。如图 3-12-38。

图 3-12-38　赫哲人家展区效果图

第四篇

绿维·特色小（城）镇案例篇

第十三章

绿维文旅经典案例

案例 1：三产融合的新型城镇化典范——湖北官桥新材料小镇

案例 2：绿动玉谷·舍在凉都——贵州六盘水市玉舍特色小镇

案例 3：山菌王国·奢尚南华——云南省楚雄市南华县野生菌小镇

案例 4：职教名城之窗，大国工匠摇篮——江苏殷村职教特色小镇

案例 5：河北邯郸中华成语文化小镇——文化厚土育小镇，成语绽开资源花

案例 6：湖北武汉木兰康谷桃源康养小镇——追梦巾帼木兰，乐享康养桃源

案例 7：国家农业公园，乡土文学小镇——新疆沙湾县大泉乡

案例 8：安徽省梦舒城文化特色小镇——挖掘文化脉络，构筑舒城记忆

第十三章　绿维文旅经典案例

案例 1：三产融合的新型城镇化典范——湖北官桥新材料小镇

　　官桥新材料小镇即湖北省咸宁市嘉鱼县的官桥镇，位于湖北省西南部，北邻华中地区中心城市武汉市。交通区位上，项目地具备全域 3 分钟接入高速公路网、30 分钟进入高铁交通网，1 小时到达客货运机场，5 小时到达国内大多数省会城市的大交通格局。经济区位上，项目地在武汉"1+8"城市圈半小时经济圈内，是湖北经济发展的核心区域；同时，南邻长株潭经济圈，是长江经济带上的重要节点。旅游区位上，项目地位于大武汉旅游圈、粤湘鄂黄金旅游通道两大热点旅游板块的交汇处，紧邻多个国家 4A 级和国家 5A 级景区，在区域旅游发展中拥有较大的发展空间和机遇。优越的交通区位条件和两大经济圈的交汇，带动了项目地周边人口的聚集，区域旅游的蓬勃发展为项目地产业融合奠定了基础。

　　官桥镇通过发展高强度钎钢钎具、特种无缝钢管、高性能桥用缆索等高端金属新材料产业，带动区域经济全面发展，已形成一定的产业特色和产业规模。在国家大力扶持特色小镇发展的背景下，湖北省规划在 3～5 年内培育 50 个国家及省级特色小（城）镇，官桥镇迎来了前所未有的发展机遇。

　　2017 年 8 月，官桥新材料特色小镇成功入选住建部公示的第二批全国特色小镇名单。规划中的整体鸟瞰效果如图 4-13-1 所示。

图 4-13-1　新材料小镇鸟瞰效果图

一、项目难点解读

官桥镇具有良好的工业基础，但是产业呈散点式发展，规模较小。如何突出产业优势，提升核心产业的集聚功能？如何促进第一产业的转型升级，完善支撑现代服务业快速发展的配套设施？如何实现一、二、三产业融合发展？这些都是本项目需要解决的问题。

二、项目开发方向和核心思路

为了提高官桥镇新材料总体技术水平，形成产业规模化、集聚化发展态势，打造融合研学、科技、健康、养老等产业于一体的四季全天候休闲目的地，绿维文旅确立了项目的总体开发方向，即以生态环境保护为基础，以新材料产业，特别是建筑新材料、汽车新材料等的研发生产为主导产业，以高效生态农业和休闲旅游业为延伸产业，以社会主义新农村建设为特色，打造集生产、生活、生态于一体的具有辐射带动作用的新材料特色小镇，建设中国最有代表性的以产业为支撑、以生态为生命线的特色小镇。

（一）特色产业确立与潜力产业筛选

特色产业选择分为三个步骤，第一步确定产业筛选的原则，第二步筛选评定指标，第三步分析数据与权重（详见图 4-13-2）。在遵循产业筛选原则的前提下，通过分析项目地产业基础、产业特色性、经济拉动性等评定因素的相关数据和权重，绿维文旅确定将新材料产业作为官桥镇的特色产业和主导产业。

图 4-13-2　特色产业选择流程

经过对宏观和区域产业现状进行分析，项目组初步判断新材料小镇有 14 个值得关注的产业机会。采用三步筛选法对产业与特色小镇的匹配性、可行性以及对当地发展的吸引力进行分析后，最终，确定了金属新材料、建筑新材料、新能源材料、复合新材料、冶金及金属制品业、高效生态农业、休闲农业、康养产业这 8 个与新材料小镇相匹配，利于资源高效配置的优先发展产业，详见图 4-13-3。

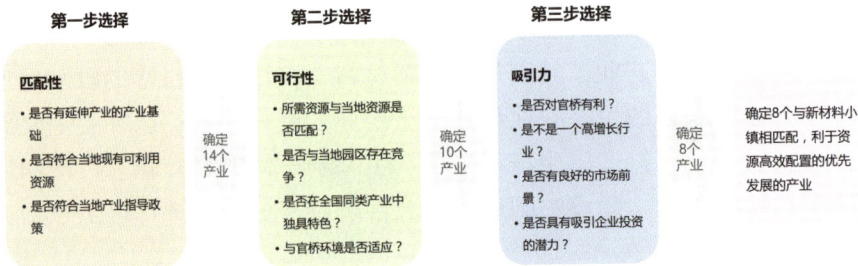

图 4-13-3　新材料小镇潜力产业三步筛选法

（二）"新材料产业＋泛旅游产业"的双特产业发展模式

新材料产业发展立足当地资源禀赋、区位环境以及产业发展历史等基础条件，具有合理性，包含传统产业发展和新兴产业发展。泛旅游产业是指以新材料产业为基础，与其他相关产业、配套产业整合，形成泛旅游产业架构，例如，产业＋农业、产业＋旅游、产业＋研学等。因此，绿维文旅确立了以新材料产业为核心，泛旅游产业为延伸发展的"双特"产业发展模式。

1. 依托新材料生产发展全产业链

纵向上，以新材料生产为基础，纵向上发展技术研发、培训教育、仓储物流、展览交易、产业服务、会议交流，构建新材料的全产业体系架构。横向上，从新材料扩展到战略性新兴产业领域，包括节能环保、新一代信息技术、生物、高端装备制造、新能源和新能源汽车等领域。通过对新材料产业的培育，建设产业相关的项目设施，完善特色小镇的服务配套，以此发挥产业的集聚效应，实现就地城镇化目标。详见图 4-13-4。

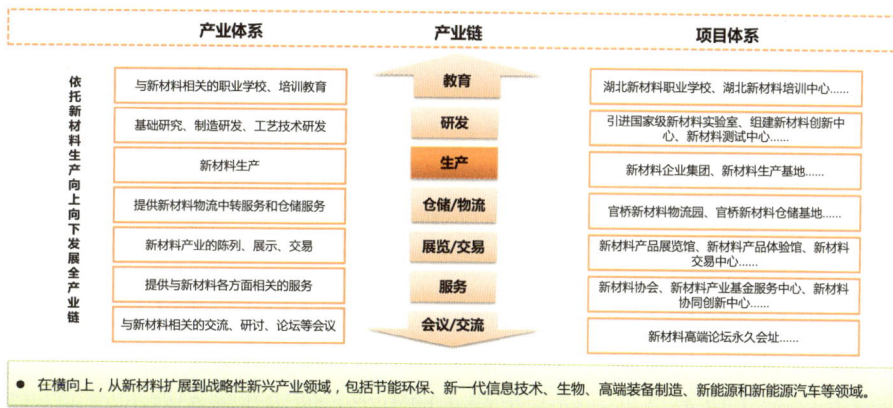

图 4-13-4　新材料小镇产业发展架构

2. 依托农业文化、工业文化、康养文化构建体验产品体系

项目地拥有万亩油茶、千亩稻田、水产基地等较为优质的农业资源，核心区及周边建有森林公园、南湖、北湖、文昌塔、乾坤阁等休闲观光场所。

依托良好的特色农业资源与生态资源，挖掘项目地的农耕文化、工业文化、养生文化和体育文化，结合旅游产业，构建官桥镇的泛旅游体验产品体系，为一、二、三产业的融合与新型业态的发展提供良好的平台。详见图 4-13-5。

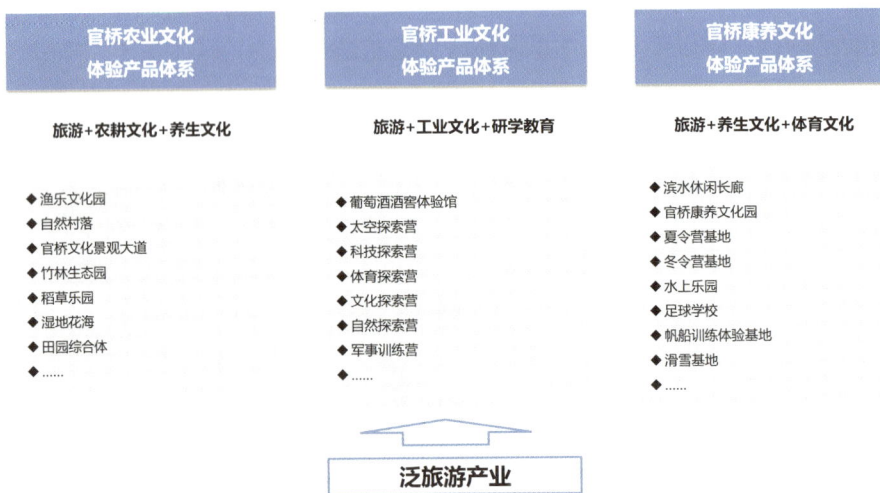

官桥农业文化 体验产品体系	官桥工业文化 体验产品体系	官桥康养文化 体验产品体系
旅游＋农耕文化＋养生文化	**旅游＋工业文化＋研学教育**	**旅游＋养生文化＋体育文化**
◆ 渔乐文化园 ◆ 自然村落 ◆ 官桥文化景观大道 ◆ 竹林生态园 ◆ 稻草乐园 ◆ 湿地花海 ◆ 田园综合体 ◆ ……	◆ 葡萄酒酒窖体验馆 ◆ 太空探索营 ◆ 科技探索营 ◆ 体育探索营 ◆ 文化探索营 ◆ 自然探索营 ◆ 军事训练营 ◆ ……	◆ 滨水休闲长廊 ◆ 官桥康养文化园 ◆ 夏令营基地 ◆ 冬令营基地 ◆ 水上乐园 ◆ 足球学校 ◆ 帆船训练体验基地 ◆ 滑雪基地 ◆ ……

泛旅游产业

图 4-13-5　新材料小镇的泛旅游体验产品体系

3. 产业园区—产业聚集区—新材料小镇三阶段发展路径

官桥新材料小镇的发展需要经历三个阶段，即新材料产业园、新材料社区和新材料小镇。基本思路是先做产业，然后逐步融入城市功能，吸引高级人才在此就业和居住。

新材料产业遵循产业选择、产业规划、产业培育、产业延伸、产业品牌的发展路径（详见图 4-13-6），搭建线上资源聚集平台，利用 O2O 模式导入线下终端产品，通过延伸本地市场，促进生产配套的导入，建立新材料产业园。利用市场端促进产业聚集，融合旅游、金融、会展等相关产业，实现新材料现代服务的集聚（详见图 4-13-7）。特色小镇依托资源禀赋，塑造特色产业，产业集聚促进就业增加和消费聚集，从而带来人口的长期居留与工作。人的城镇化促使当地完善公共服务设施建设，营造良好的人居环境，特色产业与旅游产业的融合带来休闲度假、养生养老等短期流动性聚集，进一步拉动区域综合性效益的提高，实现就地城镇化的发展目标。详见图 4-13-8。

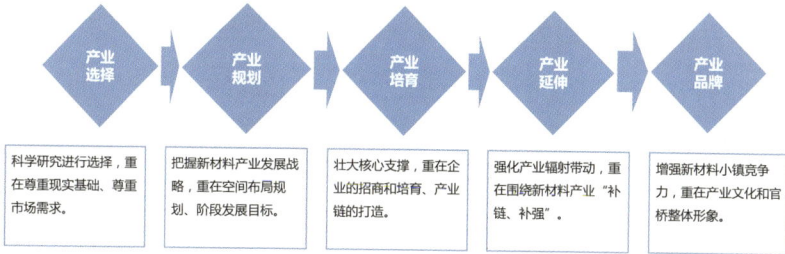

产业选择	产业规划	产业培育	产业延伸	产业品牌
科学研究进行选择，重在尊重现实基础、尊重市场需求。	把握新材料产业发展战略，重在空间布局规划、阶段发展目标。	壮大核心支撑，重在企业的招商和培育、产业链的打造。	强化产业辐射带动，重在围绕新材料产业"补链、补强"。	增强新材料小镇竞争力，重在产业文化和官桥整体形象。

图 4-13-6　新材料小镇的产业发展路径

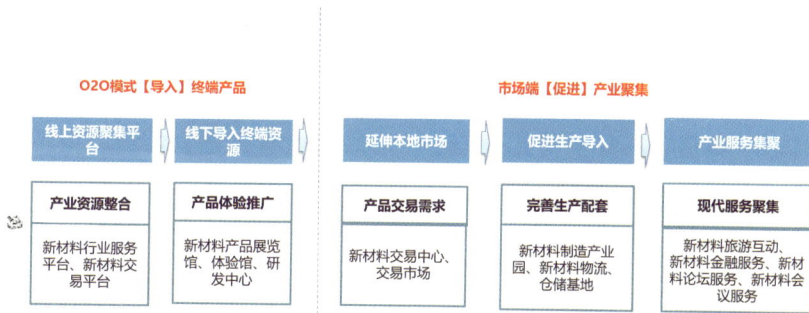

图 4-13-7　新材料小镇的产业聚集路径

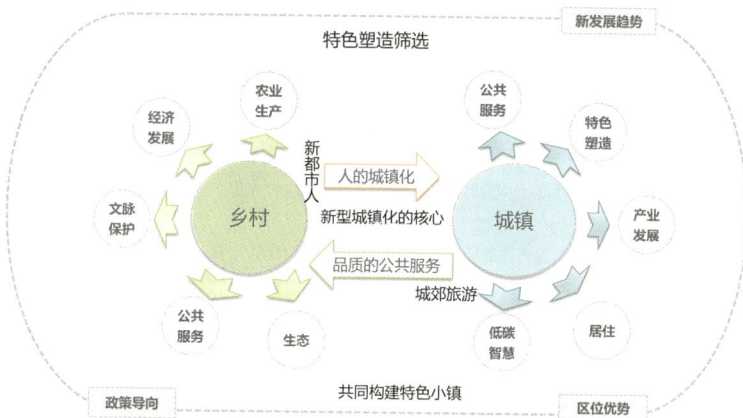

图 4-13-8　新材料小镇的发展逻辑

309

三、项目具体开发策略

（一）以新材料产业为支撑，建设新材料工业科技区

以新材料生产为基础，延长产业链，向上延伸教育、培训、研发，向下延伸物流、会展、会议，实现一、二、三产业深度融合。依托周边金盛兰冶金、宝武钢铁以及上汽通用汽车基地，重点培育汽车轻量化、汽车尾气净化等相关新材料核心产业，引进龙头企业和科研机构，形成企业孵化、技术指导、金融服务等相关服务，推动新材料产业集聚升级。

1.新材料研发生产中心

该中心以新材料技术研发和生产为核心，配以企业办公、工业设计等功能，构建多样化科创空间，打造华中地区知名的新材料研发基地。从小镇周边的市场出发，重点支持发展金属新材料、建筑新材料、复合新材料、新能源材料等，在此基础上，形成产业孵化器，促进成果转化，未来形成在国内有较大影响的新材料产业集群。通过对匹配要素、产业要求、区域资源情况等内容的分析，得出各类材料的改善潜力和与小镇发展的匹配程度，最终确立了新材料小镇核心产业的发展方向。详见表4-13-1、图4-13-9。

表4-13-1 新材料产业资源匹配度分析（以铝合金为例）

匹配要素	产业要求	区域资源情况	改善潜力	匹配程度
邻近市场	应用领域较广，最好接近市场	汽车、航空航天、建材需求旺盛	●	●
成本优势	国内原材料价格相对较低	省内原料供应较充足	●	●
劳动力资源条件	对劳动力没有太高要求	劳动力资源相对比较丰富	●	◗
产业配套能力	技术相对成熟	缺乏相关的技术储备	◗	◗
自然资源条件	储量比较丰富	周边区域有相关资源	◗	●
政策及经营环境	需要政策扶持对产业结构进行升级调整	暂时没有明确扶持政策	●	◗

注：通过对比分析，铝合金资源丰富，技术较成熟，建议在小镇发展

核心产业

金属新材料　建筑新材料　复合新材料　新能源材料

稀土永磁材料　镁合金　铝合金　镍铁合金　新型墙体材料　保温绝热材料　新型防水密封材料　碳纤维　金属纤维　锂电池

隔膜　正极材料　电解质

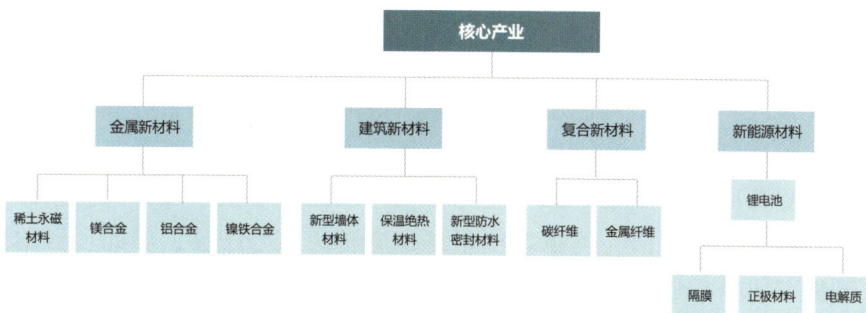

图 4-13-9　新材料小镇核心产业的发展方向

2. 新材料应用展示中心

该中心以集中展示新材料科技研发成果为核心，以展示、交易、共享三大功能为主线，承办国际大型新材料产业专业展览、高端论坛等活动，打造小镇对外展示窗口，提升小镇知名度和影响力。项目包含科技成果展示中心、创新广场、会议会展中心，旨在进一步聚集各类创新创业要素，释放企业活力，推动科技创新成果实现"创业一公里"就地转化。

3. 新材料孵化中心

引进高校成果转化中心、院所产业发展部门、中介机构、民营技术转移机构及投融资机构入驻，并提供科技成果交易服务，打造专业化新材料孵化中心，完善"研发 - 孵化 - 中试 - 生产"于一体的孵化链条，形成华中新材料产业高地。

4. 新材料服务中心

该中心以服务新材料科技研发为主体，提供包含教育培训、技术指导、金融服务在内的产业配套服务功能，加速新材料科研成果转化。项目包含教育培训中心、专业技术指导中心和金融服务中心。

（二）利用资源禀赋，延伸泛旅游产业链

将农业资源、生态资源、民俗文化与乡村旅游、休闲养生相结合，能够推动特色小镇产业的转型升级，实现泛旅游产业链的延伸，拉动区域经济全面提升。

1. 挖掘历史文化，打造旅游吸引核

田野农博馆是以农耕文化与官桥八组发展史为主线，展示在党的领

导下社会主义新农村发展与变迁的红色文化，让游客身临其境地感受从远古到现在再到未来的农业演变情况。鄂南民俗文化街集旅游、商业、仿古建筑为一体，是特色小镇中实施的最大规模的城建服务业项目。小镇居民可以在建有长亭、长廊的步行街上休闲游玩，对照老照片和老物件，感受鄂南乡村旅游的独特魅力，也可以通过雕塑和民俗文化馆体验浓郁的历史文化氛围。何家塘望星谷是旅游区核心产品，借助项目地良好的生态环境，建造特色木屋帐篷，配套会所及酒窖，吸引客源停留住宿。详见图4-13-10。

图4-13-10 何家塘望星谷效果图

2. 依托良好的农业与生态资源，打造十里八村田园综合体

项目地具有良好的农业与生态资源，绿维文旅确立以田园综合体为核心，延伸乡村休闲产业链，在乡村生活深度体验中实现身心康养。建立新型农业研发中心，大力推广生态养殖、立体种养、设施栽培等新型高效休闲农业，实现农业产业升级，同时加强休闲观光农业的重要功能、经营内容和活动项目。详见图4-13-11、图4-13-12。

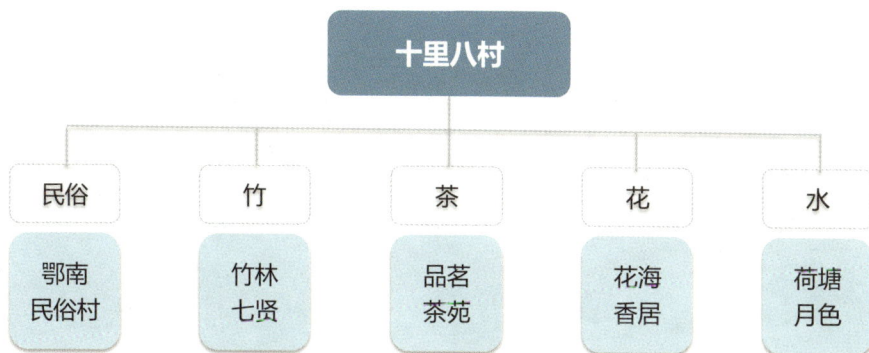

图 4-13-11　十里八村田园综合体发展体系

图 4-13-12　高效生态农业示范基地鸟瞰图

以官桥村八组为源头，以八组新农村建设为样板，带动周边村组建设五福新村景区。对原有村庄改造升级，建设具有当地特色的主题村庄，构建民俗民宿文化展示带。主题村庄最多包含"五个一"要素，即一组建筑群、一组景观带、一组民宿、一处餐厅、一组集市。民宿效果详见图 4-13-13。

图 4-13-13　竹林民宿效果图

3.建设禅居禅院，拓展禅修文化市场

禅修会成为未来人们的一种生活方式，以"禅修、静心、休闲、减压"为主要元素的"禅修"产品正成为市场热点。依托项目地的良好生态自然环境，建设以禅修养心为主题的禅居寺庙，挖掘禅修文化吸引城市高端客群。农禅寺规划在东湖学院文创区，面向官桥北湖，充分利用自然环境，努力打造一个宁静的精神场所。

（三）完善公共服务设施，打造新型城镇化典范

为营造环境、集聚人才和改善当地居民居住条件，特色小镇服务区在原有配套设施基础上，将建设以专家楼、才俊公寓、学校、医院为主要组成的人才居住区。依托武汉东湖学院的教育平台和人才优势，打造返乡青年创新创业基地和大学生实习实训基地，以创业创新资源集聚区域为重点和抓手，集聚资本、人才、技术、政策等优势资源，为新材料小镇的一产和二产提供文化创意人才，提高产品附加值，延展产业链。

案例2：绿动玉谷·舍在凉都
——贵州六盘水市玉舍特色小镇

贵州玉舍镇位于"中国凉都"六盘水市中心城区南部，扼守贵州西部重要交通节点，傍生大乌蒙，连接云川贵。镇内两条高速穿过，并设有4个高速出入口，区域交通便捷，可达性良好。玉舍镇夏季平均气温19.7℃，周边2小时航程范围内有重庆、武汉、南昌、长沙等多个火炉城市，避暑旅游需求旺盛（详见图4-13-14）。作为贵阳避暑游线的节点之一，玉舍镇周边有3个4A景区环绕，具备一定的旅游基础，并且是彝族聚居地，非物质文化遗产种类丰富。

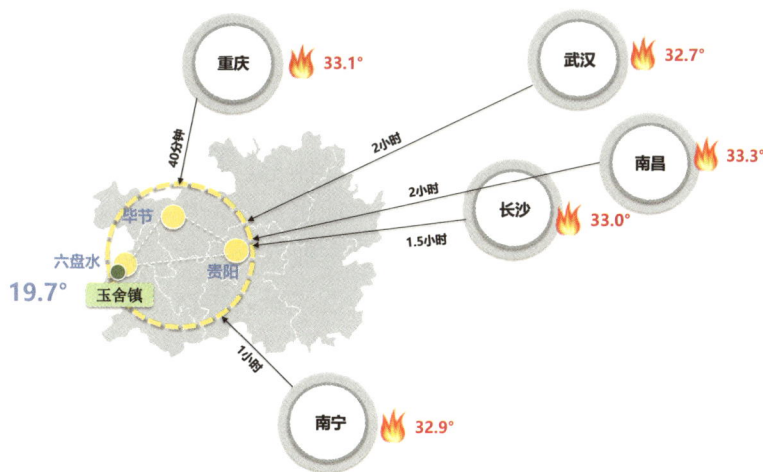

图4-13-14 玉舍镇区位及与周边区域夏季气温对比

玉舍镇虽然具备良好的区位条件和旅游资源，但是休闲度假体系尚未成熟，接待设施严重不足，致使其客群主要来源于车程 1 小时内的六盘水市。六盘水市人均消费支出虽位于贵州省第二位，但旅游消费较低，未来潜力巨大。另外贵州省的省外游客以西南和华南居多，其中有近一半来自临近六盘水的周边城市，这一市场规模较大且消费潜力强。玉舍镇应充分发挥其旅游区位优势，寻找自身特色，补足短板，借势周边，整合发展。

一、项目难点解读

玉舍镇资源丰富，但对自身特色挖掘不足，没有形成特色的旅游品牌，要明确发展定位、树立鲜明的品牌形象；第二产业比重较大，传统农业有待升级，旅游产业占比较低且处于初级发展阶段，要优化产业结构、提升旅游业品质；景区间缺乏互动，与城镇发展协调度不高，要均衡旅游空间发展、促进区域互动；城镇配套设施欠缺，污水处理、垃圾处理等基础设施不足，要提高城镇公共服务能力、完善基础设施建设。

二、项目定位及总体发展战略

项目定位方面，基于优越的自然条件和丰富的旅游资源，绿维文旅将玉舍镇的总体定位确立为山地避暑休闲度假小镇，具备山地避暑、休闲度假、山地运动、康体养生、集散服务五大功能。

发展战略方面，首先，围绕避暑需求，充分发挥山地、森林、气候等资源特色，大力完善山地生态度假产品体系，构建玉舍特色的山地避暑休闲度假生活方式。其次，按照"产业生态化、生态产业化"要求，以旅游业促进一产、二产转型，推动多产业融合发展，实现从省级示范镇到山地旅游型中国特色小镇典型样板的飞跃。再次，整合北部梅花山和南部野玉海资源，构建避暑休闲度假核心，打造国家 5A 级景群和国家级特色小镇的旅游大格局。最后，充分发挥区位优势，承接六盘水城市功能外溢，打造"城市后花园"，积极融入"四省立交"大格局，将玉舍镇建设成为四省一市（四川、云南、广西、湖南、重庆）的旅游集散中心。详见图 4-13-15。

图 4-13-15　玉舍镇区域联动战略

三、项目具体开发策略

根据空间结构和资源情况，绿维文旅将项目地划分为"一核两带三区"，"一核"为小镇休闲度假核，"两带"为城镇发展带、旅游发展带，"三区"为北部乡村民俗体验区、大田山水原乡度假区、南部特色文创休闲区。如图 4-13-16 所示。

图 4-13-16　玉舍镇的"一核两带三区"空间结构

（一）完善镇区和景区功能，打造休闲度假核

以玉舍镇镇区及野玉海国际旅游度假区为依托，完善城市服务、旅游集散、休闲度假等功能，建设集城镇综合服务、旅游集散、休闲避暑、户外运动、养生度假、民族文化体验于一体的运动休闲度假区。详见图4-13-17。

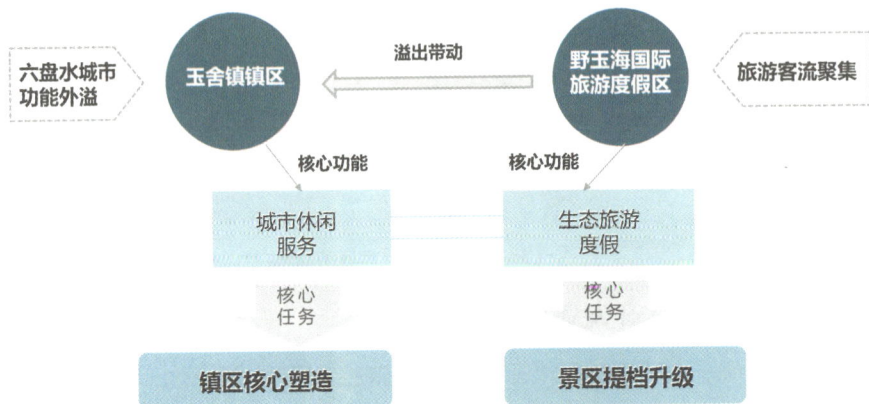

图 4-13-17　小镇运动休闲度假区发展模式

以玉舍镇镇区为规划对象，通过城市功能升级、空间格局优化、景观风貌提升和特色产品构建，塑造镇区核心，承接六盘水城市功能外溢，打造城市休闲服务中心。完善基础设施与公共服务设施建设，以 5A 级标准打造玉舍游客集散服务中心，增加健身场地、绿地公园、休闲商街等公共空间，升级旅游服务、文化休闲和购物娱乐功能，将旅游小镇打造成旅游小城。合理划分城镇功能片区，打造区域主题式"景观段"，改造扩建生态停车场，完善内部交通，实现镇区与度假区的交通联动。采用彝族民居风格，对传统民居进行保护修复，整体风貌保留山地、梯田与城镇相间的景观格局。镇区主打工矿文化和运动文化，建设六盘水地矿博物馆、运动主题商街等项目，打造差异化特色产品。

充分利用野玉海国家旅游度假区的游客聚集功能，通过产品特色强化、旅游业态丰富、休闲功能完善、度假设施提升，将野玉海景区等级提升至 5A，打造生态旅游度假中心。建设五里坪户外运动基地、青少年

体育公园等场所，丰富户外运动产品类目。完善游客中心、停车场、旅游厕所等服务设施，提升景区旅游基础设施建设。打造森林树屋、高端度假酒店、霍比特童话王国、天文观星台等项目，增强景区与游客的互动，完善度假休闲配套。

（二）整合南北部优势资源，推动产业结构转型升级

通过分析北部梅花山景区溢出市场和六盘水市区旅游市场特征和需求，以兴隆村、前进村和新发村为规划对象，构建乡野度假体系，打造北部乡村民俗体验区。北部拥有丰富的农业资源和民俗资源，通过引入现代农业服务，建设特色庄园、植物园、花海等项目，构建差异化吸引物。将传统的农家乐升级改造为精品酒店，利用彝族文化资源，建造主题性民宿，搭配丰富的民俗活动，如赛马、摔跤、火把节等，打造集农业休闲、亲子娱乐、彝族风情体验于一体的特色乡村旅游休闲区。详见图4-13-18。

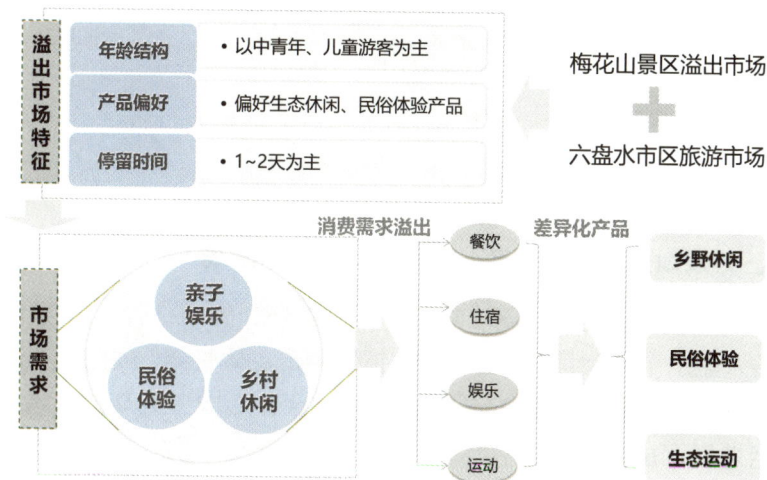

图4-13-18　梅花山及六盘水旅游市场分析

以大田村、青松村、木柯村为规划对象，利用山、水、田、林的景观资源优势，借助区域交通形成小环线，打造高端康养度假区域，发展生活休闲型有机农业、田园健康养生度假产品，引入高端办公方式，打造山水原乡度假区。通过对生态环境进行保护和修复，改变作物品种，

由传统农业向景观农业转变。完善基础设施、公共服务设施和田园度假设施建设，引入商务度假功能，为小微创业者提供舒适环境，将乡村田园变成创业创新新沃土。

南部区域作为玉舍的南大门，同时也承接野玉海国际旅游度假区的溢出效应，通过聚集文创产业，打造夜景观特色吸引物，建设集旅游服务、旅游集散、文化创意、大众休闲度假于一体的特色文创休闲区。文创产业以核桃文化和转运文化为突破口，聚集休闲娱乐、文化创意等设施配套。夜间景观利用山顶风力发电站，打造 LED 发光风车，形成山顶的夜间景观吸引物，与周边乡村、景区形成互动。详见图 4-13-19。

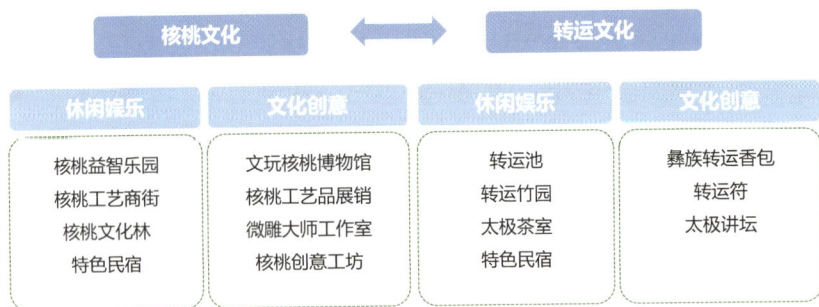

图 4-13-19 玉舍镇的南部文创产业聚集

（三）规划交通服务体系，规划度假区主题游线

根据项目地的交通路网，规划"一纵三环"的道路骨架。以 S212 省道连接六盘水市和盘县，完善玉舍城镇发展带主体骨架。依托北部、中部、南部的村镇和路网，根据旅游度假功能分区，形成三大环路。考虑到游客及当地居民出行便利性和旅游需求，在各个交通出入口、道路节点等区域，设置区域公交巴士站点、咨询服务、餐饮、卫生间等各项服务设施，完善公共服务配套设施建设。

依据规划道路交通系统，综合考虑景点布局、活动安排、设施配套，规划设计 S212 省道为区域旅游主干线，纵向连接各个旅游区，同时在原道路基础上规划三条相互串联的主题游线。游线主要分为度假主题和夜间主题，度假主题游线依托项目地丰富的自然和文化资源，打造冰雪度假、田园度假、彝族风情度假等项目；夜间主题游线以旅游演艺、商街夜市、特色活动、夜间景区等形式，串联多个聚集点，打造项目地的夜间吸引核。详见图 4-13-20。

图 4-13-20　S212 省道旅游主干线及三条主题游线

四、项目对旅游扶贫的意义

本项目的建设运营，能够贯彻落实贵州省脱贫"五个一批"工程，带动教育扶贫、产业扶贫、就业扶贫。教育扶贫方面，设立玉舍扶贫专项基金，对贫困学生进行生活资助；开办就业培训学校，引导农民参与，增强旅游服务意识和技能。产业扶贫方面，引入为小微企业提供小额贷款的综合金融服务，帮助线上线下的商家和农业生产经营者进行资金周转。就业扶贫方面，旅游产业能够带动管理、服务、销售、表演等多种类型的就业，旅游产业外延就业包括加工业、环卫工作、医疗服务等就业类型。因此，本项目在注重建设的同时，通过民俗文化、户外运动、休闲农业与旅游项目的创新开发，将直接形成多管齐下、梯次推进的旅游扶贫带动效应，实现精准扶贫，带动相关项目周边贫困农民群体实现脱贫致富。

案例3：山菌王国·奢尚南华——云南省楚雄市南华县野生菌小镇

南华县属楚雄彝族自治州管辖，所处的楚南经济带是长江经济带的源头和重要组成部分，是滇中城市经济圈向西开放的门户与战略枢纽和云南面向南亚、东南亚辐射的重要特色产业基地。

近年来，云南省被定义为国家"一带一路"格局中连接交汇的战略支点，未来将迎来国家政策、资金的大力倾斜，地处"一带"上的南华县迎来了重大政策机遇。国家和云南省"十三五"发展规划中，包含野生菌深加工在内的新型食品工业已被列入工作重点，中国野生菌产业将步入以"高精尖"深加工为导向，规模化、品牌化、集约化为特征的产业化发展关键阶段。南华县迎来了产业升级的重要机遇，野生菌特色小镇应运而生。本项目位于南华县东部，临近铁路、国道、高速，昆楚快速铁路通车后项目将纳入到昆明市一小时交通圈。

一、项目资源基础

云南省是世界著名野生菌主产地和交易区，南华县则是云南野生菌的重要产地和交易地。境内已知野生食用菌多达290余种，拥有"世界四大名菌"和"中国十大名菌"，其中松露和松茸分别占云南省产量的50%、55%以上，松露、松茸、牛肝菌质优量大，远销海内外，拥有"中国野生菌美食县""中国野生菌之乡"和"野生菌王国"等美誉。因此，项目地的原材料资源十分充足。

国际松露产品龙头企业——乐旁集团的入驻也为南华县的野生菌加工

业进一步发展提供了契机，乐旁集团先进的产品研发技术、成熟的销售渠道和完善的生产整合能力，将从松露深加工出发，带领南华县野生菌加工业向规模化、高端化发展。

同时，南华县水质良好、农林资源丰富，地处客流总量可观的昆大丽国际黄金旅游线上，对外交通十分便利，为旅游产业的发展奠定了优良的基础。

二、项目承担使命与难题突破

南华县产业结构单一，除农牧业外无其他支撑城镇发展的支柱产业。受研发技术落后、加工工艺粗放、品牌营销薄弱等因素的制约，南华县野生菌的市场价值远远低于欧美国家的优质野生菌，在日趋激烈的野生菌和整个食品加工业竞争中不占优势，项目场地内民居陈旧、分布零散，内部无成型的道路系统，受高压线、光缆、电信影响地块零碎，配套设施落后，整体条件不利于集约化开发。因此，合理的场地规划和精准的产业发展路径是本项目需要突破的关键难题。本项目要结合野生菌产业现状提出升级思路，要充分挖掘野生菌文化形成特色品牌，要充分考虑场地现状形成合理的空间布局。

三、项目定位及产业体系

（一）项目定位

通过对项目地的资源梳理，结合国家和云南省"十三五"发展目标，绿维文旅从产业发展的角度确定了野生菌小镇的总体定位：将以"高精尖"野生菌产业为核心，依托松露产、学、研、销等全产业链，形成野生菌产业集群，发展成宜居宜业宜游的国际顶级松露产业小镇（核心区效果图详见图4-13-21）。并在总体定位下，制定逐级发展目标：中国野生菌全产业链示范基地、中国著名野生菌美食小镇、昆大丽旅游带新热点、楚南经济带重要支撑点、国际顶级松露产业化高地。

图 4-13-21 南华野生菌小镇核心区的鸟瞰图

（二）产业体系

根据本项目的资源特色和目标定位，绿维文旅确定了以野生菌研产销为核心的主产业体系，其中以松露的深加工为切入点，反促研发和带动商贸销售；联动完善相关仓储物流等生产服务配套和休闲娱乐等生活服务配套；顺势对接昆大丽通道客流和昆楚市场需求，发展文化旅游和康养度假。详见图 4-13-22。

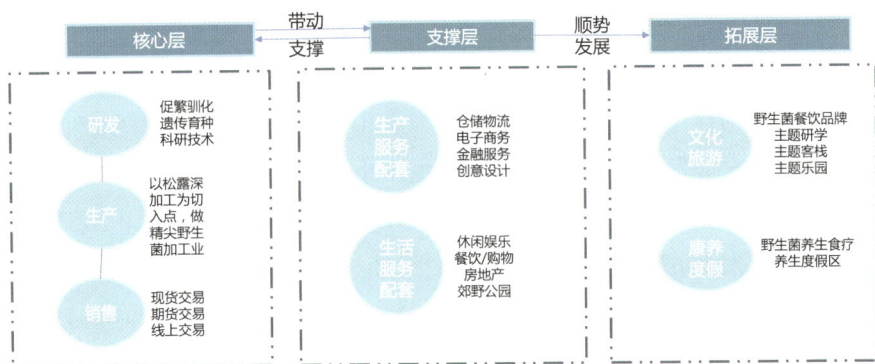

图 4-13-22 南华野生菌小镇的产业体系

324

四、产业发展路径

（一）主产业发展路径——高起点构建野生菌加工交易产业链

以乐旁集团的入驻为契机，从松露产品切入，做精野生菌加工业，重点发展功能食品、时尚食品、健康食品、潮流食品、保健品、药品，提高产品附加值。同时，不断加大研发力度，与科研机构合作，积极探索发展野生菌促繁驯化、遗传育种与模拟栽培技术，进而提高优质野生菌产能。

以野生菌系列产品为基础，成立世界菌类大宗商品（包括现货与期货）的交易市场，形成市场定价权，结合电商平台，培育有影响力的线上线下贸易商，打通野生菌深加工产品的销路，同时完善现代物流、包装设计等配套产业。

战略培育特色餐饮业，研发高端素食山珍菜系和时尚新潮的万国菌宴系列菜系，分别对接中高端市场和大众市场需求。规模化推出品牌餐馆和主题餐厅，形成"食在南华"的品牌形象，吸引昆大丽线路上的客流，也让南华野生菌走向外部市场。

（二）文旅产业发展路径——发挥"旅游+"附加价值，实现产镇文旅高度融聚

以高精尖野生菌健康食品为起点，养生餐饮为核心吸引物，发展小镇的工业研学和康养度假。积极挖掘与野生菌主产地、消费地相关的节庆和特色文化元素，导入与松露主产区相关的西方节庆、演艺等文化，丰富小镇文化体系。兼顾产业服务人群、滇中城市群、昆大丽线路游客的日常生活需求和休闲游憩需求，同步配套功能齐全的景区化生态社区和公共休闲娱乐空间，最终建设产镇文旅高度融合的特色小镇。

五、项目具体分区规划

绿维文旅从产业功能的角度出发，同时遵照《云南省特色小镇发展总体规划导则》的要求，确立了野生菌特色小镇的"两轴、三板块"的空间规划，"两轴"是产业发展轴和产业综合发展轴，"三板块"是主

产业板块、文旅住宿接待板块和综合配套板块。以此为框架，确定了野生菌促繁与孵化基地、野生菌市场交易与孵化片区、野生菌产品研发与孵化片区、深加工片区、美食休闲购物片区、产业生活配套区、文旅住宿接待片区、康养度假片区八大功能分区。而后根据各片区产业定位，控制建筑风貌，确定法式田园风格、云南传统民居风格、现代工业风格相结合的思路。同时采取有效的衔接方式解决好项目地内部交通与外部交通的衔接。详见图 4-13-23～图 4-13-26。

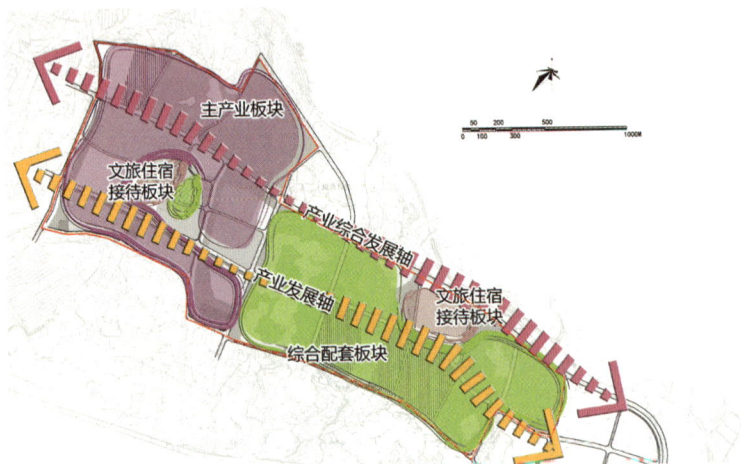

图 4-13-23　南华野生菌小镇的空间规划图

图 4-13-24　乐旁野生菌科创产业园

图 4-13-25　世界野生菌博物馆

图 4-13-26　松露王国郊野公园

案例 4：职教名城之窗，大国工匠摇篮——江苏殷村职教特色小镇

　　经济新常态背景下，各行业对高层次、高素质职业技能人才的需求大幅提升，国家的教育体制改革也越来越重视职业教育品质的提高，十九大报告中提出的"弘扬工匠精神"依然离不开职业教育。近年来，江苏省常州市作为国家"地方政府促进高等职业教育发展综合改革试点"和"江苏省职业教育创新发展实验区"，加快构建现代职教体系，提出建设"中国职教名城"的战略目标。

　　项目地位于常州市钟楼区邹区镇殷村，与镇江、丹阳市接壤，外部立体化交通便捷，是常州主城区的"西大门"。在人才流动逆城市化的历史机遇下，殷村需要打破传统的经济发展模式，在人才培养、促进就业、惠及民生方面实现新的跨越。

一、项目资源与产业基础解读

　　常州市民间艺术历史悠久，是历代文人学者最多的四个城市之一，是非物质文化传承名城、"实干兴业"的制造名城，工匠艺术、工匠精神源远流长。类型丰富且底蕴深厚的常州文化为殷村的"育人、聚人"提供了充足的文化资源。

　　常州市是整合职业教育资源、实现职业院校集聚式发展的首创者，目前已形成"南有高职园区，北有职教基地，东有职教联盟，西有殷村职教新片区"的职教产业发展格局。殷村职教园区作为常州产业格局中的重点区域之一，目前已有四所职教院校全部建成并投入使用，各校区建筑及环境建设风貌良好，校园之间目前已形成了"学分互修"的教学

资源共享基础，职教产业集群已初具规模。

同时，项目所在的殷村，境内水系丰富，绿化林带和田园空间充裕，经过改造的新型住宅示范区环境优美、配套齐全，现存的传统村落民居充满原乡生活的韵味。优越的生态环境和丰富的人文资源，为殷村旅游观光和休闲度假产业的发展奠定了良好的基础。

二、总体规划思路与目标定位

通过梳理殷村的特色资源和发展现状，绿维文旅确定了以职业教育成为核心，融科技创新、文化体验、休闲度假、智慧居住于一体的总体思路。构建成为产业特色鲜明、体制机制灵活、人文气息浓厚、生态环境优美的"宜学、宜业、宜游、宜居"特色小镇的总体思路。

殷村职教小镇于 2017 年 5 月入选江苏省首批省级特色小镇，并有青春文艺公社总部等项目成功签约落户。以此为起点，殷村职教特色小镇将目标定位为国家级职业教育改革试验区、中国"大国工匠"培养摇篮、国家 5A 级旅游景区、中国低碳生活示范新区、国家级职教特色小镇。规划效果详见图 4-13-27。

图 4-13-27　职教小镇鸟瞰效果图

三、产业发展思路

立足于常州的学术渊源和职教基础，殷村的江南田园景观和生态环境，殷村职教特色小镇确定了以职教产业为核心，协同发展文旅产业的"学＋游"的双特产业发展体系。

在壮大核心职教产业方面，积极探索合作办学、合作育人、合作发展的镇企一体办学新机制，教学内容紧跟先进技术前沿，采用物联网、云计算、无线技术、虚拟化技术等先进和主流技术，建成"随时随地随需"的终身教育网上平台。

在产业链延伸方面，以先进的职业教育产业为引擎，为培育人才提供创业空间，实现人才、资金和产业发展的就地孵化功能。依托职教院校中的教学设施资源，开展以学习体验、职业技能、艺术特长的学习体验为主的游学项目。同时，以5A级旅游景区标准，打造传统与现代交融的文化园区，实现职教产业集群化和融合化发展。详见图4-13-28。

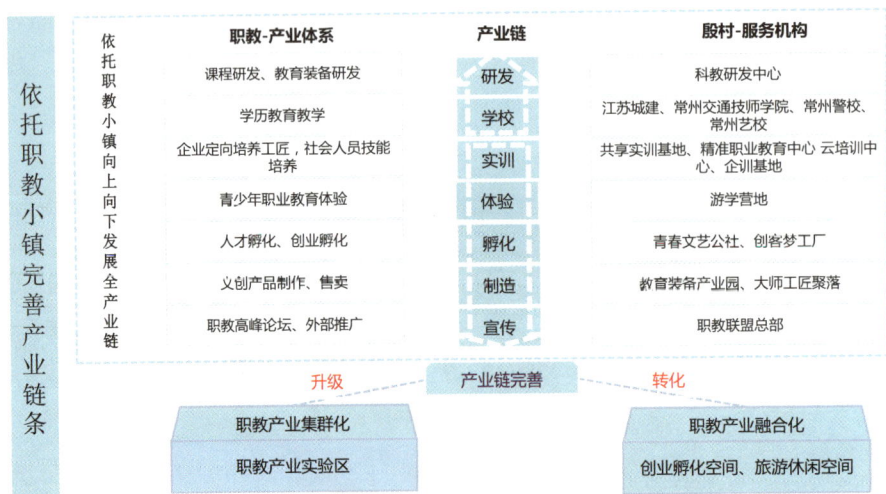

依托职教小镇向上向下发展全产业链	职教-产业体系	产业链	殷村-服务机构
	课程研发、教育装备研发	研发	科教研发中心
	学历教育教学	学校	江苏城建、常州交通技师学院、常州警校、常州艺校
	企业定向培养工匠，社会人员技能培养	实训	共享实训基地、精准职业教育中心、云培训中心、企训基地
	青少年职业教育体验	体验	游学营地
	人才孵化、创业孵化	孵化	青春文艺公社、创客梦工厂
	义创产品制作、售卖	制造	教育装备产业园、大师工匠聚落
	职教高峰论坛、外部推广	宣传	职教联盟总部

升级 ← 产业链完善 → 转化

职教产业集群化	职教产业融合化
职教产业实验区	创业孵化空间、旅游休闲空间

图4-13-28 职教小镇产业发展思路

四、空间规划结构

项目总体规模约3.7平方公里，根据整体产业"由南向北"的推进战略和小镇水系南北贯通的生态地貌特征，绿维文旅确定了"一带三区"

的功能空间规划结构，并在规划区外预留拓展用地。详见图 4-13-29。

"一带"是滨水生态共享带，"三区"是职业教育核心区、智慧创新创业区、美丽宜居生活区。通过新孟河纵向水系沟通南北开放空间，结合两岸功能节点打造共享开发的生态活力景观带，并串联起三个片区。

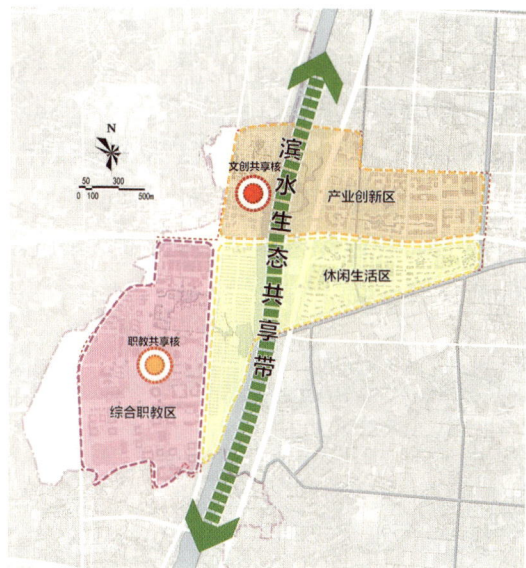

图 4-13-29　职教小镇的空间规划结构

（一）职业教育核心区——职教院校集聚区·文化体验观光区

立足现有四所高职院校，通过资源整合，提升职教园区办学能力，实现职教产业链延伸发展。配套新建国际双语学校，构建全年龄层教育体系。同时深入挖掘常州文化，充分利用当地所收集的民间传统院落建材，打造乡村文化体验观光的核心焦点。

重点项目：教育装备产业园、常青藤国际学校、常州印象文化园、常州艺术高等职业学校、常州交通技师学院、常州市人民警察培训学校、江苏城乡建设职业学院。

（二）智慧创新创业区——"职教＋"产业创新空间

突出"职业教育升级版"特色，打造以培训、创新、研发、孵化为主体，融合文创孵化、运动休闲、游学拓展、创新创业等多项服务功能为一体，以"职教+"主题体验为特色的创新空间。

　　重点项目：中华匠人园、湿地公园、游学营地、科创基地。

（三）美丽宜居生活区——智慧家园，乐活空间

　　依托江南水乡生态基底，植入商业、文化娱乐设施，搭建多样化的社区公共文化空间，打造集生活、娱乐、休闲于一体的国际智慧型新型社区，为职教小镇教职工、区域工作人员，及外来工作人员提供安全、舒适、便捷的居住环境，同时利用"互联网+"实现社区功能的智慧化、平台化，为游学、教育、置业等客群提供优质的社区服务，并规划了智慧家园、殷村家园两大重点项目作为支撑。

案例5：河北邯郸中华成语文化小镇——文化厚土育小镇，成语绽开资源花

　　本项目地处中原腹地，位于晋、冀、鲁、豫四省交界地带的河北省邯郸市，有着八千多年文明史和三千一百余年建城史，孕育出了以"赵文化"为核心的女娲文化、磁山文化、建安文化、石窟文化，以及广府太极文化、梦文化、磁州窑文化、成语典故文化和边区革命文化等十大文化脉系。

　　文化已成为邯郸的一张名片，但在现代文化产业发展背景下，这张邯郸文化名片还不够靓丽，将文化资源转化为产业生产力才是根本，近年来国家层面的文化复兴政策也为邯郸市文化产业发展提供了战略机会。

　　承接国家文化发展的政策利好和邯郸城市旅游格局向生态紫山转移的战略节点，中华成语文化小镇顺势而生。项目位于河北省邯郸市丛台区三陵乡，东邻青兰高速，南接309国道，25分钟可到达邯郸市区，属于邯郸市半小时交通圈。规划中的小镇入口，如图4-13-30所示。

图4-13-30　成语小镇入口效果图

一、项目资源基础

邯郸是战国时期赵国的都城，成语数量多且内容丰富，邯郸学步、围魏救赵、完璧归赵、负荆请罪等 1584 条成语均出自邯郸，与成语典故相关的戏曲、文学作品，还有成语内容涉及的战国时期的历史、风俗、人物等，都是邯郸历史文化的缩影，形成了项目独特的核心文化资源。

此外，项目地处燕山—太行山山地休闲度假旅游带和现代乡村休闲旅游片区的南部边界交汇处，西侧为紫山景区，北侧有佛山景区、朱山景区，东侧为赵王陵墓、黄粱梦吕仙祠，南侧有大乘玉佛寺，便利的交通联合周边诸多景区为项目的旅游业发展奠定了坚实的基础。

二、项目难点与解决思路

三陵乡虽景点众多，但缺乏具有综合产业效应的集散配套中心；水资源情况较差，有待治理；没有名山大川的资源基础，观光优势不明显；人文资源以建筑为主，类型单一，特色不足，年代偏近代，单独开发吸引力有限。因此，成语文化的产业化开发与利用、成语小镇的产业体系梳理就成为本项目重点要解决的两大问题，其中涉及的土地整理、农民安置、产业选择、功能布局与配套、文化整合、生活方式打造等多个方面都需要逐一突破。

其核心解决思路是以邯郸成语文化资源为特色基础，打造集文化创意、主题娱乐、体育健身、修养旅游、都市农业为一体的特色产业功能体系，形成以"成语＋"为特色的泛文化产业集群。

三、项目定位及体系搭建

（一）项目定位

中华成语文化小镇不是单纯的旅游项目，也不是一个简单的乡村风貌提升或地产开发项目，而是一个以用地范围内古村为底板，以农业资源、土地资源、人文资源为基础，以乡村聚落、生态环境为依托，以成语文化产业为主导，以文化旅游产业、体育产业、农业产业为推动力，以全产业发展为目标的特色小镇综合开发项目。

结合邯郸市规划发展方向和项目资源特色，成语小镇以邯郸成语文化为主线，集文化、休闲、体育、众创、办公、居住、旅游、商务功能为一体，服务邯郸市周末休闲、节日度假、亲子游乐等市场，并吸引全国乃至国际研学旅游、商务旅游市场。成语小镇将引领文化产业转型升级，代表邯郸成为中原地区中华传统文化传承与创新交流体验的关键驿站，将建设成为京津冀大型的文化创意产业集群。

本项目致力于打造为国家级特色小镇、5A级风景区、全国科普教育基地、中国研学旅游目的地、国家级产业示范基地、邯郸市旅游新名片。

（二）特色产业体系搭建——以"成语+"为核心的泛文化产业集群

结合本项目的整体定位和发展方向，绿维文旅将邯郸的文化进行意象归纳，筛选出了最具代表性的10大主题（文、武、战、酒、赵、农、乡、戏、景、美）和100个成语典故，梳理出了影响力大、开发价值明显的成语资源。

以此为基础，成语小镇从文化景观、影视艺术创作、教育资源开发、游戏开发、演艺活动、会展赛事、周边礼品、文化建筑8个方向出发，挖掘出了43种成语资源开发形式，形成了以成语文化产业为核心，聚集旅游、体育、农业、配套、教育、娱乐等相关产业的泛文化产业集群。详见图4-13-31。

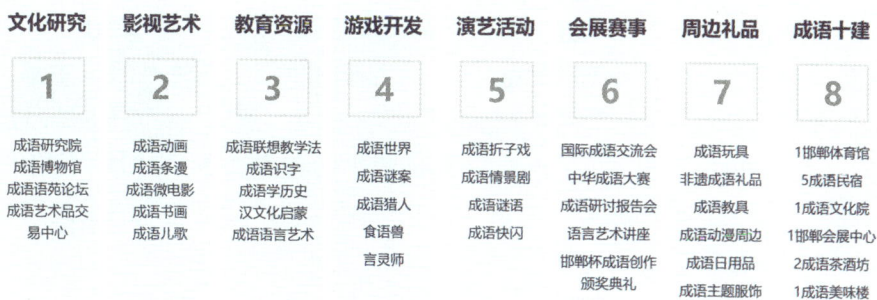

文化研究	影视艺术	教育资源	游戏开发	演艺活动	会展赛事	周边礼品	成语十建
1	**2**	**3**	**4**	**5**	**6**	**7**	**8**
成语研究院	成语动画	成语联想教学法	成语世界	成语折子戏	国际成语交流会	成语玩具	1邯郸体育馆
成语博物馆	成语条漫	成语识字	成语谜案	成语情景剧	中华成语大赛	非遗成语礼品	5成语民宿
成语苑论坛	成语微电影	成语学历史	成语猎人	成语谜语	成语研讨报告会	成语教具	1成语文化院
成语艺术品交易中心	成语书画	汉文化启蒙	食语兽	成语快闪	语言艺术讲座	成语动漫周边	1邯郸会展中心
	成语儿歌	成语语言艺术	言灵师		邯郸杯成语创作颁奖典礼	成语日用品	2成语茶酒坊
						成语主题服饰	1成语美味楼

图4-13-31 成语小镇的泛文化产业集群

（三）产品创新体系

1. 一个成语故事园，联动整个成语小镇

以 8 个开发方向 43 个开发点为基础，绿维文旅选择出 100 个最具代表性的成语，将它们串联打造为成语小镇的成语故事园。"邯郸学成语，就来故事园"，成语故事园将 100 个成语典故以景观、建筑、演艺、活动、赛事等多样化的形式展现出来，形成一条特色的成语故事游线，通过这 100 个表达成语的产品将整个小镇的各个分区联动起来。

2. 四大泛博物馆系统，构筑冀南研学教育基地

邯郸是全国研学教育示范城市，成语是最合适的题材。成语小镇以博物馆的理念整合空间和资源，以参与性的休闲娱乐、主题娱乐和丰富产品将成语文化推向大众，形成了开放空间与密闭空间紧密结合的四大"泛博物馆"系统：（1）成语系统——整理小镇内展现的成语典故，制作成语档案，发行《成语小镇典故集》；（2）植物系统——将小镇范围内所有植物都记录在册，与相关科学组织建立小镇植物档案；（3）村落系统——周窑、黄窑、高窑、姜窑、曹庄、北高峒等村的村史、村落文化展示；（4）农业系统——将农作物资源、农事文化、农业成语故事、农业谚语引申至农业、农民、农村的科普教育。通过建立成语小镇泛博物馆系统名录，采用线上引入流量、线下学校合作的模式科普文化，实现资源的深度利用和文化的广度传播。

3. 一个文创众筹平台，围绕旅游场景孵化原生 IP

充分利用成语资源、场地资源、产品资源搭建"旅游场景＋文创＋众筹"的多元化平台，打造众筹生态圈。在原生村落生产生活生态的三生基础上融入现代活力，催生"生产（创意农业）＋生活（景区居住）＋生态（旅游文创生态圈）"的"新三生"，使成语小镇在邯郸市"CRD"定位的基础上引领未来城市格局的发展，孵化内部产品、孵化创意的同时孵化为一个"样板 IP"。

4. 6 条主题游线，贯穿"成语＋"的总体思路

根据"成语＋"的总体思路，绿维文旅规划了 6 条成语小镇主题游线，分别是：成语文化游线、古村研学游线、夜景休闲游线、田园度假游线、创意农业游线和体育健身游线。每条主题游线都可以单独作为一日游线；也可以联合设计"成语文化＋古村研学/体育健身＋夜景休闲/田园度假＋创意农业"的2～3日游线；还可以综合安排作为长假游线。详见图4-13-32。

图4-13-32　成语小镇的六条主题游线

四、项目具体分区规划

通过梳理项目地资源脉络，绿维文旅遵照《城乡规划法》和《旅游规划通则》的规定及特色小镇建设的相关要求，实施了中华成语小镇的规划设计。

根据"以成语文化产业为主导，以文化旅游产业、体育产业、农业产业为助推力"的产业逻辑，确立了"一心三带四片区"的开发架构，总体思路是以成语文化产业带动四大片区的全产业发展，形成三大特色旅游带。"一心"为成语文化产业核心，"三带"为创意农业旅游带、颐养度假旅游带、古村研学旅游带；"四片区"分别为文体娱度假片区、农业休闲片区、古石龙旅游片区、综合服务片区。详见图4-13-33。

图4-13-33　"一心三带四片区"的开发结构

以此架构为基础，小镇以成语通文达艺、演古动今、胡服骑射、世外桃源、渐入佳境、神工匠意为主题分别划分出六个分区：成语文化产业区、数字娱乐影视区、体育健身产业区、都市田园农业区、综合配套服务区和古石龙修养风景区（详见图4-13-34）。每个片区的规划都遵循活化、主题化、时尚化、艺术化、夜间化、科技化、产业化、国际化的突破方向。

图4-13-34　成语小镇功能分区图

（一）"通文达艺"——成语文化产业区

成语文化产业区是小镇文化资源的集聚区，集会展、博物、研究、教育、文创、居住、休闲、服务等功能于一体，是整个小镇的文化核心。从纵向深度来看，成语文化产业区围绕成语的收藏、展览、拍卖、研究等设置博物馆（效果图详见图4-13-35）、研究院、图书馆、交易中心等核心产品，构建起贯穿整个成语文化的全体系产业链；从横向广度来看，成语文化产业区又开发出夏令营、培训中心、众创基地、剧场、综合交流场馆、主题酒店等衍生产品，辅助以银行、社区配套服务产品，将成语文化多方向延伸至教育、文创、娱乐、商务、会展、活动赛事等产业链。

图4-13-35 成语博物馆效果图

（二）"演古动今"——古村动漫娱乐区

古村动漫娱乐区是成语小镇的主要休闲娱乐区，也是打造"成语＋影视"产业链条的主要区域。本区域以邯郸成语发源的战国时代为背景，融合文学、影视作品的环境设定，运用AR、VR等技术打造出成语动漫游乐、成语微影拍摄、成语演艺、成语影视放映等独具风情的体验式娱乐片区。片区内设置有露天剧场、主题酒吧、主题餐厅等辅助产品，促进小镇休闲餐饮和夜间消费的产业发展。

（三）"胡服骑射"—— 体育健身产业区

体育健身产业区是利用邯郸成语"胡服骑射"为资源打造的"成语＋体育"产业区域。本区域设置有体育馆、康复基地、运动园、越野赛车场、骑行绿道等产品，打造邯郸全民健身的新地标和体育产业集聚区。

（四）"世外桃源"—— 都市田园农业区

都市田园农业区在现有的桃园、油用牡丹、黄粱米、粮食等种植基础上，引用成语"世外桃源"作为路线主题，游客可以获取观光、休闲、科普、手工制作、购物、绿色食品等多元化体验。都市田园农业区是将现有农业资源与成语文化中的农耕文化深度融合，集农业科研、农业教学、农产品种植、观光体验、康复疗养、休闲度假于一体的田园综合体。

（五）"神工匠意"—— 古石龙修养风景区

古石龙景区天然地质景观的鬼斧神工可以用"神工匠意"来描述，其现有资源和特色文化可与成语小镇的核心文化形成互补。规划上，在对现状产品和散乱功能进行整合的基础上，通过景区的整体提升，打造集生态、禅修、演艺、桑园体验功能为一体的"成语龙文化"风景旅游区。

（六）"渐入佳境"—— 综合配套服务区

将小镇规划区域内的周窑、高窑、黄窑、姜窑、曹庄、北高峒等村落重新改造，完善医疗、教育等相关基础设施，打造集生活、服务、教育、医疗、商业为一体的宜居家园。

案例6：湖北武汉木兰康谷桃源康养小镇——追梦巾帼木兰，乐享康养桃源

　　木兰康谷位于武汉市黄陂区长轩岭街十棵松村周边，黄土公路与十石路交汇处，是通往黄陂北部六景（木兰天池 5A、锦里沟 4A、清凉寨 4A、木兰古门 3A、木兰姚家山、木兰花乡）的必经之地，处于木兰景群围合区。交通区位上，项目地 20 分钟可抵达市中心，处于 1 小时武汉城市圈内，3 小时能抵达相邻省会，并坐拥通往世界四大洲的天河国际机场。资源条件上，项目地毗邻武汉市最大的梅店水库和素山寺国家森林公园，青山绿水环抱、水源充足、地势开阔、环境优美。便捷的交通和良好的环境资源，为项目地的旅游开发奠定了坚实的基础。

　　近年来，国家政策大力促进大健康产业发展，武汉成功申报自贸区为健康产业发展提供了契机。作为武汉旅游热点的黄陂区域木兰景群，仍以观光为主，缺乏文化性和休闲性，并且武汉乃至中部地区康养产业还处于空白状态。因此，如何借助木兰景群良好的资源优势，率先举起康养产业的大旗，打造旅游引导的新型城镇化典范，是本项目开发的缘由和根本出发点。

一、项目难点解读

　　木兰景群为高密度、高品质景区群集聚，但以山水观光为主，缺少文化内涵，人均消费偏低，如何打造精品休闲度假类产品，破除游客停留时间短的困境？如何借势知名景区进行差异化发展规划？如何完善黄陂区域旅游配套设施、增强服务功能，以满足愈渐旺盛的市场需求？这些都是本项目需要解决的问题。

图 4-13-36　木兰康谷旅游区鸟瞰图

二、项目开发方向及核心思路

依托木兰康谷的资源条件和区位优势，借助康养旅游的政策扶持和良好的发展态势，项目地以木兰景群的品牌扬名，将"木兰康谷健康云"作为自身发展特色，引进国际、国内康养机构，以"中医静养＋西医动养"相结合的形式，云集现代医学康养、运动康养、中医康养、膳食康养、文化康养等产品，同时以木兰文化为轴线，整体打造以"木兰文化"为魂、满足全年龄段健康养生需求的国际化综合康养旅游目的地。

（一）木兰品牌与非遗民俗相结合，构建特色主题文化

《武汉市旅游业发展十三五规划》提出打造"传奇木兰"旅游集聚区，同时黄陂区将打造和推广"中国木兰故里，四季休闲黄陂"品牌。由此可见，木兰品牌是项目地最重要的文化资源。此外，黄陂区还有丰富的非遗文化，以美食技艺、民间艺术、民间舞蹈最为突出。独特的木兰文化结合多彩的非遗民俗，构成了木兰康谷项目的核心文化轴线，贯穿整个项目规划。详见表 4-13-2。

表 4-13-2　黄陂区部分非遗项目

类型	非遗项目
民间（口头）文学	黄陂歌谣、黄陂童谣、木兰传说
体育运动	木兰武术
民间美术	黄陂剪纸、木版年画
民间音乐	牌子锣鼓
民间舞蹈	蚌蚌精、虾子灯、划龙舟、打莲响、跑竹马、五虾闹鲇、鳌鱼灯
曲艺	黄陂快板、黄陂花鼓戏
民间手工技艺	曹正兴菜刀、水煮猪鬃、八卦行炉
美食技艺	黄陂豆腐、八宝饭、五香干子、虾子鲊、狮子头、盐水鸭、黄陂"三鲜"、重糖烘糕
生产商贸习俗	冷热集市
民间信仰	放河灯

（二）以"四态合一"理念为基础，提出三大规划策略

为了挖掘项目地独特的文化底蕴，融合特色自然资源，打造新型城镇化示范区，绿维文旅确立了文态、生态、形态、业态"四态合一"的规划理念，并以此为依据提出了产业、生态、智慧三大规划策略。

在产业发展策略上，以健康产业为特色，以"养心、养神、养性、养神、养生"五维康养为核心，纵向上形成"研—产—销"一体化的产业链，横向上融合有机农业、加工业、体育业、旅游业、金融业等多种产业，突出中医养生、文化养性、诗画怡情三大特色，整体上形成一、二、三产业联动发展的结构（详见图 4-13-37）。在生态策略上，以"生态基础设施（Ecological Infrastructure, EI）、海绵城市"为理论基础，通过水系统、生态农业、生物多样性、生态建筑等的全面规划，构建大生态系统。在智慧策略上，以信息技术为基础，建立云端数据平台，并面向游客形成方便的信息技术应用，提供木兰康谷导航、导游、导览服务。

一产——基础	二产——媒介	三产——培育	
有机食品种植	绿色饮品加工	医疗保健业	健康检测评估、中医理疗、医护治疗、导医/护理服务
药用植物种植	有机食品加工	体育业	竞技赛事、场馆运营、场地租赁
	手工艺品加工	旅游业	以有机农场、农业观光、主题乐园
特色养殖业	伴手礼加工	零售业	食品零售、旅游商品零售、保健品零售、体育用品零售
	保健品研发	教育业	咨询顾问、培训学校、私人训练
花草苗木种植	绿色美容用品加工	住宿业	主题民宿、精品酒店
	创意包装	餐饮业	主题餐厅、农家乐
	药膳加工	营销业	农产品营销、体育赛事营销、广告媒体
	主题手工坊	金融业	养老保险、立体农业金融
	建筑服务业		

图 4-13-37　木兰康谷产业融合发展结构

（三）创建垄断性 IP——木兰康谷健康云，实现差异化发展

为了解决黄陂区旅游产品同质化现象严重，缺乏创新精品的问题，绿维文旅创建垄断性 IP——木兰康谷健康云，集合现代医学康养、运动康养、中医康养、西医理疗、膳食康养、文化康养等综合康养方式，以"云"概念在局域和广域内联动商务、休闲、生态、农业板块（详见图4-13-38）。局域内结合国家康养基地建设标准，整合自然资源及木兰文化，构建丰富的康养体验产品，营造大健康基地，借助旅游产品形成独有的康养 IP；广域内利用互联网智慧系统，构建健康云平台，覆盖社交、智慧旅游、远程医疗等项目。通过构建全龄段健康养生体系，打造黄陂大健康旅游目的地核心景区，建设武汉市首个康养特色小镇。

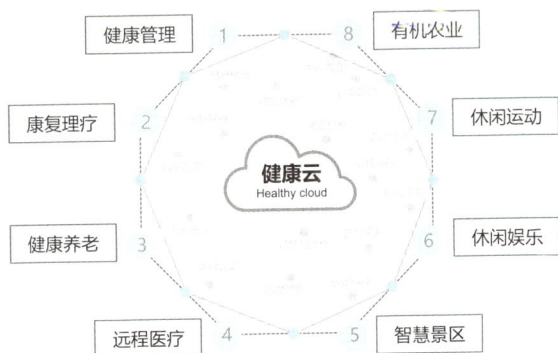

健康管理　1　8　有机农业
康复理疗　2　健康云 Healthy cloud　7　休闲运动
健康养老　3　6　休闲娱乐
远程医疗　4　5　智慧景区

图 4-13-38　木兰康谷健康云平台

三、项目具体开发策略

通过梳理项目地水绿生态脉络，在遵循康养基地建设标准的前提下，绿维文旅确立了"一廊四片区"的规划结构，一廊指木兰康道，四片区分别为木兰传奇小镇、国际康养世界、休闲运动王国、有机沁心田园。详见图4-13-39。

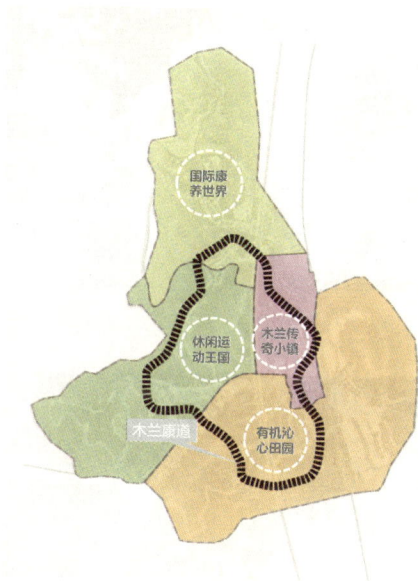

图4-13-39　木兰康谷规划组织结构图

（一）旅游＋木兰文化，打造木兰传奇旅游小镇

木兰传奇小镇是集聚人气的旅游服务核心，由景区、消费产业集聚区、新型城镇化示范区、旅游吸引集聚核、休闲地产构成，可提供文化游乐、文化体验、旅游配套等休闲服务功能，形成一园、两心、三街的核心产品，并建立了文化、医疗、教育、商业、交通、休闲六大配套系统。鸟瞰效果图见图4-13-40。

"一园"为巾帼英雄乐园，通过英雄园、传奇演艺、激情游乐场、主题秀等项目，打造东方环境戏剧乐园，再现巾帼英雄的忠孝节义，充分体验艺术性、娱乐性、共鸣性、情境化、体验化与生活化。主题水秀舞台效果详见图4-13-41。

图 4-13-40　木兰传奇小镇鸟瞰图

图 4-13-41　巾帼英雄乐园水秀舞台效果图

"两心"是女性康养社区和代际养老中心。女性康养社区是女性专享的定制版公寓社区，商业配套以服饰、美容、健身等为女性服务的业态为主，集办公、居住、社交于一体。代际养老中心旨在以生态、生活、生产融合为目标，形成"生态＋社区"的大健康发展模式，建设老年商业、老年公寓、代际亲情公寓等产品，配备智能化无障碍养老设施，为老年群体提供养生度假的绝佳场所。

"三街"为木兰风情街、滨河不夜街、养生休闲街。木兰风情街是传奇小镇的门户，以民俗客栈、风情餐厅、主题购物为主导，以特色景点＋主力店铺＋辅助店铺的形式出现。滨河不夜街围绕巾帼英雄乐园外的滨水区域，以风情酒吧、演艺茶座为主导，打造商业休闲中心。养生休闲街业态以养生馆、养生药品购物为主，打造一条充满东方艺术、养生神韵的休闲街区。详见图 4-13-42。

图 4-13-42　滨河不夜街效果图

（二）旅游＋康养产业，构建一流国际康养世界

国际康养世界是集室内运动康复、理疗、健康管理、度假于一体的专业康复与康疗度假旅游综合体。依托长江中游城市群广阔的康养市场，打造以运动康复疗养为核心的"健检＋度假＋康复"医疗旅游目的地。以康复为核心竞争力，打造康复疗养平台。项目包括木兰康谷国际会议酒店、森林康养基地、富氧露营基地、多功能运动场、智慧养老别墅、企业会所等。此外，精心打造桃源河景区"一河两岸"景观带，形成水墨林溪、曲水绿洲、喜鹊水湾、阡陌水岸、水埠揽趣、流水菡芳六大景观节点，并配套桃源河漂流、木兰水战、水车乐园、欢乐河滩、水世界等核心项目。核心景观带详见图 4-13-43。

图 4-13-43　桃源河景区"一河两岸"景观带

（三）旅游 + 休闲体育，丰富旅游景区运动体验

木兰康道是运动康养的主要载体，以"一线串珠"的形式串联四大片区，交通方式有徒步、骑行、电瓶车、水道、山地滑道等。线路总长度约 6 公里，分为四段：东闲、南园、西趣、北逸。东闲是小镇休闲运动主会场，也是木兰品牌赛事活动段，设有传奇驿站、巾帼驿站两个节点；南园是指田园慢行道，沿线有田园露营公园及多彩乡村自驾风景道，设有田园驿站、花海驿站两个节点；西趣指秘野绿道，主要为林谷游乐及户外运动，设有山地驿站、丛林驿站两个节点；北逸指康谷逸道，是四季慢行公园，也是生态康养休闲慢体验风景段，设有富氧驿站、康谷驿站两个节点。详见图 4-13-44。

休闲运动王国依托山地、森林、溪流、湖泊等自然生态和丰富多变的地形

图 4-13-44　木兰康道四大路段

地貌，形成难易结合、不同体验等级的运动区域。以"国际品质 + 全众体验"为导向，涵盖极限挑战、拓展训练、大众运动等不同层级的山地运动项目，既能面向国际级赛事和专业级极限运动者，又能满足大众运

动娱乐需求。休闲运动王国主要由集儿童运动、职业教育、娱乐等一站式体验的亲子运动基地——儿童奥运村，和包含自行车大本营、山地高尔夫／门球场、山地运动酒店、稻田康养别苑（详见图 4-13-45）、半山别苑的 Fun Sports 悦动谷组成。

图 4-13-45　稻田康养别苑效果图

（四）旅游＋现代农业，促进农业发展转型升级

有机沁心田园是结合现状优质农田村落，打造线上线下结合的有机沁心田园聚落，由有机农业种植区、中草药种植区、花田乡居观光区三大片区组成。创建百草乡居、沁心花海、花田乡居、中草药科普园等观光基地，同时发展特色康养、主题休闲项目，促进农业与旅游业的融合发展。引入当下最流行的 O2O 销售模式，打造农场＋电子商务，实现有机食品的互联网销售，作为农业发展转型示范区域。花田乡居观光区中民宿效果图详见 4-13-46。

图 4-13-46　乡村民宿改造效果图

案例7：国家农业公园，乡土文学小镇——新疆沙湾县大泉乡

　　大泉乡位于新疆塔城地区沙湾县境中部，地处金沟河冲积扇缘地带。从经济区位看，大泉乡位于丝绸之路经济带的重要节点、大天山北坡经济带的核心地段、乌鲁木齐都市圈辐射区域，经济区位优势明显。从交通区位看，沙湾县域内机场（规划新建乌兰乌苏支线机场）、高速公路、高铁等综合交通汇聚，沙湾实现了从交通通道到交通枢纽的蜕变。从资源条件看，大泉乡旅游资源类型多样，涵盖了自然、人文两大类以及农业、文学、美食、民族和生态等类型，其中又以现代农业、乡土文化及特色美食的价值最为突出。项目区位交通优越，资源价值突出，为特色小镇的建设奠定了良好的基础。本项目规划范围包括大泉集镇、三道沟村、城郊西村三大区域，规划面积475.58公顷（详见图4-13-47）。

图 4-13-47　大泉乡的规划范围

在政策与市场环境的合力推动下，大泉乡的特色小镇建设面临前所未有的机遇。特色小镇已上升到国家发展战略高度，"一带一路"构想也带动沿线旅游发展，沙湾县融入乌鲁木齐都市圈全面发展，必然能够推动县域以及城郊大泉乡的全面发展。同时，大众休闲旅游时代带来巨大市场需求，使得大泉乡可以积极对接乌鲁木齐城市休闲需求及以新疆为目的地的度假市场需求。

一、项目难点解读

虽然大泉乡面临着前所未有的机遇，但是建设特色小镇的挑战也不容忽视。在项目规划中，如何调整大泉乡单一的农业产业结构？如何提升当地旅游业发展水平？如何改善大泉乡杂乱的环境风貌？如何解决规划建设资金不足的难题？这些都是本项目面临的难点问题。

二、项目总体定位及重点村开发方向

通过对项目地自然资源和文化资源的梳理，绿维文旅确立了国家农业公园和乡土文学小镇两个主题定位，旨在打造丝路经济带上以现代农业发展与乡土文学体验为核心特征的农旅文养一体化特色乡镇。国家农业公园是立足大泉的现代农业基础与村庄田园资源，将农业产业化、特色乡村生活、农耕文化体验、乡土文学体验充分结合，将整个乡打造为新疆首个融合生产、生活、生态及休闲于一体的国家农业公园。乡土文学小镇是基于大泉乡农业发展背景，在国家农业公园的基础上，以《一个人的村庄》为底蕴充分放大大泉乡的乡土文学特色，打造丝绸之路经济带上以乡土文学综合体验为核心的特色小镇。

（一）大泉村——国家农业公园，产业综合配套村

大泉村是大泉乡政府驻地，作为沙湾县农业产业化重点项目的马兰鑫科农业产业园也坐落于此。大泉村的规划应该充分发挥马兰鑫科的农业产业优势，以农业产业综合配套为核心功能，打造集农业产业配套、乡政府行政服务的农业综合配套区，为大泉乡现代农业发展提供产业配

套服务。结合大泉乡特色乡镇的规划要求，综合考虑产业发展现状和乡政府行政职能，重点构建"农业配套产业＋休闲康养产业＋农业加工产业＋农业休闲产业＋畜牧养殖产业"五大产业体系。详见图4-13-48。

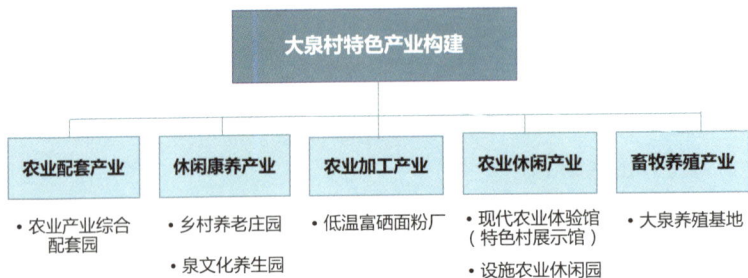

大泉村特色产业构建

农业配套产业	休闲康养产业	农业加工产业	农业休闲产业	畜牧养殖产业
• 农业产业综合配套园	• 乡村养老庄园 • 泉文化养生园	• 低温富硒面粉厂	• 现代农业体验馆（特色村展示馆） • 设施农业休闲园	• 大泉养殖基地

图 4-13-48　大泉乡特色产业

（二）三道沟村——国家农业公园，乡土文学体验村

三道沟村位于沙湾县城西南3公里处，是农业部国家人才培训基地和"一个人的村庄"项目所在地。依托乡土文学、农业培训优势，打造成为大泉乡国家农业公园的乡土文学体验村，积极发展沙湾县文学艺术创作基地、休闲农业培训基地、乡土田园体验基地。结合大泉乡特色乡镇的规划要求，综合考虑三道沟村发展现状，重点构建"乡土文化产业＋特色住宿产业＋休闲农业产业＋农业培训产业＋农业种养殖业"五大产业体系，同时对三道沟村进行乡村风貌改造，配套村民生活休闲设施。详见图4-13-49。

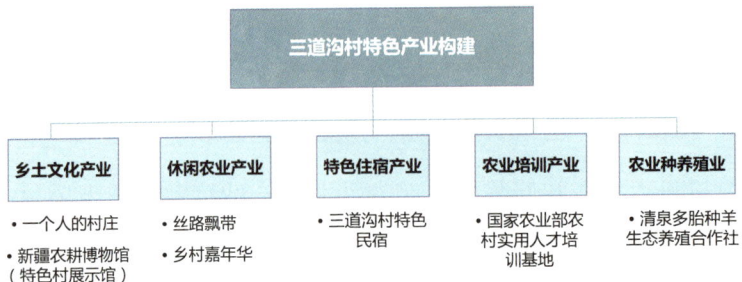

三道沟村特色产业构建

乡土文化产业	休闲农业产业	特色住宿产业	农业培训产业	农业种养殖业
• 一个人的村庄 • 新疆农耕博物馆（特色村展示馆）	• 丝路飘带 • 乡村嘉年华	• 三道沟村特色民宿	• 国家农业部农村实用人才培训基地	• 清泉多胎种羊生态养殖合作社

图 4-13-49　大泉乡三道沟村特色产业

（三）城郊西村——国家农业公园，西域美食体验村

城郊西村位于县城北部，是距离县城最近的城郊村，以种植鲜食西红柿为主，素有"西红柿村"的美誉。依托城郊西村农家乐基础和西红柿、大盘鸡美食，充分发挥城郊村优势，打造国家农业公园美食体验村和沙湾县城市客厅，发展高端特色主题餐饮、手工体验、餐饮培训等业态。结合大泉乡特色乡镇的规划要求，综合考虑城郊西村发展现状，重点构建"美食产业＋休闲商业＋休闲采摘"的产业体系，同时对城郊西村进行乡村风貌改造，配套村民生活休闲设施。详见图 4-13-50。

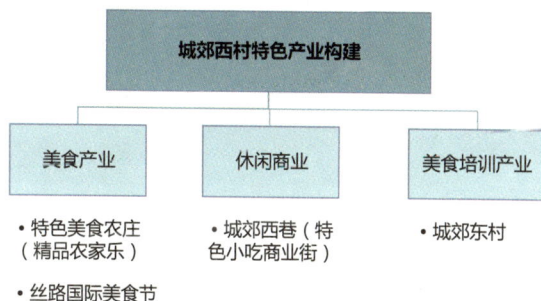

图 4-13-50　大泉乡城郊西村特色产业

三、项目具体开发策略

（一）借助核心区优势，构建大泉乡休闲发展核

大泉村、三道沟村和城郊西村，是大泉乡特色乡镇发展的核心区。依托大泉乡政治、经济、文化中心以及邻近县城的区位交通优势，将大泉村、三道沟村以及城郊西村纳入乡镇休闲发展核心区，以现代农业为基础，以乡镇发展为目标，形成大泉乡休闲发展核，主要发展农业配套产业、乡土文学产业和精品美食产业。

大泉乡农业观光园、丝路飘带、国家农业部农村实用人才培训基地、乡村养老庄园等项目构成农业配套产品；"一个人的村庄"文化旅游项目和三道沟特色民宿融入乡土文学元素，作为乡土文学产业配套；特色

美食农庄（精品农家乐）、城郊西巷（特色小吃商业街）是精品美食产业项目。此外，大泉休闲发展核产品体系中还包含大泉乡特色展示馆集群和泉文化养生园，旨在展示旅游形象与特色村貌，借助自然资源发展休闲养生项目，完善大泉特色村旅游服务功能。部分效果图见图4-13-51、图4-13-52。

图 4-13-51　特色农家乐效果图

图 4-13-52　特色农产品展销效果图

（二）以农牧渔旅为支撑，构建特色产业体系

项目将生态牧场、休闲渔场、现代农场与旅游休闲相结合，打造牧场生态游憩区、环湖郊野休闲区、现代农业发展区和滨河生态休闲区，构建以乡村旅游业为重点的一、二、三产业深度融合型产业结构。

牧场生态游憩区依托叶家湖村以及五道河子村良好的草场生态环境，

以游牧文化体验为核心，以生态休闲为理念，结合区域内草场、马场、葡萄、蟠桃等种植，重点打造游牧特色文化的体验区。

环湖郊野休闲区以水库渔业为核心，打造以滨湖休闲、渔业休闲为核心功能的滨湖休闲区，利用滨水优势，积极发展自驾车露营地，主要发展休闲渔业、休闲度假产业。

现代农业发展区依托现状的优势农业资源及已初具规模的马兰鑫科农业产业化科技园，打造以乡村休闲为核心、教育培训为辅助的现代农业发展区，主要发展现代农业产业、农业配套产业、农业电商产业、康养产业等。依托沙湾县生态养殖发展态势，在现有资源基础上，改造提升现有的产业结构，在中泉村现有养殖业的基础上打造成大泉乡生态养殖基地。

滨河生态休闲区依托小黄玉西瓜的核心吸引力，扩大西瓜产业，培育多品类，在河西村打造西瓜梦工坊，兼顾旅游休闲功能。采用生态手段改善金沟河水质，提升沿河景观，打造金沟河水上拓展训练基地，增加金沟河的游憩功能。

（三）依托环城路网，打造生态休闲廊道

依托大泉乡环城路网结构，串联多个特色村落，以生态步道打造、景观环境营造、运动设施布局及休闲空间设计为主要建设内容，形成集生态、运动、健康、休闲等多功能于一体的大泉乡特色步道体系。依照不同功能可打造乡土文化步道、亲子步道、自然科普教育步道、田园漫步道、林野步道等多种类型。配套设置标识系统、休息站、步道监控设施、临时避难所等公共设施。

四、风貌设计

（一）风貌评价

通过对项目地的实地考察，绿维文旅总结了大泉乡建筑风貌和景观风貌现状，并提出了建筑和景观改造的指导原则。总体上，大泉乡街区

空间格局单一，整体环境杂乱，建筑特点不突出，历史文脉没有得以体现。改造过程中，建筑上，杜绝大兴大建，摒弃新农村式的瓷砖外墙，保留生土建筑，外部以仿生土砂浆抹面，或铺设仿瓦彩钢板，体现村镇质朴、生态的风貌特色。景观上，重点修整脏、乱、差环境，杜绝城市化模式中的大广场、大公园等"形象工程"，利用当地特有的鹅卵石整治排水明沟，打开院落围墙，使村庄空间层次更加丰富。

（二）风貌设计原则

根据风貌评价和当地民居研究，绿维文旅确立了风貌设计的历史地域性原则、创新性原则、独特性原则，以便更好地突出大泉乡的风貌特色。

1. 历史地域性原则

重视历史文脉和本土特征，不仅是恢复原有风貌的样子，更是寻找历史感，寻找怀旧感，看到历史风貌再现时的场景。只有尊重当地的自然环境和地理气候，把握本地特色和本地发展的需求，才能创造本土的地理文化特征，回归原汁原味的本土本地特色，打造独特和纯粹的村镇特色风貌。

2. 创新性原则

在延续传统建筑形式和构件运用的同时，根据时代审美观念的拓宽和变化，营造宜居的生活环境，更加满足现代人的生活方式，更舒适、更干净、更卫生。

3. 独特性原则

在找到总体风貌定位的同时，让每个乡村都提炼出它自身的个性，体现不同的品质。大泉乡以农耕文化为主题，以农业、农耕作为大泉乡的"品"；三道沟村以"一个人的村庄"作为辐射，以文艺、文学创作为主题，用文学作为三道沟村的"品"；城郊西村以新疆特色精品农家乐和特色小吃为主打，用特色美食作为城郊西村的"品"。

（三）风貌控制目标

大泉乡风貌控制的总目标是将特色乡镇和特色村以国家 3A 级旅游景

区标准进行打造，以建设生态宜居环境为基础，结合本地文化，因地制宜地确立乡镇风貌发展方向，将大泉乡风貌建设成为具有本地文化内涵，融合民族特色和现代生活方式，具有个性品味的乡镇特色风貌。

色彩上，从传统的民居色彩入手，再延展至对景观、民族色、新建筑色彩的提取，来确定大泉的色彩特征。通过对民居建筑的提炼，确定白色、土黄、砖红色作为主色调，青、红、蓝、绿作为配色。不同的特色村针对自身主题，在保证主色系的原则上可做出适当调整。详见图4-13-53。

图 4-13-53　大泉乡色彩控制图

尺度与体量上，以保证宜居和舒适性为前提，保持乡村风貌为原则。改造的民居建筑密度控制在 25% 以内，容积率控制在 0.3 以内，建筑高度不超过 2 层，作为整体风貌改造的控制目标。

天际线上，民居要求大部分以一层为主，局部两层。通过景观塔、大门、商业配套等不同的高度差，形成延展、有变化的天际线。

（四）重点村风貌设计

1. 大泉集镇风貌设计

通过对大泉集镇现状格局、建筑高度和集镇空间分析，确立"两轴、两心、三片区"的风貌空间结构。两轴是以叶河路为基础拓延形成旅游发展服务轴和以大泉路为基础形成综合服务轴；两心是以现状政务中心、学校、商业形成的综合服务中心和以服务马兰鑫科生产发展的生产服务中心；北部生活片区、中部综合旅游服务片区、南部生产片区构成空间结构的三片区。详见图4-13-54。

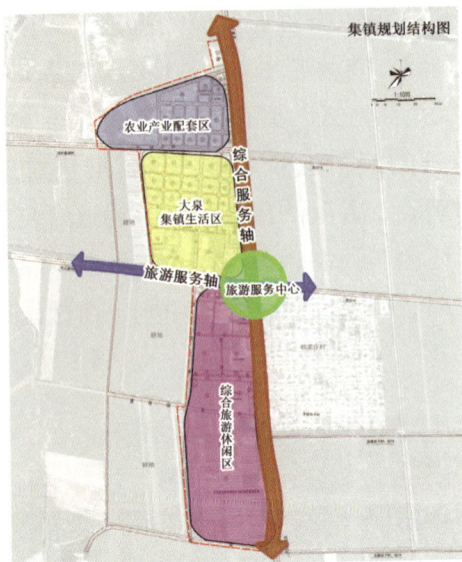

图 4-13-54　大泉集镇风貌结构

　　大泉集镇的总体定位为大泉之心、农旅小镇，以综合服务为主要功能。通过对当地民居的研究和对当地文化的挖掘，用主题化打造的手法，将整个街区以农耕文化为主题进行打造。建筑色彩以咖啡色为基本色，白、青、红、蓝、绿为配色，色彩定位质朴、沉稳。详见图 4-13-55、图 4-13-56。

图 4-13-55　硒泉养生馆改造效果图

图 4-13-56　街道景观改造效果图

2. 三道沟村风貌设计

对三道沟村风貌结构的改造按照"一心、一轴、三区"的布局模式开展。一心为三道沟村综合服务中心；一轴为村庄综合服务轴；三区分别为特色民俗文化休闲片区、文学艺术体验片区和生态创意农业休闲体验区。详见图 4-13-57、图 4-13-58。

图 4-13-57　三道沟村风貌结构

图 4-13-58　三道沟村鸟瞰图

三道沟村总体定位为乡土文学小镇。产业定位为民宿接待，作为一个人的村庄文化旅游项目的配套和补充。通过对当地民居的研究和对当地文化的挖掘，配合乡土文学小镇的定位，整个街区以文学主题进行打造，将文学元素运用到景观风貌设计中去。建筑色彩以土黄色为基本色，白、青、红、蓝、绿为配色，色彩定位为乡愁、浪漫、小资情调。详见图 4-13-59、图 4-13-60。

图 4-13-59　文创小店改造效果图

图4-13-60　街区改造效果图

3. 城郊西村风貌设计

城郊西村按照"一心三板块"设计，一心是城郊西村服务中心，三板块为生活居住板块、精品美食板块和休闲商业板块。详见图4-13-61。

西红柿是城郊西村最主要的农作物，一年有10万吨产量，享有西红柿村的盛名。城郊西村的形象定位为"精品农家乐、沙湾小客厅"，产业定位为"特色美食、休闲商业"。街区风貌改造提取了美食元素和西红柿色彩、形象。建筑色彩以明黄色为基本色，红、白、蓝、绿为配色，色彩定位为热情活力、绚丽斑斓。详见图4-13-62、图4-13-63。

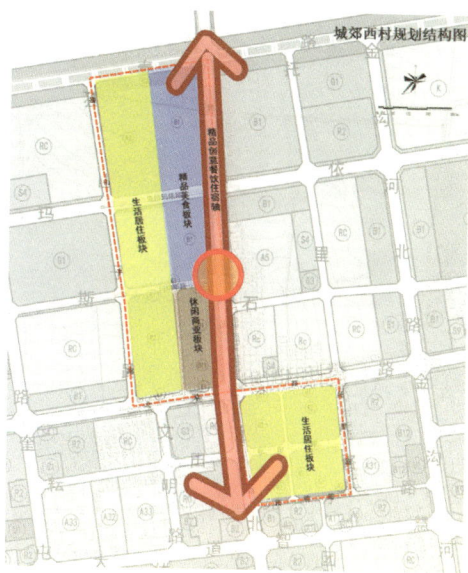

图4-13-61　城郊西村规划结构图

图 4-13-62　哈萨克族风格特色小吃店改造效果图

图 4-13-63　街区改造效果图

案例8：安徽省梦舒城文化特色小镇——挖掘文化脉络，构筑舒城记忆

    本项目位于享有"皖中花园"之美誉的安徽省六安市舒城县，面积约为101.79公顷，紧邻舒城自然景点飞霞公园、文化景点启德文化院和龙头塔，拥有良好的文化氛围和旅游环境。同时该项目还位于舒城旧城改造区域，目前居民点已被拆迁，仅保留规划区西南角的新村居民点。甲方希望依托舒城县良好的旅游发展态势，借助旧城改造的机遇，以特色小镇的形式，为六安树立一张新的旅游名片。其规划效果详见图4-13-64。

图4-13-64　鸟瞰效果图

一、项目难点

    安徽境内知名古镇众多，徽派建筑风格相似度高，如何从众多的特色小镇中实现突围？如何将文化元素渗透到旅游业态中，实现旅游消费

与文化体验的完美融合？如何借力旧城改造，带动当地区域经济的发展？这都是本项目面临的棘手问题。

二、核心思路

通过对资源、市场及经典案例的分析，绿维文旅认为，本项目有两大核心亮点，需要突出并放大，从而构筑起整个项目的核心特色。第一，人文资源：舒城是一个文化深厚、人才荟萃之地，拥有周瑜、李公麟、文翁等众多具有较高历史地位的名人资源，通过这一资源的深入挖掘，将塑造独一无二的城市文化品牌形象，并带动文化产业的发展，使城市变得更为鲜活与灵动；第二，水资源：规划区内南溪河东西向流过，长度约 1.7 公里，可充分依靠水系资源，营造别具韵味的水镇风情，与徽派建筑交相呼应。

基于此，绿维文旅认为本项目应以舒城文化为根基再现龙舒风华，以水韵徽派景观为特色重塑水镇风情，通过构建古城游赏、文化展示、民宿娱乐、互动体验、风情度假五大功能，打造"梦舒城文化特色小镇"，使其成为皖中地区首屈一指的文旅产业新地标。详见图 4-13-65。

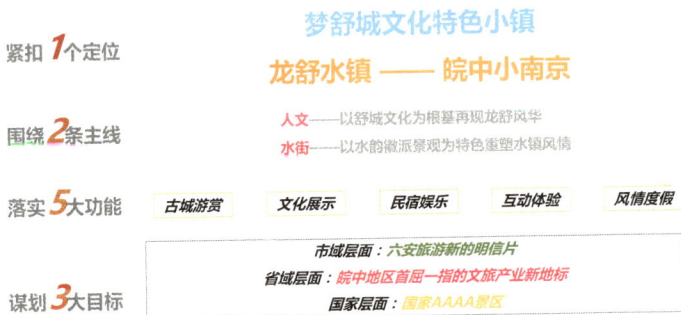

图 4-13-65　核心打造思路

三、开发策略

（一）深挖名人资源，塑造舒城名片

以"宋画第一人"李公麟、中国公学始祖中国第一位公校校长文翁、"世间豪杰英雄士、江左风流美丈夫"周瑜、明代清廉尚书秦民悦和近代抗

战英雄为代表，通过对其重要思想、生平事迹、传说故事等内容的深入挖掘，运用文化创意、现代科技等手法，打造集文化展览、文化休闲体验、教育交流、文化创意等一体的主题文化体验项目，塑造本项目的核心吸引力。

书画文化体验综合体——龙眠书画院、传统文化研修平台——文翁国学馆、三国文化体验地——周郎祠、廉政思想教育基地——民悦堂、红色文化传承地——将领馆，这五大项目，通过书画文化、教育文化、三国文化、廉政文化、红色文化五种文化体系的构筑，再现了当地的文化脉络，塑造了舒城的核心文化形象名片。

（二）完善业态结构，构筑舒城记忆

新"古镇"的营造，既要让游客找寻到历史记忆的踪影，又能因为多元业态的植入，形成新的符号系统，感受到现代的生活方式。因此，在本项目中，绿维文旅以舒城文化为依托，利用味觉、视觉、听觉、嗅觉等多元感观体验，从"食住行游购娱"六大业态体系出发，完善舒城的业态结构，打造具有舒城记忆的生活方式。

挖掘旧城回忆，构建舒城新生活。首先，通过挖掘能够代表历史上的舒城的生活场景，通过复原、场景再现、现代演绎等手法，植入现代化的多元业态，建设当铺、邮局、照相馆、药行、花鸟街、古玩街、博物馆等，勾起舒城生活片段的回忆，带动相关商业业态的复苏，让舒城旅游更加真实饱满。其次，配置生活配套服务设施，如电影院、美容美发、休闲 SPA、KTV、健身瘦身、商务会所等满足当地居民及游客的基本生活需求。详见图 4-13-66。

重构舒城美食业态，用舌尖感受舒城味道。首先，传承地方老字号，对建筑外观和餐饮风貌进行重新梳理，对旧有的工艺流程进行设计升级，对菜品进行重新定位和包装。结合现代互联网营销策略，把六安市乃至安徽的知名老字号餐饮重新推入大众视野，给予老字号新的生命力。其次，布局休闲简餐，舒茶人民公社、咖啡馆、快餐、茶室、清真餐厅等休闲餐饮等。另外，引入异域风味小吃，融合他乡风味美食，补充当地的美食体系，使游客在舒城不仅能品尝到地道的地方小吃，也能足不出户领

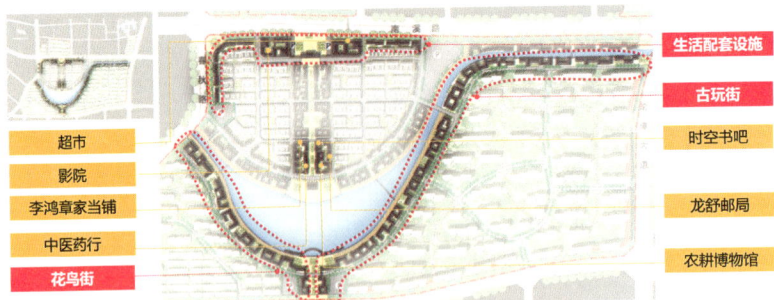

图 4-13-66　生活空间布局

略到台湾、成都、南京等地的知名小吃，满足来自各个地方的游客群体口味。最终形成老字号、地方美食、异域美食等齐聚的美食业态结构。

丰富舒城住宿业态，感受舒城美宿。舒城美宿的打造不同于传统的酒店旅馆，房间没有高级奢华的设施，重点在于通过文化主题及氛围的营造，让游客体验舒城风情、感受舒城的热情与服务，体验有别于其他地方的生活。高端住宿枕水别院，采用徽派多进式院落住宅布局，门楣、门框、门头、窗户等细节均要展示徽派"三雕艺术"的精华。中高端的精品客栈，则围绕古镇的环境和舒城文化氛围，采用传统徽派元素、搭配实木窗棂雕花，精致且不失品位。经济型住宿业态，则以书香、书画、历史、艺术为主题进行打造。详见图 4-13-67。

图 4-13-67　美宿空间布局

传承非遗 "古技"，用体验丰富舒城游览。以非遗作为重要的旅游资源，对古技进行适当的旅游开发，从而实现舒城文化经济价值的转化，带动相关非遗的保护、传承与国际化，让非遗有"传"更有"承"。对传统技艺，如舒席工艺、扎染技艺、花灯、挂面等进行深度开发时，除了展览展示外，还要增加体验参与项目，吸引人们关注非遗项目，同时增强旅游过程的教育性和娱乐性，形成舒城独有的特色游览项目。详见图 4-13-68。

图 4-13-68　非遗空间布局

升级舒城礼品，特色化舒城商品业态。对舒城的特色产品、特色工艺进行包装创意升级，打造不同于传统印象的礼物形象，用文创产品带动舒城"礼品"的销售量和美誉度，把设计作品商品化，实现创意与经济的互动。如茶叶的包装，可采用插画的形式；挂面的包装采用粗布拎包；龙舒贡席，可打造水竹编织的茶具套装等，在视觉上给人"耳目一新"的感觉，让当地的旅游商品业态拥有特色性。同时针对不同的主题，推出不同的系列包装，如婚庆送礼、商务送礼等等。

丰富演艺序列，奏响舒城动生活。除常规的电影院、KTV 等，通过举办多个主题的特色活动，形成舒城古镇的演艺项目序列，丰富娱乐业态体系。演艺活动的举办既能够丰富古镇文娱生活，又能带动夜间的游览和消费，并带动相关景点的人气，增加游客对舒城古镇记忆的印象，宣传舒城古镇文化。详见表 4-13-3。

表4-13-3　古镇日常演出时间表

序号	节目	时间	时长（分钟）	地点
1	抬阁肘阁迎宾	9：00	30	城门
2	《小乔出嫁》	10：40	30	龙舒剧院
3	李公麟戏茶	11：30	25	龙眠书画院
4	《答联娶小乔》	14：30	30	周郎祠
5	中华民俗	15：00	35	古镇内
6	戏曲	16：00	20	龙舒剧院
7	古装巡游	16：30	45	古镇内
8	实景演出	17：30	30	古镇内
9	打铁花	18：40	40	城门广场
10	中华民俗	19：00	30	古镇内
11	民俗灯会	19：30	120	古镇内
12	民间杂耍	19：30	30	古镇内

（三）打破空间肌理，创造水镇风貌

打造空间肌理，创造灵动空间。以街、巷、水体及建筑的基本布局为空间规划原则，引入灵动的水系及灵活的街道，打破规整的传统古镇肌理。将商业、戏台、广场、书院等功能各异的建筑形式混合，形成丰富的、有趣味性的平面肌理，避免呆板，构成龙舒古镇独特的皖中水乡风情。详见图4-13-69。

徽派建筑风格，创造独特风貌。项目位于皖中地区，依据本土建筑特色和当地环境特色，结合现代生活需求和设施需求，形成具有徽派特色的建筑风貌特点——白色墙体、浅灰色青砖、木质门窗。布局形式多以三合院或四合院的院落空间组成，建筑院落空间以正天井为主。建筑布局上，注重因地制宜，注重人与自然的和谐统一，使整个街道与自然融为一体。

古桥重修如旧，构筑舒城桥艺术。中国是桥的故乡，自古就有"桥

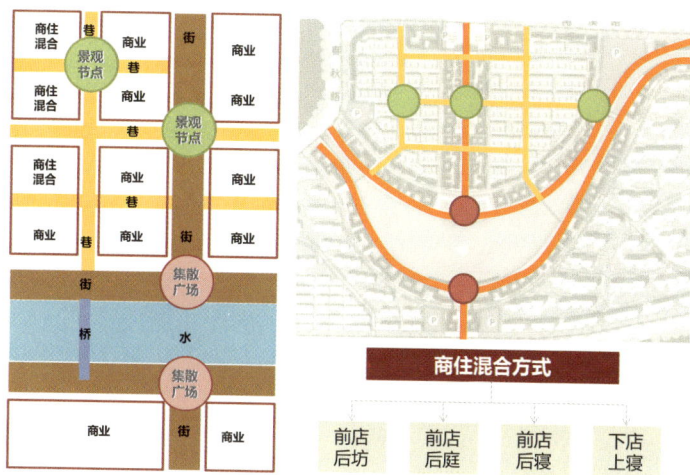

图 4-13-69　灵动的空间肌理

的国度"之称。舒城的古桥体现了中国古代桥梁的建筑艺术，允分显示了舒城古代汉族劳动人民的非凡智慧与才能，本项目通过重修周瑜桥和龙津桥，建立古与今的记忆对话。桥的设计原则为桥身、桥基全部采用当地石材，力求做到"修旧如旧"的效果。通过对于当地古桥的重修，重现舒城桥梁艺术。